| 中国国民经济学论丛

总主编 林木西

中国特色国民经济 "双循环"新发展格局 构建路径

THE CONSTRUCTION PATH OF THE NEW DEVELOPMENT PATTERN OF "DUAL CIRCULATION" OF THE NATIONAL ECONOMY WITH CHINESE CHARACTERISTICS

吴云勇 马会 ◎ 著

中国财经出版传媒集团

经济科学出版社
Economic Science Press

·北 京·

图书在版编目（CIP）数据

中国特色国民经济"双循环"新发展格局构建路径／
吴云勇，马会著．——北京：经济科学出版社，2025.9
（中国国民经济学论丛）
ISBN 978 - 7 - 5218 - 5931 - 7

Ⅰ．①中… Ⅱ．①吴… ②马… Ⅲ．①国民经济发展
－研究－中国 Ⅳ．①F124

中国国家版本馆 CIP 数据核字（2024）第 106521 号

责任编辑：杨金月
责任校对：靳玉环
责任印制：范　艳

中国特色国民经济"双循环"新发展格局构建路径
ZHONGGUO TESE GUOMIN JINGJI "SHUANGXUNHUAN"
XINFAZHAN GEJU GOUJIAN LUJING
吴云勇　马　会　著
经济科学出版社出版、发行　新华书店经销
社址：北京市海淀区阜成路甲 28 号　邮编：100142
总编部电话：010 - 88191217　发行部电话：010 - 88191522
网址：www. esp. com. cn
电子邮箱：esp@ esp. com. cn
天猫网店：经济科学出版社旗舰店
网址：http：//jjkxcbs. tmall. com
北京季蜂印刷有限公司印装
710×1000　16 开　17.25 印张　220000 字
2025 年 9 月第 1 版　2025 年 9 月第 1 次印刷
ISBN 978 - 7 - 5218 - 5931 - 7　定价：65.00 元
（图书出现印装问题，本社负责调换。电话：010 - 88191545）
（版权所有　侵权必究　打击盗版　举报热线：010 - 88191661
QQ：2242791300　营销中心电话：010 - 88191537
电子邮箱：dbts@ esp. com. cn）

总　序

　　2001 年至今，在我担任辽宁大学经济学院院长、辽宁大学国民经济学学科带头人、辽宁大学应用经济学学科带头人期间，为了全力推进国家重点学科建设、国家"211 工程"建设、国家"双一流"建设，曾先后领衔主编了五套系列丛书，主要是围绕中国特色国民经济学学科建设和东北老工业基地改造与振兴这两条主线进行：第一套是"十二五"国家重点图书出版物出版规划项目、国家重点学科"辽宁大学国民经济学"重大标志性成果《国民经济学系列丛书》（共 13 部）；第二套是"十二五"国家重点图书出版物出版规划项目、2011 年"十二五"国家重点出版规划 400 种精品项目、国家"211 工程"三期重点学科建设项目"辽宁大学东北老工业基地全面振兴"重大标志性成果《东北老工业基地全面振兴系列丛书》（共 10 部）；第三套是 2017 年国家出版基金资助项目《东北老工业基地新一轮全面振兴系列丛书》（共 3 部）；第四套是首轮国家"双一流"建设学科"辽宁大学应用经济学"重大标志性成果《辽宁大学应用经济学系列丛书》（共 89 部）；第五套是"十四五"国家重点图书出版物出版规划项目《推动东北振兴取得新突破系列丛书》（共 6 部）。现在呈现在读者面前的这套《中国国民经济学论丛》是我主编的第六套系列丛书，为辽宁大学第二轮国家"双一流"建设"中国国民经济学理论体系构建"方向的重大标志性成果，同时也是辽宁大学国民经济研究院推出的首个重大标志性成果。

　　在这六套系列丛书中，《东北老工业基地全面振兴系列丛书》《东北老工业基地新一轮全面振兴系列丛书》《推动东北振兴取得新突破系列丛书》是对 2003 年以来党领导东北地区振兴发展，特别是党的十八大以来，以习近平同志为核心的党中央在新时代推动东北全面振兴的系列研究。《辽宁大学应用经济学系列丛书》在 2017～2024 年的 8 年间连续出版的 89 部著作中，包括国民经济学和区域经济学学科研究的阶段性成果。在辽宁大学应用经济学第二轮国家"双一流"建设中，凝练了三个主要领域方向，其中之一是由我领衔的"中国国民经济学理论体系构建"。2023 年，学校批准成立了由我担任院长的实体科研机构"国民经济研究院"。为此，我提出编写这套《中国国民经济学论丛》，作为《国民经济学系列丛书》的"升级版"，以体现"内涵建设、特色发展、重点突出"的学科建设原则。

本套论丛编写所依托的辽宁大学国民经济学学科具有悠久的建设历史。其发端于 1951 年 8 月成立的东北计划统计学院经济计划系，初创于 1952 年 11 月成立的东北财经学院经济计划系，1953 年 8 月东北商业专科学校、东北合作专科学校合并到东北财经学院后设立了国民经济计划专业，1954 年 6 月东北人民大学部分专业并入东北财经学院后增设了国民经济计划系。1958 年辽宁大学正式成立后不久，在计统系增设了国民经济计划专业。1984 年 9 月在全国较早成立的辽宁大学经济管理学院中更名设立了国民经济管理系。1986 年在全国第一次本科专业目录修订中，在全国最早提出并率先将国民经济计划专业改为国民经济管理专业。2002 年和 2007 年连续两届被评为国家重点学科。2017 年和 2022 年连续成为国家"双一流"建设学科"辽宁大学应用经济学"重点建设方向。本学科现拥有国民经济管理本科专业，国民经济学、区域经济学、投资经济学、政府经济学等 4 个博士和硕士学位授权点。

近年来，辽宁大学国民经济学学科师资队伍建设不断取得新进展。入选首批全国高校黄大年式教师团队，汇聚"长江学者奖励计划"特聘教授、"国家高层次人才特殊支持计划"领军人才、全国先进工作者、国家级教学名师、"万人计划"教学名师、全国模范教师、国务院学位委员会学科评议组成员、国家教材委员会高校哲学社会科学（马工程）专家委员会学科专家组成员、国家社会科学基金重大项目首席专家、教育部哲学社会科学研究重大课题攻关项目首席专家、教育部哲学社会科学研究重大专项项目首席专家、全国优秀创新创业导师等。

经过几代人的不懈努力，辽宁大学国民经济学学科奠定了在国内的领先地位，连续创造了数个"全国第一"、部分成果"全国唯一"：一是在教材建设方面。出版了全国本学科第一部连续三批（"十一五"和"十二五"第一批、第二批）国家级规划教材《国民经济学（第一、二、三版）》（2006、2012、2014），获批全国本学科第一部国家精品教材《国民经济学》（2009），获批全国本学科第一套财政部"十三五"规划教材（共 12 部，2017），获批全国本学科第一部全国优秀教材《国民经济学（第三版）》（2021）。二是在教学改革方面。获得全国本学科第一个高等教育（研究生）国家级教学成果奖《国民经济学专业研究生教材体系、课程体系和教学体系构建研究》（2023）。三是在师资队伍建设方面。本学科为全国第一批人文社会科学领域长江学者特聘教授设岗单位，引进全国本学科第一位长江学者特聘教授（2004），培育全国新一轮"长江学者奖励计划"第一位本学科长江学者特聘教授（2011），成为全国本学科第一所连续三届拥有国务院学位委员会学科评议组应用经济学组成员的高校（2008、2015、2020），获批本学科第一个全国高校黄大年式教师团队（2018），入选全国本学科第一位国家教材委员会高校哲学社会科学（马工程）专家委员会学科专家组成员（2023）。四是在专业建设方面。建成全国本学科第一个同时获批高等学校特色专业建设点（2009）、"本科教学工程"地方高校本科专业综合改革试点（2013）、国家级一流本科专业建设点（2021）的国民经济管理本科专业。五是在出版学术专著方面。出版全国本学科第一套《国民经济学系列丛书》（共 13 部，2005）并成为全国本学科第一套国家重点图书出版物（2011），出版全国本学科第一部《国民经济学辞典》（2014），荣获全国本学科第一部中国出版政府奖图书奖提名奖、中华优秀出版物奖《现代经济学大典（国民经济学分册）》（2021、2020）。

进入新时代，习近平总书记先后提出"用中长期规划指导经济社会发展，是我们党治国理政的一种重要方式"① "战略问题是一个政党、一个国家的根本性问题"② "建构中国自主的知识体系"③ 和"健全宏观经济治理体系，发挥国家发展规划的战略导向作用"④ 等一系列重要论述，为中国特色国民经济学学科建设提供了行动指南。为此，本套论丛拟在国民经济学思想史、国民经济学基本理论、国民经济政策、国民经济学研究方法、中国自主的国民经济学知识体系、教材体系、课程体系和教学体系建构以及中国国民经济学"走出去"等方面，提出新理论、新方法、新成果，为中国特色国民经济学学科建设做出应有贡献。

本套论丛出版得到中国工程院院士、校党委书记潘一山教授，联合国国际经济学会会士、校长余淼杰教授，副校长史保东研究员，以及发展规划与学科建设处、经济学院的大力支持。受到国家和辽宁省"双一流"建设经费资助。

值此本套论丛出版之际，谨向国内外关心、支持和帮助辽宁大学国民经济学学科建设的各位领导和各界人士，向辽宁大学国民经济学学科的海内外校友，向参与辽宁大学国民经济学学科建设的所有成员，向多年来与我们精诚合作的国家一级出版社——经济科学出版社的领导和编辑，表达我们由衷的敬意和良好的祝福！

2024 年五一国际劳动节于辽宁大学蕙星楼

---

① 习近平总书记 2020 年 8 月 24 日在经济社会领域专家座谈会上的讲话。
② 习近平总书记 2022 年 1 月 11 日在省部级主要领导干部学习贯彻党的十九届六中全会精神专题研讨班上的讲话。
③ 习近平总书记 2022 年 4 月 25 日在中国人民大学考察调研时的讲话。
④ 习近平总书记 2022 年 10 月 16 日在中国共产党第二十次全国代表大会上的报告。

前　言

2020 年 5 月 14 日，中共中央政治局常委会召开会议，首次提出"构建国内国际双循环相互促进的新发展格局"。① 在 2020 年全国两会上，习近平总书记进一步提出，面向未来，我们要逐步形成以国内大循环为主体、国内国际双循环相互促进的新发展格局。② 这是中央根据国内国际形势发展的新变化、全球产业链供应链重构的新趋势、我国经济社会发展面临的新挑战，对"十四五"和未来更长时期我国经济发展战略、路径做出的重大调整完善，是着眼于我国长远发展和长治久安做出的重大战略部署。2022 年，党的二十大报告再次重申：坚持高水平对外开放，加快构建以国内大循环为主体、国内国际双循环相互促进的新发展格局。习近平总书记强调，"中国开放的大门不会关闭，只会越开越大。以国内大循环为主体，绝不是关起门来封闭运行，而是通过发挥内需潜力，使国内市场和国际市场更好联通，更好利用国际国内两个市场、两种资源，实现更加强劲可持续的发展"。③ 在此背景下，探讨中国特色国民经济"双循环"新发展格局构建路径研究具有十分重要的现实意义。

本书基于国民经济学、产业经济学、新制度经济学、计量经济学等相关理论，从国民经济战略与规划的视角出发，对中国国民经济循环格局的过去、现状与未来进行应然与实然的研究，将进一步丰富现有的国

---

① 习近平. 国家中长期经济社会发展战略若干重大问题 [J]. 新长征，2021 (1)：4-8.
②③ 习近平：在企业家座谈会上的讲话 [EB/OL]. 新华网，2020-07-21.

民经济学的相关理论，并且还将为政府在新时代背景下从国民经济战略与规划视角构建国民经济"双循环"新发展格局提供借鉴与参照。这是贯彻习近平经济思想的深入思考，也是立足中国大地创新发展中国特色国民经济学、构建中国经济学体系和学术话语体系的实践。本书是辽宁省社会科学规划基金重点建设学科项目（L24ZD037）和辽宁省教育厅基本科研项目（LJ142410140052）的阶段性成果之一。

具体说来，全书分为六个部分：

第一章，围绕中国特色国民经济"双循环"新发展格局构建路径问题对理论基础进行了梳理，并从理论上提出了研究的着力点和整体框架构思。

第二章，分六个阶段，探索性地对新中国成立以来中国特色国民经济循环发展格局的历史演进作了纵向分析。其中，第一、第二阶段的划分是以 1978 年为临界点；第二、第三阶段的划分是以 1992 年为临界点；第三、第四阶段的划分是以 2001 年为临界点；第四、第五阶段的划分是以 2012 年为临界点；第五、第六阶段的划分是以 2020 年为临界点。

第三章，运用 PEST – SWOT 分析法对中国特色国民经济双循环新发展格局的环境进行了梳理和总结。第一节为政策分析，第二节为经济分析，第三节为社会分析，第四节为技术分析。每节均从优势、劣势、机遇和挑战四个方面展开。

第四章，基于构建"双循环"新发展格局的深层逻辑，构建了由经济活力、经济结构、发展质量三个方面共 25 项指标构成的"双循环"新发展格局评价指标体系。在此，是按照指标体系构建原则、综合评价方法、构建思路、指标体系及其释义的逻辑思路展开分析的。

研究发现：经过 40 多年的改革开放、创新发展，我国已具备了构建"以国内大循环为主体、国内国际双循环相互促进的新发展格局"的基础条件，但在"十四五"期间和未来较长时期，动力因素明显，但制约因素也不容忽视。

因此，第五章是对"十四五"期间中国特色国民经济"双循环"新发展格局构建制约因素和动力因素的分析。

第六章，从基本原则、具体方向、具体路径三个方面，对中国特色国民经济"双循环"新发展格局构建路径进行了应然研究。

目 录

第一章

理论构建

　　本章梳理了"双循环"新格局的理论基础，分析了构建"双循环"新格局的着力点，并尝试进行了理论体系的构建。我国构建"双循环"新格局时，应该吸取过去经济发展的负面教训，从经验层次上做归纳和分析，走出一条最适合中国国情的自主的发展道路。

第一节　理论基础

一、构建"双循环"新格局中内循环的理论

　　与内循环相关的理论主要是有效需求不足理论。有效需求不足理论经历了古典经济学—马克思主义经济学/凯恩斯主义经济学/新古典经济学—新古典宏观经济学/新凯恩斯经济学—新新古典综合派的漫长发展阶段（王健，2016）。其中重要的理论主要有：马克思的消费理论、马尔萨斯的有效需求理论、凯恩斯的有效需求不足理论、大国经济发展理论、罗斯托的经济成长阶段论。

（一）马克思的消费理论

　　需求是促进经济循环最原始的动力。马克思在人的需求理论中指出，应从人的现实出发关注人的现实需求。伴随着社会主要矛盾转化为"人民日益增长的美好生活需要和不平衡不充分的发展之间的矛盾"，我国经济结构出现重大变化，居民消费加快升级，生产力的进一步发展催生主要矛盾转化为现实必然。马克思的思想中，产品或服务经历生产、交换、分配和消费四个环节，同时，其认为经济危机的出现，就是由于生产产品过多，很多产品未能转换成现实的商品，没有被全部消费。马克思主义消费理论在中国得到发展并取得成功，马克思主张大力发展生产力，

增加新的消费种类，扩大消费量和消费范围，创造新的消费需求，不断提升消费水平。不论是马克思的消费理论，还是改革开放 40 多年的经验都表明，带动经济发展最重要的动力是消费，在后疫情时代，必须更加注重消费，既能促进经济的复苏，又能在一定程度上摆脱长期以来投资促进经济发展的模式。消费作为扩大内需中重要的一环，马克思主义消费理论在中国应获得更深入、更长远的发展。

（二）马尔萨斯的有效需求理论

就创造社会财富来说，萨伊（1803）认为，在经济自由条件下，生产越发展，需求越增长，产品越畅销，利润越增长。以萨伊等为代表的古典经济学者建议直接通过减税等措施鼓励和刺激投资，促进生产，增加就业。最早提出有效需求对收入水平有决定作用的是马尔萨斯，他反对萨伊法则，提出为了保证财富不断增长，除了提高供给生产能力之外，还需要有强大的有效需求，有效需求不会造成暂时性的普遍过剩和长期萧条，也不会造成失业，降低收入水平；反之，有效需求能增加商品的交换价值，进而增加财富。在此基础上，马尔萨斯认为国内贸易的发展与市场的扩大既能增加产品数量，又能增加产品总价值，因为市场扩大导致需求增加，从而提高了价格，而为了满足需求又会引起资金的积累，引起供给能力的增加。马尔萨斯的有效需求在决定财富增长中具有重要作用。

（三）凯恩斯的有效需求不足理论

不同于萨伊法则，凯恩斯学派主张通过刺激和提高有效需求间接地带动和促进投资，达到充分就业和扩大产出的最终目的。有效需求是凯恩斯就业和收入决定理论的逻辑起点，其认为，有效需求就是总需求和总供给相等从而处于均衡状态时的社会总需求，有效需求不仅决定了就业水平，还决定了收入水平。在两部门经济中，考虑到总需求由总消费和总投资组成，决定总消费和总投资的因素也会影响总需求的大小，凯恩斯试图从三个基本的心理倾向，来解释有效需求不足：边际消费倾向递减规律、资本边际效率递减规律、流动性偏好规律。边际消费倾向递减规律主要是指人们收入增加的时候，消费也随之增加，但消费增加的比例不如收入增加的比例大；在收入减少的时候，消费也随之减少，但也不如收入减少得那么厉害。同时，富有的人的边际消费倾向通常低于贫穷的人的边际消费倾向，主要是因为后者的收入中基本生活资料占了很大的比重，居民对未来收入的预期也会对边际消费倾向造成影响；边际消费倾向取决于收入的性质，收入不稳定居民的边际消费倾向一般较低。在促进内需的过程中，增加收入是增加消费的直接渠道之一；同时稳定居民消费预期，在做好基本民生保障的前提下，让居民愿意消费，敢于消费。接着，凯恩斯用资本边际效率递减规律说明投资不足，资本边际效率主要受资本设备的供给价格和资本设备的预期收益的影响，厂商预期从投资中获得的利润率将因增添的资产设备成本提高和生产出来的资本数量的扩大而趋于下降。最后，流动性偏好主要取决于交易动机、谨慎动机和投机动机，是以货币形式保存资产的偏好，放弃流动性偏好就是以非货币形式保存资产。卡莱茨基同样提出了有效需求原理，但与凯恩斯不同，其不仅看到投资和储蓄对于国民收入水平的决定作用，还看到投资和储蓄对于国民收入分配份额的决定作用（张旭昆，2015）。

在有效需求不足理论中，基于我国是最大的发展中国家这个事实，还有一些具有中国特色的消费理论，如消费差异理论。消费差异理论是国内学者针对中国特有的城乡差异、文化观念差异、地区发展差异来研究中国消费不足而提出的理论，并认为上述差异是导致中国消费不足的主要原因（王健，2016）。在促进消费扩大内需的过程中，该理论为持续推进乡村振兴战略，缩小城乡差距，破解高等教育难题并阻断贫困代际传递，加强区域一体化发展提供了有力的支撑。当前形势下，构建"双循环"新格局的同时，仍需做好"六稳"工作、落实"六保"任务，其中最为紧要的就是稳就业，切实增加中低收入群体的收入，并缩小城乡差距，合理分配收入，确保再分配的效率与公平。

（四）大国经济发展理论

大国经济发展理论主要研究发展中大国经济从落后形态向现代化形态过渡的影响因素、作用机理以及相应的战略模式，其沿着古典经济学范式、新古典经济学范式和发展经济学范式，认为以内需为主的大国发展模式才是可持续发展的（欧阳峣，2013）。随着经济全球化的深入发展，各国的经济内循环与国际经济大循环的联系日益紧密，应重新审视大国内外经济循环运转与经济增长的关系，重视经济内循环，发挥大国经济优势（曾剑秋等，2007）。

习近平总书记曾指出，加快构建以国内大循环为主体、国内国际双循环相互促进的新发展格局，是一项关系我国发展全局的重大战略任务，需要从全局高度准确把握和积极推进。《中华人民共和国国民经济和社会发展第十四个五年规划和2035年远景目标纲要》已经把"构建新发展格局"写进了指导思想、遵循原则、战略导向和工作重点。构建新发展格局是党中央根据我国新发展阶段、新历史任务和新环境条件作出的重大战略决策，也是习近平新时代中国特色社会主义思想的重大理论成果。为此，我们应该加强新发展格局的理论研究，特别是立足于中国是典型的发展中大国的基本国情，在大国发展经济学的理论框架下，深入系统地研究新发展格局的客观现实基础，探索形成国内大循环和国内国际双循环格局的内在机制，将理论与实践、一般与特殊结合起来，构建系统性的理论原理，从而为我国经济发展战略的调整完善提供理论支撑。

（五）罗斯托的经济成长阶段论

经济成长阶段论又称作"罗斯托模型"或"罗斯托起飞模型"，是从时间进展来分析经济成长的理论。罗斯托（1960）将经济发展的一般过程大致分为六个阶段：传统社会阶段、起飞创造条件阶段、起飞阶段、走向成熟阶段、大众高额消费阶段和追求生活质量阶段，处于前四个阶段的国家属于发展中国家，处于后两个阶段的国家属于发达国家。中国正处于走向成熟阶段到大众高额消费阶段的过渡阶段，这一阶段的经济发展必定依靠国内需求与国外需求的拉动，特别是要发挥居民消费对于需求的拉动作用。此举不仅会扩大未来的市场需求，激发内需和外需的潜力，也会形成消费新业态与新模式进而对创新有正向的激励作用，同时居民消费的增加也可通过影响要素利用率、资源配置效率和市场预期等作用于经济增长。

二、构建"双循环"新格局中的外循环理论

（一）国际分工理论

按照研究视角的不同，国际分工理论可以分为世界体系视角的国际分工理论、市场视角的国际分工理论、国家视角的国际分工理论、企业视角的国际分工理论、个人分工视角的国际分工理论五大流派（张苏，2008）。世界体系视角的国际分工理论是在考虑国际分工时，把世界当成一个整体，试图发现这一体系的经济发展规律。"双循环"新格局中的国内国际双循环与其有异曲同工之妙，同样鼓励市场贸易充分发展，避免经济分化。市场视角的国际分工理论是通过市场机制，给地区国家带来由于成本差异、要素差异引致的分工好处。企业视角的国际分工理论即

企业内分工对国际分工的影响。个人分工视角的国际分工理论在某种程度上就是新兴古典分工理论。

其中，市场视角的国际分工理论研究较为广泛，从经济思想史来看，布阿吉尔贝尔论述了自由贸易对国内经济的有利影响，魁奈则主张自由选择、自由贸易和自由竞争。自由贸易指的是国内商业和对外贸易的完全自由，不断拓展的市场也扩大了有效需求，国内市场主体获得较高的利润，强调发展对外贸易，按照国际分工，各国依据自己的优势，扬长避短地发展本国出口产品。亚当·斯密的分工理论论证了分工对提高劳动生产力和增进国民财富的重要作用。李嘉图继承了亚当·斯密的观点，并在自己的价值论和货币论基础上提出了更加系统和完善的国际贸易理论，即比较成本说，只要两国各自生产在比较成本上相对有利的产品，通过国际贸易，互相交换，彼此都会节省劳动，得到好处。穆勒在李嘉图的基础上，进一步考虑了自由贸易条件下商品的国际价值的决定。赫克歇尔、俄林等在李嘉图的基础上提出了要素禀赋论，认为各国间要素禀赋的相对差异是国际贸易的基础，一国应该出口由本国相对充裕的生产要素所生产的产品，进口由本国相对稀缺的生产要素所生产的产品。在经济全球化的今天，把握我国的经济优势发展"双循环"，对中国和世界都具有重要意义。国家视角的国际分工理论是在国家利益的驱使下，利用主权影响国际分工。李斯特反对亚当·斯密等倡导的自由贸易制度，主张对外实行关税保护政策，保护关税政策源自国家之间的利益冲突，但并不会造成垄断，从而损害消费者的利益。对于在经济发展阶段上处于相对落后地位的中国来说，自由贸易、自由投资和金融自由化显然是弊大于利（贾根良，2020）。总之，国际分工的发展在一定程度上反映一个国家的经济发展水平，"双循环"中，要明确国际分工的规律和趋势，在参与国际分工中发挥我国的比较优势。

（二）技术差距理论

技术差距理论被看成是对要素禀赋理论的动态扩展，由美国学者 M. V. 波斯纳在 1961 年提出，把技术作为独立于劳动和资本的第三种生产要素，探究技术差距对贸易的影响。技术差距的缩短并不是简单地用新技术替代旧技术，而是连续变革的技术进步、经济和制度结构发展的过程。技术差距不仅是影响对外贸易的因素，更是技术效率的直接影响因素（周密，2009）。在技术差距模型的基础上，美国学者维农将市场学的产品生命周期与国际贸易理论结合起来，从而提出了产品生命周期理论，即一种新产品从开始进入市场到被市场淘汰的整个过程，产品要经历形成、成长、成熟、衰退这样的周期，其在不同技术水平的国家里存在一个时差，反映同一个产品在不同国家市场上的竞争地位的差异。典型的产品生命周期被分为四个阶段：介绍期（或引入期）、成长期、成熟期和衰退期。进一步地，以格鲁伯、梅尔塔和维农为代表的经济学家将"研究与开发要素"引入一国贸易结构和商品流向的研究，探究研究和开发投资与对外贸易商品结构的相互关系，提出研究开发要素理论。一方面，即使一项发明最先出现在技术先进的国家，但该产品若想进入国际市场，必须具备广阔的国内市场，所以要先做大国内市场；另一方面，技术差距倒逼技术创新，这是构建"双循环"新格局的动力；同时，我国应该根据不断变化的经济环境，调整自己的技术和贸易发展战略。

（三）需求偏好相似理论

需求偏好相似理论（或重叠需求理论）认为，起初国内市场只是为了满足自身的需求，但如果国内市场大到可以使工业得到规模经济和竞争的单位成本时，该工业在国际市场上就有了竞争能力，大多数将出口到收入水平、产品需求偏好相似的国家，即人均收入越相似的国家消费偏好越相近，贸易交往越密切。各国应当出口那些拥有巨大国内市场的制成品，即大多数人需要的商品，一国在满足这样一个市场需求的过程中，可以从具有相似偏好和收入水平的国家获得出口该类商品所必需的经验和效率，具有相似偏好和收入水平的国家之间的贸易量是最大的。两国需求结构越相似，则两国之间潜在贸易密度越高。需求偏好相似理论从需求方面解释了产业内贸易产生的原因，于是需求偏好相似理论就成为产业内贸易理论的早期研究和理论基础之一（张英，2008）。产业内贸易理论不同于传统的国际贸易理论，传统的国际贸易主要发生在国与国、劳动生产率差别很大的和不同产业之间的贸易，现把国际贸易分两种类型：一种是国家进口和出口的产品属于不同类型的产业部门，称产业间贸易；另一种是国家进口和出口的产品属于同一类型的产业部门，称为产业内贸易。例如，东北边境地区生产的某产品可以销售到俄罗斯远东地区，中俄之间形成的是产业内贸易。在对外开放中，我国应选择国内市场巨大的产业进行出口，同时与需求偏好相似的国家之间尽最大可能进行对外贸易。

综上所述，有关构建"双循环"新格局的理论有内循环理论和外循环理论。首先，内循环理论从马克思的消费理论出发，由萨伊法则演变到马尔萨斯的有效需求理论，进一步发展到凯恩斯的有效需求不足理论。其次，卡莱茨基创新性地发展了需求理论。最后，大国经济发展理论与罗斯托经济成长阶段理论强调了内需的重要性。外循环理论主要集中在对外贸易方面，从国际分工理论下的五个角度出发，首先，阐述比较成本理论、自由贸易理论和要素禀赋理论；其次，以技术为着力点阐释技术差距理论、产品生命周期理论和研究开发要素理论；最后，介绍了由相似需求或结构而引致的国际贸易理论，即需求偏好相似理论、产业内贸易理论，为我国"双循环"新格局的发展提供了坚实的理论基础。

第二节　构建"双循环"新格局的着力点

一、构建内需体系是构建"双循环"新格局的必然要求

（一）深挖内需潜力

当前形势下，我国要在危机中育新机，于变局中开新局。加快构建完整的内需体系，把我国经济最大潜力释放出来，不断形成拉动"双循环"发展的持久而强劲的动力。促进内需要两条腿走路，应通过积极的财政政策和稳健的货币政策来提升居民的消费，主要聚焦在三个方向：稳健的货币政策更加灵活适度、精准导向，保持货币供应量和社会融资规模合理增长，确保新增融资重点流向制造业、中小微企业（余淼杰，2020）。进一步激发不同领域消费的新活力，既要促进传统商品消费健康增长，又要推动升级类消费更好满足群众需要，还要加快培育消费新业态、新模式，带动消费新增量（邹蕴涵，2020）。同时，加大对新型消费、升级消费的金融支持，鼓励基于真实消费场景的小额普惠性消费信贷发展，推动互联网征信体系建设，提升服务效率和风控能力（王微等，2020）。

疫情下，我国不断扩大投资，不仅加快经济社会的恢复，而且对构建"双循环"新格局有很强的带动作用。一要加速形成可持续的投融资机制，不断防范化解投融资中的风险。二要加快5G、工业互联网、物联网等领域的新型基础设施建设进度，借助"新基建"撬动更大规模投资，在有效投资与"新基建"之间形成正向循环（李猛，2020）。三要引导投资向高新技术产业、短板领域、基础研发以及中西部等落后地区倾斜（郭晴，2020）。同时，激活民间投资，用好政府投资，发挥民间投资和

政府投资在经济内循环中的带动与引领作用（陆岷峰，2021）。

（二）加大改革力度

内需潜力的释放、动力的转化，势必要依靠推动更深层次的改革来实现。要发挥好改革的突破和先导作用，依靠改革清"淤点"、通"堵点"、连"断点"、解"难点"，畅通产业循环、市场循环、经济社会循环（金观平，2020）。畅通国内大循环，结构性改革是核心，要求需求侧和供给侧改革同步推进，重点做好收入分配调节、社会保障建设、市场制度建设和创新驱动，推动国内经济充分平衡发展（董志勇等，2020）。

需求侧方面，加大收入分配制度改革，降低个人所得税，建立健全工资决定及其正常增长机制，改革事业单位薪酬制度，加大对低收入和贫困人口的转移支付能力，发展慈善等社会公益事业，切实提高居民收入、扩大中等收入群体，提高居民消费能力；加大对中小微企业的纾困政策，化解就业难题；完善社会保障体系，包括养老、医疗等保障体系，缩小城乡差距；加快新型城镇化建设，以城市群、中小城市和小城镇为抓手推进新型城镇化建设；深化户籍制度改革，提高户籍人口城镇化率；推进城乡基本公共服务均等化，提高农村居民享受教育、医疗、住房、社保等公共服务水平，阻断贫困代际传递，加快消费转型升级。进一步增强中国的消费潜力，不仅增加了内需，也是中长期经济发展的动力所在。

供给侧方面，"十三五"供给侧结构性改革的重点任务是"三去一降一补"，"去库存""去产能"等问题得到了极大的改善，但"补短板"任重而道远。构建"双循环"新格局要从五个层面推进供给侧结构性改革：优化空间布局、优化产业布局、拓展发展空间、落实精准扶贫、激发企业家精神（白晓艳，2020）。

二、构建现代产业体系是构建"双循环"新格局的有力支撑

（一）打好产业基础高级化、产业链现代化的攻坚战

党的十九届五中全会提出，加快发展现代产业体系，推动经济体系优化升级。现代产业体系是指各产业协调融合发展的产业形态及网络体系，其主要特征是产业网络化融合化发展、生产方式现代化高级化、生产过程绿色化（许召元，2020）。所谓"产业链现代化"，包含产业链完整性、供应链安全性、产业基础高级化、价值链高端化四个方面（黄汉权，2020）。一方面，要重塑和完善内循环产业链：打造自主可控的内循环产业链，重视关键核心技术自主研发、加快构建关键核心技术攻关新型举国体制，加强企业之间的沟通与协作、把握产业链重塑机遇，建立健全产业集群配套服务体系。另一方面，畅通国内产业链，加强国际协调合作，维护国际产业链、供应链安全稳定，构建促进产业链、供应链稳定的政策体系（李旭章，2020）。其中，制造业是参与国际循环的主体之一，理应处理好提升制造业整体竞争力和参与内循环的关系，使其更加积极主动参与国际竞争，建立国际产能合作指导目录，综合评估产业转移对就业、国际收益和产业链的影响，避免产业空心化（陆江源，2020）。从已有产业合作基础看，西部陆海贸易新通道贯通"一带一路"，有助于在短期内促进中国与共建"一带一路"国家构建农业、钢铁制造和旅游等产业链，在打造现代化产业体系和构建"双循环"新格局中发挥支撑作用（王娟娟，2020）。

（二）发展壮大战略性新兴产业

战略性新兴产业是指以重大技术突破和重大发展需求为基础，对经济社会全局和发展具有重大引领带动作用、成长潜力巨大的产业，为构

建"双循环"新格局提供新动能，是扎实做好"六稳"工作、全面落实"六保"任务，进一步实现经济高质量发展的重要引擎。习近平总书记在浙江考察时提出，要抓住产业数字化、数字产业化赋予的机遇，加快5G网络、数据中心等新型基础设施建设，抓紧布局数字经济、生命健康、新材料等战略性新兴产业、未来产业，大力推进科技创新，着力壮大新增长点、形成发展新动能。我国要把满足国内需求作为战略性新兴产业发展的出发点和落脚点，结合供给侧结构性改革，通过完善国家、政府、社会等多个层面的需求侧政策，构建完整的内需体系，加快培育新格局，全面开启战略性新兴产业发展的新阶段（陈文晖等，2020）。同时，要遵循产业发展规律，在市场引领和导向作用下，充分发挥政府部门的调控和推动作用，按照产业发展的阶段性特点，促进战略性新兴产业与传统产业更深层次的融合发展（范秀红，2020）。推进数字、智能制造、生命健康、新材料等战略性新兴产业发展的同时，以数字、信息、智能等新一代技术改造传统产业，实现传统产业的转型升级。值得注意的是，产品创新、工艺创新等技术进步方式可创造出有效需求活动，对劳动者收入、企业利润及内需增长具有更广泛的普惠性意义，这也是提升内循环质量的关键（郭晴，2020）。

（三）加快发展现代服务业

现代服务业是构建现代产业体系中重要的一环，不仅反映整个经济的发展层次，而且贯穿"双循环"的始终。基于产业融合的视角，现代服务业和其他产业融合的潜力很大，多以内部融合为主，影响着产业结构升级（王科等，2020）。基于产城融合的视角，现代服务业能够推动城镇化发展，同时城镇化也会倒逼现代服务业加速转型升级（徐海峰等，2020）。全产业渗透性、广空间覆盖性和强资源整合力的现代服务业，在构建"双循环"新格局中扮演着不可替代的重要角色。要聚焦优势领域、推动现代服务业提升能级，推动现代服务业与先进制造业深度融合发展，持续优化现代服务业发展生态。[①]

（四）坚持科技创新打造产业发展新高地

科技创新是推动社会进化、社会变革、社会发展的根本力量。构建"双循环"新格局的初衷就是借助科技创新来强化产业链，通畅经济社会脉络（杨丰全，2020）。首先，构建覆盖官、产、学、研的产业创新网络与全社会协同创新攻关的体制机制，以创新网络连接修补产业链，弥合技术研发与产业发展之间的连接缺失，提高科技创新效率与科技成果转化率（刘洋，2002）。其次，大力提升政府科研经费投入效率、优化投入结构，扭转目前政府科研经费投入中研发（R&D）经费占比过低的局面（李国杰，2020）。再次，完善创新型科技人才的发现、培养、激励机制，引进人才、用好人才、留住人才。最后，保护知识产权，切实提高核心技术攻关能力，致力于科技创新与经济发展同步迈向高水平发展。

三、构建现代化市场体系是构建"双循环"新格局的重要保障

（一）深化要素市场化配置改革

在疫情全球蔓延下，推动国内国际双循环进而促进经贸发展的首要举措是推进全面开放，加快形成一个要素市场化配置、国内国际竞争有序统一的大市场（沈国兵，2020）。要素市场化配置是关键性、基础性的重大改革任务，也是市场化改革成败的关键。以"公开、公正、公平"的中性竞争原则推进和实现传统要素和新兴要素的市场化是发展中国经济内循环的第一点（余淼杰，2020）。必须抓住在资源配置中起到关键性

---

① 突破发展现代服务业［N］. 青岛日报，2021 – 01 – 08（1）.

作用但在市场化进程中又相对滞后的土地、劳动力、资本、技术、数据要素，将其作为重要切入点（张道航等，2020）。土地方面，持续推进工业化和城镇化进程，推进土地要素配置市场化，畅通城乡土地要素流动；劳动力方面，深化户籍制度改革，完善劳动技能评价制度；资本方面，完善股票、债券市场发行、交易、退出制度，鼓励银行扎根基层，进一步推动金融业的双向开放；技术方面，加强知识产权保护，消除对技术创新的供给约束，提高技术转化率；数据方面，推进政府数据开放共享，鼓励数据要素融入产业，从产权角度保护数据，维护国家安全、保护个人隐私。

（二）深化国有企业改革

政府与企业的关系反映在宏观上就是政府与市场的关系。处理好政府与市场的关系是我国经济体制改革的核心内容，也是建设现代化市场体系的关键所在（李双金，2020）。国有企业应在畅通循环、构建新格局中发挥引领带动作用，在深化改革中不断积势、蓄势、谋势，识变、求变、应变。在供给侧结构性改革的背景下，从国有企业的生产端入手，创新供给，满足市场需求，加快国有企业转型变革，形成国有企业新的核心竞争力（曹森孙，2016）。就东北地区来说，需要摆脱既定思维模式的限制，不应单纯地在国企内部寻找突破，而应当激活并发展壮大东北地区民营经济，并以此促进、带动国有企业的改革（吕景春等，2020）。

（三）构建现代化流通体系

循环的本质是要"互联互通"，通达通畅，没有"通"，双循环是不可能实现的。现代流通体系是指当前条件下由现代物流、电子商务、连锁经营、数字商贸、在线支付、个性定制、网络直播、智慧供应链等新业态、新模式构成的新型流通体系。在生产、交换、分配、消费等环节，提升现代流通能力是实现双循环的关键,要真正形成"双循环"新格局,国内物流体系必须高速、顺畅,通向国际大物流的体系也要达到同样标准(陈文玲,2020)。整体来说,应提升流通产业地位,加大政策支持力度;加快政府职能转变、推动流通体系立法建设;实施技术创新驱动发展战略,提升流通业现代化水平;建设全国统一大市场;双向促进流通企业"走出去"和外向型企业"转回来"(依绍华,2020)。在现代综合运输体系方面,加快综合立体交通网规划建设,提高运输网络的物流效率,发展集约、低成本、绿色高效的物流网络。在商贸流通体系方面,加快新一代信息技术的应用和普及,提升企业在流通中的数据化与智能化水平;重视电商对流通体系的赋能,支持线上线下融合发展。在社会信用体系方面,加强守信联合激励和失信联合惩戒的社会信用体系;积极探索信息收集与处理方法,创新构建信用监管机制与信用修复机制。在应急物流体系方面,加强应急物资保障大平台建设,合理安排储备规模和结构;增加运输绿色通道建设,提高运输效率;提高应急物资分发的专业化水平。

(四)持续优化营商环境

《全球营商环境报告2020》中,中国在190个经济体中位列第31位,较2018年有所提升,但国内部分省域的营商环境还有很大的提升空间。公开透明的营商环境在很大程度上扩大了国内国际双循环互促发展的交集。塑造市场化、法治化、国际化的营商环境,理应加大"放管服"改革,减少部门重复的行政权,创新和加强监管职能,减少部门对市场的过度干预,降低市场运行的成本;推进服务型政府建设,强化公共服务职能,加快形成完善的制度设计;建设和推广高效运行的标准化政务中心。只有在中长期内不断改善营商环境,推动全面开放,形成国内国际有效统一的大市场,才能从根本上真正有效地解决我国的就业和脱贫等问题，实现人民幸福和国家富强。

四、构建对外开放体系是构建"双循环"新格局的重要抓手

一个经济体的对外开放体系主要包括实体经济开放体系、金融开放体系、区域开放体系、国际经济治理体系等核心子系统（高建昆，2019）。

（一）发挥对内开放的引领作用

邓小平同志说，"我们的经济改革，概括一点说，就是对内搞活，对外开放。对内搞活，也是对内开放"。[①] 对内开放合作与对外开放合作可谓一体两部，相互联系、相辅相成，协调一致成为充分利用国际国内两个市场、两种资源的重要手段和有效途径（范恒山，2020）。货币的双循环是实体经济双循环的支柱，资本账户双向开放和人民币的海外循环是我国实体经济国际循环的重要保障和推动力，这就要求积极推进人民币国际化，资本账户双向开放，推动我国经济进一步融入世界经济体系（盛松成等，2020）。同时，落实对中小微企业和民营企业的融资支持，缓解融资难问题，转变实体经济经营理念，引导企业沿产业链集中、集聚发展，实现实体经济的开放，为构建"双循环"新格局打牢基础。

（二）纵深推进金融改革构建金融体系

现代金融体系是构建"双循环"新格局的核心引擎，金融机构在合理配置金融资源的同时，能带动人流、物流、信息流及其他生产要素随之聚集和配置，形成"物跟着钱走"的市场化配置机制，从供给和需求

---

① 王志立. 对外开放和对内开放要"两轮并行"［N］. 中国经济导报，2016－11－09（A03）.

两端刺激生产和消费，进而提升经济体系的循环效率（邱兆祥等，2020）。新格局下，金融发展可着眼于：通过金融科技引领、推动金融体系集成创新，着力提升金融服务能力，深化金融业高水平开放，优化金融改革开放布局（陈雨露，2020）。同时，在高水平开放政策保障机制方面，除了国内各领域改革外，关键在于推进本币主导下的渐进金融开放，牢牢把握对外开放主动权，由于汇率是联通国内大循环和国际大循环的枢纽，完善汇率制度、统筹资本账户开放和人民币国际化至关重要。

（三）加快区域经济开放协调发展

当前，我国区域关系问题较为突出，区域发展不平衡问题引致经济增长潜力与经济增长质量受限，影响了我国经济持续稳定发展，可以加快构建"双循环"新格局来推动区域协调发展。首先，合理科学制定空间布局规划，建立健全以成本分担和利益共享机制为核心的区域经济开放协调发展的体制机制，推动区域经济包容性增长。其次，坚持开放引领，切实增强区域内生发展动力，形成区域发展合力，努力开创全方位协同发展新格局，形成以城市群为主体形态的区域增长动力源（刘秉镰，2020）。最后，在 WTO 框架下积极磋商、推进多边和区域经贸合作，倡导在多边和区域范围内共建"一带一路"国家工业园区，大力支持企业有序建立和布局海外仓，以期打造国内国际双循环畅通的海外枢纽（沈国兵，2020）。

（四）努力构建完善的国际经济治理体系

2020 年 11 月 17 日至 22 日，中国国家主席习近平接连出席金砖国家领导人第十二次会晤、亚太经合组织第二十七次领导人非正式会议、二十国集团领导人第十五次峰会三场重大多边外交活动，明确指出，要坚定维护以规则为基础、透明、非歧视、开放、包容的多边贸易体制，增强世界贸易组织有效性和权威性，促进自由贸易，维护公平竞争，保障发展中国家的发展权益和空间。[①] 我国是国际秩序的维护者和多边主义的践行者，致力于促进国际经济治理体系的完善。我国可从全球性多边机制、区域和诸边机制、双边机制、单边机制以及非政府层面机制等多种路径入手，推动全球经济治理规则体系变革，促进国际社会共同发展，并实现中国自身的国家利益（张辉，2017）。同时，加快建设对外开放新高地，依托自由贸易区、自贸港，努力建成高端产业集聚、投资贸易便利、金融服务完善、监管高效便捷、法治环境规范的示范区。以"双循环"为依托，努力构建完善的国际经济治理体系，推动构建人类命运共同体，是我国的中长期选择。

第三节　理论体系的构建

一、构建"双循环"新格局的深层逻辑

以往发展经验的教训足够深刻，过度依赖国际大循环导致经济发展风险较大，消费、投资和出口发展不均衡导致经济发展动力不足，区域经济发展不平衡导致内循环效率较低，产业链处于价值链的中下游水平导致经济发展易受制于人（郭晴，2020）。"双循环"新格局是我国全面深化改革和全方位对外开放的主动选择，国内大循环和国际大循环之间是辩证统一的，既相互促进，又相互制约。国内大循环是主体，要求相对独立但却不是"闭关锁国"；国际大循环是支撑，通过国际大循环能够为国内大循环提供更大空间和更多动力（董志勇等，2020）。

---

① 陈小茹. 人类命运共同体：时代之问的中国答案［N］. 中国青年报，2022 – 07 – 05（3）.

我们要明确，中国的目标仍然是实现经济发展，实现中华民族伟大复兴。"双循环"只是发展手段，是当下选择的最优战略路径。首先，"双循环"以扩大内需为主，既包括消费需求，也包括投资需求（张占斌，2020）；其次，"立足国内大循环"侧重在战略上用更多的资源来尽快提升进口替代能力，扩大内需的同时兼顾供给侧结构性改革，坚持以消费需求带动投资需求、用下游投资带动上游投资、用进口带动出口；最后，"双循环"中既要循环国内市场，也要更大程度开放国内行业和市场准入，使中国庞大的国内市场具有很高的开放度、安全性和流动性，最终形成以国内大循环为主体、国内国际双循环相互促进的新发展格局。

构建"双循环"新格局，在发力供给侧和需求侧，提高国内经济供给质量，挖掘消费潜力，畅通国内经济循环的基础上，进一步构建完善的供应链、产业链体系，建设国内完善统一的大市场，同时充分运用国内国际两个市场、两种资源统筹处理好国内发展与对外开放的关系，促进更高水平的对外开放，实现国内国际双循环。构建"双循环"新格局的重点在于：

一条主线。明确以国内大循环为主体、国内国际双循环相互促进这一主线。既要畅通国内市场循环，又要连接国内国际市场循环，在生产、交换、分配、消费各环节循环往复的社会再生产过程中，以国内需求、国内市场为主体，大力依靠内需拉动经济增长，同时发挥我国超大市场规模优势，实现"双循环"。

两种手段。"双循环"要从供需两个方面提量、提质。一方面，从需求侧入手刺激投资和消费，加强新型基础设施建设、新型城镇化建设、交通和水利等重大工程建设，提高收入刺激消费；另一方面，从供给侧入手深化供给侧结构性改革，破解体制机制障碍，着力解决"卡脖子"问题，提高供给质量。

三链同构。产业链、供应链、价值链同构是构建"双循环"新格局的基本保证。供应链的连接往往是产业链生成的基础，产业链是多重供应链的复合体，价值链衡量生产经营活动价值，增强产业链、供应链的竞争优势。循环畅通产业链、供应链、价值链，切实强链、补链、延链，有助于链条长期安全稳定、提升链条现代化水平。

四化叠加。新型工业化、信息化、城镇化、农业现代化同步发展是构建"双循环"新格局的重要抓手。新型工业化是构建新格局的核心动力；信息化将催生新产业、新模式、新业态，产生新的创业、就业机会，拓展新的消费热点；新型城镇化将创造新的投资和消费需求，在稳就业、保民生、稳投资、促消费等方面将发挥重要作用；农业现代化是构建新格局的基础和支撑。

五大要素。充分释放要素潜能、发挥资源配置效应是构建"双循环"新格局的关键。五大生产要素中，数据要素对劳动力、资本、土地、技术要素效率具有倍增作用。促进要素流动和循环有助于打通国内大循环，支撑国内消费潜能精准释放、投资效能精准提高，进而带动国际大循环，实现要素价值全球化配置。

二、构建"双循环"新格局的理论机制

过去的"国际经济大循环战略"侧重国内市场与国际市场的循环。中国利用国外的资金、技术和国内丰富的劳动力，通过发展出口导向型企业参与全球产业链分工。国外通过向中国出口商品来获得外汇，实现国内与国外、总需求与总供给之间的一个动态循环。过去的"双循环"格局仍存在着弊端，不仅使我国在国际分工中被锁定于产业链低端的依附地位，而且也使我国遭受美元霸权的残酷掠夺，它还导致资金、资源和劳动力被虹吸到沿海的出口导向型部门，造就了畸形的外向与内需相分割的"二元经济"。现在的"双循环"新格局绝不意味着回到过去的老

路，绝不是封闭的国内循环，而是开放的国内国外"双循环"。

"双循环"新格局主要包括国内大循环和国内国际"双循环"。在"双循环"中，主要涉及五大主体、四大市场、四个环节、两方面循环，即政府、企业、居民、中央银行、商业银行五大主体在产品市场、要素市场、资金市场、国外市场稳定有序地进行社会经济活动，通过生产、交换、分配、消费四个环节，实现了一个经济体内部与外部的总供给和总需求之间的动态平衡（见图1－1）。

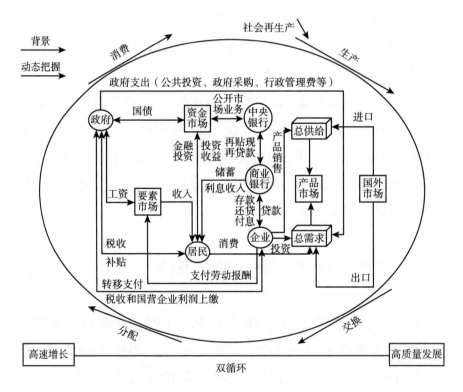

图1－1 构建"双循环"新格局理论机制

首先，产品市场和要素市场的循环。遵循企业—产品市场—居民—要素市场的路径，企业作为产品或服务供给方，通过产品市场将产品或服务出售给居民，居民作为产品或服务需求方，获得商品或服务，体现在总需求中；居民作为要素供给方，通过要素市场出售劳动力等要素，企业作为要素需求方，获得劳动力等要素进行生产活动，其提供的产品或服务将进入下一轮的循环中。其次，资金市场的循环。只考虑产品市场和要素市场中的企业和居民，资金市场的循环路径较为直观，企业通过出售产品或服务获得销售收入，进而从要素市场购买劳动力等生产要素，并将一部分资金以工资形式支付给居民，居民增加在产品市场购买产品或服务的消费支出，这些资金又回到了企业手中，企业进行下一轮的经济生产活动。现在加入政府、中央银行以及商业银行三大主体，综合考虑资金市场，政府通过发放国债进入资金市场，中央银行通过公开市场业务进入资金市场。一方面，政府给居民补贴、企业转移支付实现收入再分配，同时获得居民的税收、企业的税收（包含国营企业上缴的利润）。另一方面，中央银行通过再贴现这一货币政策工具影响商业银行借款成本，商业银行通过再贷款获得贷款，进一步地，居民在商业银行储蓄并获得利息收入，企业在商业银行贷款并还贷、付息和存款，资金流动循环往复。再次，国外市场的循环。国外市场通过进口和出口融入产品市场和要素市场，借助汇率实现资金市场的动态平衡。最后，总供给与总需求的循环。产品市场的均衡条件是总供给等于总需求。从总需求来看，主要构成有居民的消费、企业的投资、政府支出（公共投资、政府采购、行政管理费等）、国外市场的出口，总供给包括国内和国外生产活动提供的产品和劳务，既有国内企业的产品销售，也有国外企业的进口。

"双循环"新格局所说的畅通与循环，除了涵盖国内与国外之间的关系外，还强调了供给端和需求端及生产、交换、分配、消费四个环节的畅通、循环。当前形势下构建"双循环"新格局，是经济社会发展的必然之举。

第二章

中国国民经济循环格局的
历史演进

新中国成立以来，中国的国民经济循环格局经历了多次调整。在新中国成立初期，中国初步建立计划经济体制，独立自主地完成了早期工业化和资本原始积累，国民经济循环主要以国内大循环为主。改革开放后，中国的国民经济体制开始从计划经济转向市场经济，逐渐形成外向型经济发展格局，国际大循环逐渐在中国的国民经济循环格局中占据主导地位。进入新时代后，随着社会主要矛盾和国际环境的变化，中国提出构建"以国内大循环为主体、国内国际双循环相互促进"的双循环新发展格局。本章节将对中国国民经济循环格局的历史演进进行详细的阐述。

第一节　1949～1977 年：内循环独立支撑

一、背景

1949 年新中国成立之后，经过 3 年恢复时期的努力，抗战以来遭受严重破坏的民族工业得到恢复和发展，经济秩序得以恢复，可以从稳定国内局面为主转向进行经济建设。

关于国内大循环，这一时期中国构建起以政府这只"有形之手"为主导的国内循环体系。1953 年中国实施第一个五年计划，从苏联和东欧国家引进了"156 项工程"，集中全国的主要力量发展冶金工业、燃料工业、动力工业、机械制造工业等重工业，以实现国家工业化。与此同时，中国开展"一化三改"和人民公社化运动，通过农业集体化的高积累支持全国工业化。到 1957 年中国初步建立了高度集中的计划经济体制，开始依靠高度集中的计划体制进行自力更生的现代化建设。党的八大之后，党对计划经济体制改革进行了各种探索。1958～1961 年，在农村建立的公社制度将中国农村人口的经济活动置于政府直接控制之下，在城市发展的国营企业将整个社会的经济活动放置在一个集体计划经济的系统中（何玉长等，2020）。1962～1965年中国进入经济调整期，引入的政策使整个计划经济系统出现了一个小缺口。1966～1976年"文革"阶段，冻结了所有物价和工资，中国的价格体制完全失灵。

关于国际大循环，这一时期的国际大循环与中国的外交关系直接挂钩。1949年，新中国成立初期，美国及其盟国实行冻结中国资产和资金的政策，限制了中国对外贸易的发展。因此中国只能"一边倒"地与苏联和东欧国家发展经贸关系、引进设备和技术。但20世纪60年代初期，中国与苏联关系恶化，对外开放外部环境更加不利，中国开始从一些相对友好的发达国家引进设备技术，但对外贸易的规模和地位都与此前无法比拟，国内开始强调自力更生。20世纪60年代后几年，中国处于"文化大革命"时期，指导思想上出现了排斥从国外引进的倾向，对外经济贸易交往陷于停滞。20世纪70年代初期，中国恢复了在联合国的合法席位，与美国、日本及更多的发达国家关系有所改善，中国对外开放的外部环境明显好转。

二、低水平的内循环

这一阶段的国内循环格局受制于计划经济体制，表现为低水平的"内循环"。本时期，中国经济的内部调节机制不完备，国内经济主要是计划经济体制调节。在短期内，计划指令的硬性调控，再配合国家经济计划中以工业投资为主导的扩张方向，可以较快刺激国内总需求，推动国内经济升温。但从长期看，计划指令的主观性、粗放性和非灵活性导致计划经济体制存在着所有者缺位、缺少价格信号对要素资源进行定价和配置等弊端，容易使现阶段国内供需出现频繁且严重的错配，降低国内经济循环的稳定性和通畅性。这一阶段低水平的内循环主要表现在以下几点。

一是计划经济体制束缚了中国经济的发展，国民经济总值增长率波动较大。"一五"计划完成后的1956年的国内生产总值增长率为15%；但是，1958年"大跃进"运动违反客观经济规律，使经济增长率高达21.3%；之后，在地方政府大刮浮夸风和自然灾害的影响，1960～1962年经济增长率连年衰落，其中1961年为－27.3%，达到最低点；在经过国民经济调整后，1964年恢复到18.2%；最后，由于"文化大革命"对经济活动的直接打压，1967年国内生产总值增长率下滑到－5.7%，在十年"文革"期间经济增长率呈现出急剧波动的特征（见图2－1）。

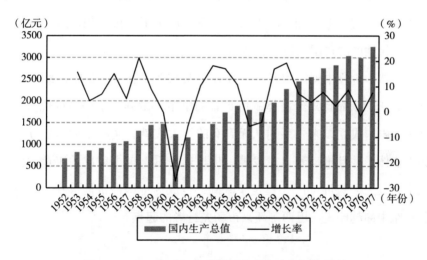

图2－1 1952～1977年中国国内生产总值和增长率
资料来源：国家统计局官网。

二是计划经济体制下的国有工业企业实施集权管理，以行政手段管理国有工业企业，以指令性计划配置资源，漠视市场客观经济规律，抑制了职工的积极性和国有工业企业经济效益。国有工业企业的数量在本阶段变化较大：1956年，工商业社会主义改造完成后，国有工业企业约有5万家；1958年"大跃进"运动强调"以钢为纲"，片面突出重工业，国有工业企业猛增至约12万家，成为这一阶段的最高值；但是，1959年后，国有工业企业的数量开始下滑，1964年降至约4.5万家，成为这一阶段的最低值。国有工业企业的职工人数出现急剧波动："大跃进"运动之前，国有工业企业职工人数刚刚超过500万人；但是，"大跃进"时期猛增至2300多万人，农业生产水平无力支撑；进入三年调整期后，大量工业企业关停，工业企业职工精简，仅剩1100多万人，直到1964年才逐步回升。[①]

三是计划经济体制下的农业经营"以粮为纲"走向绝对化。由于农业经营坚持单一粮食生产经营，将多种经营看作"资本主义的尾巴"，固守传统农业生产方式，导致本阶段农业经营长期低效率。另外，工农业产品价格"剪刀差"扭曲了工农业关系，加重了农民负担，最终使老少边穷农村地区的贫困人口不断增加。

虽然本阶段中国国内经济循环处于低水平状态，但是中国经济"内循环"仍然依靠计划经济体制所具有的集中力量办大事的制度优势，实现了新中国成立以来一系列从无到有的重大成就，尤其是初步建立了民族工业体系并且推动其自主发展。从长远来看，自主完成的工业化为未来中国成为"世界工厂"奠定了基础，也成为中国经济能够在其后的漫长竞跑中超越印度、巴西等新兴市场先行者的起点。

三、阶段性的外循环

这一时期的国际循环格局受制于冷战时期的国际形势，阶段性十分明显，可划分为三个发展阶段。

第一阶段，新民主主义时期的对外贸易阶段（1949～1956年）。1949

---

① 资料来源：国家统计局官网。

年新中国成立后，中国建立了以贸易保护为主要特征的贸易政策体系，面对西方国家对中国采取的封锁禁运，中国开始实施向社会主义阵营"一边倒"的政策，1950～1956年，中国的进出口贸易总额由11.35亿美元增加至32.08亿美元，出口贸易总额由5.52亿美元增加到16.45亿美元，进口总额由5.83亿美元增加到15.63亿美元。1956年中国的进出口贸易实现了贸易盈余0.82亿美元，初步扭转了长期入超的局面。表2－1是1950～1956年中国对外贸易发展总体情况。

表2－1　　　　　1950～1956年中国对外贸易发展总体情况　　　单位：亿美元

年份	进出口总额	出口总额	进口总额	贸易差额
1950	11.35	5.52	5.83	-0.31
1951	19.60	7.57	12.00	-4.43
1952	19.40	8.23	11.20	-2.97
1953	23.68	10.22	13.46	-3.24
1954	24.33	11.46	12.87	-1.41
1955	31.45	14.12	17.33	-3.21
1956	32.08	16.45	15.63	0.82

资料来源：国家统计局官网。

第二阶段，社会主义制度建立后计划经济时期的对外贸易阶段（1957～1965年）。1958年以来，中国对外贸易经历了起伏波动，但总体上保持增长趋势。1958～1965年，中国的进出口贸易总额由38.71亿美元增长到42.45亿美元。20世纪50年代后期到60年代初期，国际政治经济环境发生了剧烈变化，随着中苏关系的恶化，中国出口占世界出口总额的比重大幅衰减，由1957年的1.42%降至1965年的1.19%。中国开始发展与亚非拉发展中国家的贸易关系，截至20世纪60年代中期，中国同125个国家和地区建立了对外贸易关系。表2－2是1957～1965年中国出口总额占世界出口总额的比重。

表 2 - 2　　　　　1957 ~ 1965 年中国出口总额占世界出口总额的比重

年份	世界出口总额（亿美元）	中国出口总额（亿美元）	中国出口占世界的比重（%）
1957	1123	15.97	1.42
1958	1086	19.81	1.82
1959	1159	22.61	1.95
1960	1283	18.56	1.44
1961	1344	14.91	1.11
1962	1419	14.90	1.05
1963	1545	16.49	1.07
1964	1736	19.16	1.10
1965	1872	22.28	1.19

资料来源：国家统计局官网。

　　第三阶段，从"文革"到改革开放之前的对外贸易阶段（1966 ~ 1977 年）。1966 年的"文化大革命"运动使中国的对外贸易受到极"左"思想的负面影响，1967 ~ 1969 年中国的进出口总额连续 3 年下降，1969 年进出口总额只有 40.3 亿美元。1971 年中国恢复联合国的合法席位以及 1972 年美国总统尼克松访华，带动了各国与中国建交的热潮。1966 ~ 1976 年，中国的进出口总额从 46.2 亿美元增至 134.3 亿美元（见表 2 - 3），但是中国的进口额、出口额排名有所下降，从 1966 年的世界第 20 位和第 16 位，下降到 1976 年的第 33 位和第 35 位。由此不难看出，本阶段中国的国际大循环受国际关系影响极大。

表 2 - 3　　　　　　1966 ~ 1977 年中国对外贸易规模及增速

年份	进出口总额（亿美元）	增速（%）
1966	46.2	8.7
1967	41.6	- 10.0
1968	40.5	- 2.6
1969	40.3	- 0.5
1970	45.9	13.9

年份	进出口总额（亿美元）	增速（%）
1971	48.4	5.5
1972	63.0	30.2
1973	109.8	74.3
1974	145.7	32.7
1975	147.5	1.2
1976	134.3	-9.0
1977	148.0	10.2

资料来源：国家统计局官网。

同时，本阶段中国的对外贸易受到不利的外部贸易环境以及部分排斥国外引进的极端思想的影响，相对地隔绝于国际市场之外，在一定程度上避免了国内经济受到全球经济周期的外溢冲击。例如，受到第一次石油危机的影响，1973～1975 年全球经济陷入严重衰退，而中国经济则保持较快增长。但是，相对封闭的国内经济环境也有很多弊端。在供给侧，因为错过了承接国际产业转移的机遇，难以及时引入国际资本和先进技术发展生产力水平。在需求侧，因为不能及时对接更为广阔的全球市场，无法将外需转化为经济增长动力。

四、高波动的经济增长

"外循环"的阶段性，叠加"内循环"的低水平，共同导致本阶段中国经济呈现出大起大落的高波动性。除了 1949～1952 年的国民经济恢复期之外，这一阶段主要包括 5 个小经济周期，分别为 1953～1957 年、1958～1961 年、1962～1967 年、1968～1972 年以及 1973～1976 年。其中，周期峰位和谷位的经济增速差值最大为 48.6 个百分点，周期峰位至谷位的平均间隔仅约为 2 年。其中 1953 年、1956 年、1958 年、1966 年、

1970 年、1973 年、1975 年都出现因总需求过快升温而导致来年经济增速骤降的转折。受制于高波动的经济增长,本阶段中国经济的年均增速并不高,仅为 6.5% (见图 2 – 2)。

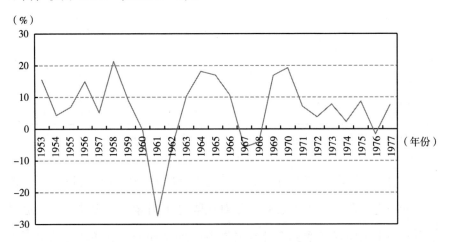

图 2 – 2　1953 ~ 1977 年中国 GDP 增速
资料来源:国家统计局官网。

第二节　1978 ~ 1991 年:外循环边际增强

一、背景

这一阶段,就内部而言,1978 年召开党的十一届三中全会,中国步入社会主义现代化建设和改革开放的新时期。就外部而言,美苏冷战结束后,和平与发展成为这一时期的世界主题,经济一体化的浪潮席卷全球。内外变局之下,中国的国民经济循环格局开始向前演进。

关于国内大循环,随着计划经济体制开始向社会主义有计划商品经济的体制转轨,市场这只"无形之手"在国内大循环体系中扮演重要作用。1978 年 12 月,党的十一届三中全会重新确立了对经济管理体制进行改革的基本思想。1982 年 9 月，党的十二大依据邓小平理论提出了经济发展的战略目标和指导方针，在改革方面提出了贯彻计划经济为主、市场调节为辅这一重要原则。1987 年 10 月，党的十三大报告第一次提出计划与市场内在统一的社会主义有计划商品经济的体制。党的十三大报告提出：当前深化改革的任务主要是围绕转换企业经营机制这个中心环节，分阶段地进行计划、投资、物资、财政、金融、外贸等方面体制的配套改革，逐步建立有计划商品经济新体制的基本框架（汪海波，2018）。在上述政策措施的指导下，中国计划经济体制改革进入了全面展开阶段。

在本阶段的国际大循环发展中，和平与发展重新成为世界主题，经济一体化浪潮席卷全球，中国在良好的外部环境下积极开展对外活动。1978 年党的十一届三中全会做出了对外开放的重大决策。1979 年 7 月，党中央、国务院决定在深圳、珠海、汕头和厦门试办经济特区。1982 年召开的五届全国人大五次会议将对外开放政策写入《中华人民共和国宪法》。至此，中国将对外开放确定为基本国策。1984 年 4 月，党中央、国务院决定进一步开放天津、上海、大连、秦皇岛等 14 个沿海城市和海南行政区。

1985 年之后中国进一步建立和健全涉外立法：在 1986 年颁布了《中华人民共和国外资企业法》，在 1988 年颁布了《中华人民共和国中外合作经营企业法》，在 1990 年颁布了《国务院关于鼓励华侨和香港澳门同胞投资的规定》，这些法律和法规囊括了外国商人和港、澳、台商人的投资，同时放宽了开放政策。与此同时，中国进一步扩大开放地区：1985 年 2 月，国务院决定将长江三角洲、珠江三角洲等地区开辟为沿海经济开放区。1988 年上半年，又设立了山东半岛和辽东半岛经济开放区，以及海南省经济特区。1990 年 4 月，党中央在浦东新区实行经济特区和经济技术开发区的政策，并将其作为 10 年内中国开放的重点。上述政策和文件的实施，标志着中国对外开放进入了一个新阶段。

二、内循环开始改革攻坚

本阶段，中国国内循环体系中的经济调节机制发生了历史性变革，开始由计划经济体制向社会主义有计划商品经济的体制转变，中国开始在农村经济、国有经济、集体经济、个体经济、现代市场体系等方面进行配套改革，逐步建立有计划商品经济新体制的基本框架，市场这只"无形之手"在国内循环体系中扮演的角色日益重要。内循环开始改革攻坚主要表现在以下几个方面。

第一，1978 年党的十一届三中全会拉开了经济体制改革的序幕，农村率先实现了改革的突破。1979～1984 年，农村经济体制改革废除了农村人民公社制度，建立起以家庭承包经营为基础的，与集体经营相结合的双层经济制度。到 1983 年末，全国农村实行家庭联产承包责任制的生产队已占生产队总数的 99.5%。[①] 与此同时，农村商品流通体制和金融体制进行了改革，这些举措改变了农村旧的经营管理体制，解放了农村生产力，调动了广大农民的生产经营积极性。1984 年的农业增加值从 1978 年的 1027.5 亿元增长到 2316.1 亿元。[②]

第二，国有经济实行以扩大企业自主权为特征的改革。1978 年，四川省首先在 6 个地方的国有工业企业进行试点。到 1980 年底，除西藏外，各省、自治区、直辖市参加试点的国营工业企业已经达到 6000 多家（汪海波，2018）。1981 年 4 月，在国务院召开的工业交通工作会议上，明确提出建立和实行工业经济责任制的要求。从 1981 年初到 1982 年底，工业企业开始在大范围内推行经济责任制。在此基础上，1985 年，国有经济开始推行以企业承包经营责任制为特征的改革。在 1986 年进行承包经营

---

① 吴理财. 村民小组的历史变迁及其基本逻辑 [J]. 社会学评论，2021，9（4）：44－62.
② 资料来源：国家统计局官网。

责任制试点的前提下，1987 年 5 月国家在全国普遍推广承包经营责任制。经过推广，到 1987 年底，在 11402 户国有大中型工业企业中，实行承包经营责任制的有 843 户，占比达到 77.6%。①

第三，1978 年党的十一届三中全会后，中国对集体所有制企业的管理体制进行了"还权于集体所有制企业，改固定工资为浮动工资"等改革。1978～1984 年，集体工业产值（包括城镇集体工业在内）由 947.8 亿元增长到 2263.1 亿元；在全国工业总产值中的比重由 22.4% 上升到 29.7%。在上述改革的经验推广下，1984 年 10 月，轻工业部、全国手工业合作总社发布了《关于轻工业集体企业若干问题的暂行规定》，将集体企业应该享有的权利全部归还给企业。这些改革和发展措施极大地促进了城镇集体经济的发展。1984～1991 年，集体工业产值（包括城镇集体工业在内）由 2263.1 亿元增加到 12135 亿元，占全国工业总产值的比重由 29.7% 上升到 35.1%。②

第四，在 1978 年党的十一届三中全会以后，个体经济逐步得到了恢复和发展。1981～1984 年，个体工商户由 183 万户增长到 933 万户；从业人员由 227 万人增长到 1304 万人；注册资金由 5 亿元增长到 100 亿元。1984 年 10 月，党的十二届三中全会提出："坚持多种经济形式和经营方式的共同发展，是我们长期的方针"。这期间政府采取了加强对个体工商户的监督、管理，保护其合法权益的政策。经过上述各项工作，个体经济进入了快速发展阶段。1984～1991 年，个体工商户由 933 万户增长到 1534 万户，增长 64.4%；从业人员由 1304 万人增长到 2308 万人，增长 76.99%。③

第五，现代市场体系开始发展完善。在产品市场方面，消费品由原来部分商品交易和部分产品分配并存转变为商品交易，投资品由原来国家调拨转变为市场交易，产品市场获得了急剧增长。1991 年社会消费品

---

①②③　资料来源：国家统计局官网。

零售总额由 1978 年的 1558.6 亿元增加到 9415.6 亿元。劳动力市场方面，随着农村经济改革，国企改革和非公有制经济的发展，正在或已经成为商品的劳动力也大量增长，劳动力市场迅速发展起来。劳动力人数由 1978 年的 40682 万人增加到 1991 年的 66091 万人。① 金融市场开始发展并迅速扩大，全国金融机构人民币存款余额和贷款余额分别由 1978 年的 1134.5 亿元增长到 1991 年的 18079 亿元，由 1850 亿元增长到 21337.8 亿元。② 房地产市场也开始起步并迅速扩张。1980 年，深圳市率先实行了公房公开买卖和城市土地有偿使用制度。1981 年全国房地产开发公司只有 12 家，到 1986 年就猛增到 2200 多家。截至 1991 年商品房销售面积和销售额分别达到 3025.46 万平方米和 2378597 万元。③

第六，财税和金融体制改革开始起步。在财税体制改革方面：为了改变统收统支局面，通过利改税，完善原来的税制，建立奖金税、外商投资企业所得税和个人所得税等新税种的措施进行财税改革。在上述措施取得成功的基础上，1985 年以后，中国相继开征了城市维护建设税、房产税、车船使用税和城镇土地使用税四种地方税；还开征了一些新税。在金融体制改革方面：1978～1984 年正式确立了中国人民银行的中央银行地位；中央银行开始运用贷款利率和存款准备金等经济手段调节货币供应量。1985～1991 年，进一步建立金融系统，改进信贷资金管理制度，发展金融市场，改革涉外金融制度。

通过在农村经济、国有经济、集体经济、市场体系、财税金融体制等方面的改革攻坚，中国不断下放计划管理权限，缩小指令性计划范围，扩大指导性计划和市场调节范围。在这一阶段，中国国内循环体系的经济调节机制转变为计划与市场内在统一的社会主义有计划商品经济的体制，市场这只"无形之手"更加灵活高效地匹配中国供求两侧，国内循

---

① 资料来源：国家统计局官网。
②③ 资料来源：《中国统计摘要 2012》。

环体系更加完备。

三、外循环开放对接世界市场

1978 年党的十一届三中全会作出对外开放的决策后，对外开放成为中国的基本国策。国务院将长江三角洲、珠江三角洲等地区开辟为沿海经济开放区，又设立了山东半岛和辽东半岛经济开放区，在浦东新区实行经济特区和经济技术开发区的政策，并将其作为 10 年内中国开放的重点。中国的对外开放进入新阶段，对外贸易取得了很大的发展。这主要体现在以下三个方面。

第一，改革开放后中国对外贸易不断发展。1978 年以来，中国的对外贸易体制进行了相应的变革，确立了国家统治下趋向开放的贸易政策，对外贸易发展的主旋律是"简政放权、出口导向、引进外资"。1978 年，中国进出口贸易总额仅为 206.38 亿美元。1991 年，中国对外贸易规模已经增加到 1356.34 亿美元，突破千亿美元大关。1978 年，中国出口总额和进口总额仅为 97.45 亿美元和 108.93 亿美元，1991 年增加到 718.43 亿美元和 637.91 亿美元。1990 年后，中国基本实现贸易顺差。表 2 - 4 是 1978～1991 年中国对外贸易发展总体情况。这一时期，沿海外向型经济发展战略成效显著，加工贸易迅速崛起。1978 年 8 月，广东珠海签订了第一份来料加工合同。1984 年加工贸易占中国对外贸易总额比重超过 10.0%，1991 年中国加工贸易进出口总额突破 500 亿美元大关。

表 2 - 4　　　　　　1978～1991 年中国对外贸易发展总体情况

年份	进出口		出口		进口		贸易差额（亿美元）
	进出口额（亿美元）	增长率（%）	出口额（亿美元）	增长率（%）	进口额（亿美元）	增长率（%）	
1978	206.38	39.45	97.45	28.39	108.93	51.08	- 11.48
1979	293.30	42.12	136.60	40.17	156.70	43.85	- 20.10

年份	进出口		出口		进口		贸易差额（亿美元）
	进出口额（亿美元）	增长率（%）	出口额（亿美元）	增长率（%）	进口额（亿美元）	增长率（%）	
1980	381.36	30.02	181.19	32.64	200.17	27.74	-18.98
1981	440.22	15.43	220.07	21.46	220.15	9.98	-0.08
1982	416.06	-5.49	223.21	1.43	192.85	-12.40	30.36
1983	436.16	4.83	222.26	-0.43	213.90	10.92	8.36
1984	535.49	22.77	261.39	17.61	274.10	28.14	-12.71
1985	696.02	29.98	273.50	4.63	422.52	54.15	-149.02
1986	738.46	6.10	309.42	13.13	429.04	1.54	-119.62
1987	826.53	11.93	394.37	27.45	432.16	0.73	-37.79
1988	1027.84	24.36	475.16	20.49	552.68	27.89	-77.52
1989	1116.78	8.65	525.38	10.57	591.40	7.01	-66.02
1990	1154.36	3.37	620.91	18.18	533.45	-9.80	87.46
1991	1356.34	17.50	718.43	15.71	637.91	19.58	80.52

资料来源：国家统计局官网。

第二，改革开放后，中国进出口结构得到很大的改善，初级产品占比不断下降，工业制成品所占比重不断上升。关于出口商品结构，1980年，初级产品占出口商品总额的比重超过一半，达到50.30%，工业制成品占比达到49.70%。1986年，中国出口商品结构实现了由初级产品为主到工业制成品为主的转变，这标志着出口商品从资源密集型为主向劳动密集型为主的转变。到1991年，初级产品出口占出口商品总额的比重已经迅速下降到22.47%，工业制成品占比则上升到77.53%。关于进口商品结构，1980年初级产品占进口商品总额的比重达到34.77%，工业制成品占比为65.23%。由于中国的产业升级和参与国际分工的深化，1991年中国初级制成品占进口商品总额的比重下降到16.98%，工业制成品占进口商品总额的比重上升到83.02%（见表2-5）。进出口贸易结构的改善使中国在世界贸易总额中的地位不断提升。1978 年，中国进出口总额在世界上排名第 32 位，到 1991 年已经提升到第 15 位。

表 2 - 5　　　　　1980～1991 年中国进出口商品结构变化趋势　　　　单位：%

年份	出口		进口	
	初级产品	工业制成品	初级产品	工业制成品
1980	50.30	49.70	34.77	65.23
1981	46.57	53.43	36.54	63.46
1982	45.02	54.98	39.59	60.41
1983	43.28	56.72	27.15	72.85
1984	45.66	54.34	19.00	81.00
1985	50.56	49.44	12.52	87.48
1986	36.43	63.57	13.17	86.83
1987	33.55	66.45	16.00	84.00
1988	30.32	69.68	18.22	81.80
1989	28.70	71.30	19.87	80.13
1990	25.59	74.41	18.47	81.53
1991	22.47	77.53	16.98	83.02

资料来源：国家统计局官网。

　　第三，对外贸易在中国国民经济发展中的地位不断增强。1978 年改革开放后，中国的对外贸易开始迅速发展，对外贸易的增长速度通常都高于同期经济增长速度，进出口总额占国内生产总值的比重不断提高，这表示对外贸易对中国国民经济发展的贡献越来越大。1978 年，中国的外贸依存度仅为 9.74%，其中出口依存度为 4.60%，进口依存度为5.14%。到 1991 年，中国的外贸依存度已经达到 33.17%，出口依存度为 17.57%，进口依存度为 15.60%，出口依存开始高于进口依存度，说明中国对外贸易开始更多地依靠出口贸易，实现贸易顺差。表 2 - 6 是 1978～1991 年中国外贸依存度情况。

　　　　　　　1978～1991年中国外贸依存度　　　　　　单位：%

年份	外贸依存度	出口依存度	进口依存度
1978	9.74	4.60	5.14
1980	12.54	5.97	6.57
1983	14.42	7.35	7.07
1985	22.92	8.97	13.95
1987	25.58	12.20	13.39
1989	24.46	11.51	12.95
1990	29.78	15.99	13.79
1991	33.17	17.57	15.60

注：表中绝对数以人民币当年价格和汇率计算。
资料来源：国家统计局官网。

四、经济过热频发

这一阶段，在"外循环"为主导、"内循环"同步完善的格局下，中国经济被压抑已久的要素活力得到释放，生产力水平和社会总需求实现长足发展。这一时期主要涵盖3个小周期，分别是1978～1981年、1982～1986年和1987～1991年。得益于相对完善的国民经济循环格局，这一时期的年均经济增速升至10%以上，属于高速增长阶段（见图2-3）。但

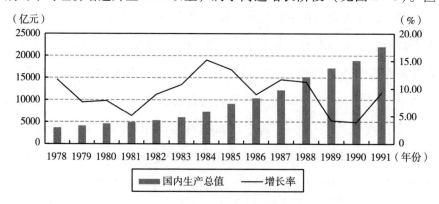

图2-3　1978～1991年中国国内生产总值和增长率
资料来源：国家统计局官网。

是，初生的市场经济机制所激活的经济发展动力，与计划经济所遗留的"投资饥渴症"相叠加，导致中国该阶段投资规模扩张过快、经济片面追求高增速的问题。特别是在"价格双轨制"正在逐步退出，尚不成熟的市场价格信号缺少稳定性的状况下，物价的大幅起落会对经济周期产生一定的影响。其中，1982年、1984年、1987年均出现投资驱动的经济过热现象。总的来说，相较于上一阶段经济增长的高波动甚至出现负增长的弊端，本阶段的经济增长较为平稳且均为正增长。

第三节 1992~2000年：外循环边际持续增强

一、背景

20世纪90年代中后期，中国的经济状况发生根本改变，扩大内需成为这个阶段一个亟待解决的问题。从国际上来说，世界经济开始呈现出全球化趋势，中国经济与世界经济的联系日益紧密。在国内国际形势发生深刻变化的情况下，中国的国民经济循环体系开始向深层次演进。

关于国内大循环，一方面，本阶段的国内大循环体系的经济调节机制已经完全转变为社会主义市场经济体制。1992年邓小平南方谈话后，中国的改革开放迎来新的浪潮。1992年，党的十四大报告提出，中国经济体制改革的目标是建立社会主义市场经济体制，进一步解放和发展生产力。1994年，党的十四届三中全会提出了社会主义市场经济理论。1995年，党的十四届五中全会作出"九五"时期全面完成现代化建设的第二步战略部署，提出初步建立社会主义市场经济体制（汪海波，2018）。

另一方面，在应对亚洲金融危机的过程中，中国正式提出扩大内需战略方针。1997年亚洲爆发金融危机后，1998年2月，中共中央、国务院明确提出要"立足扩大国内需求，加强基础设施建设"。1998 年 12 月 7 日，江泽民在中央经济工作会议上讲话时指出："扩大国内需求、开拓国内市场，是中国经济发展的基本立足点和长期战略方针"。[①] 1998 年底，扩大内需被确认为一项战略方针。在新生的社会主义市场经济体制和扩大内需战略的双重作用下，国内大循环成为本阶段增强经济安全性和稳定性的关键。

关于国际大循环，这一时期世界经济贸易格局发生了重大变化："冷战"结束后，出现"一超多强"的世界格局。1995 年，关贸总协定改名为世界贸易组织，经济全球化速度加快，局部金融危机不断出现。中国在快速融入"外循环"的过程中，经济也不可避免地受到全球经济气候的周期性冲击，国际经济循环运行的复杂性大幅提升。比如，1997 ~ 1998 年亚洲金融危机，使中国经济发展面临严峻形势，出口和利用外资都受到不同程度的影响。

1992 年，邓小平的南方谈话从根本上澄清了中国扩大对外开放存在的一些认识误区，并在之后采取了一系列开放举措。到 1994 年，中国共有 5 个经济特区，14 个沿海开放城市，沿海经济开放区涉及 260 个市、县，6 个沿江开放城市，18 个内陆省会开放城市，13 个沿边开放城市。至此，中国以经济特区为切入点的对外开放，经过由南向北、由东向西的不断扩展和推进，已在全国范围内基本形成了"经济特区—沿海开放城市—沿海经济开放区—沿江和内陆开放城市—沿边开放城市"的全方位、多层次的开放格局（王永凤，2011）。

二、内循环加快改革步伐

1992 年，党的十四大提出建立社会主义市场经济体制的目标，由市

---

① 江泽民. 论社会主义市场经济 [M]. 北京：中央文献出版社，2006：415.

场与政府共同调节中国资源配置。随着社会主义市场经济体制的初步建立和完善，市场这只"无形之手"逐步成长，和政府这只"有形之手"共同承担起调节供求平衡的重任。为了顺应国内国际形势的深刻变化，1998 年中国将扩大国内需求、开拓国内市场正式确立为一项战略方针。本阶段，中国推进国有经济改革、集体经济改革、非公有制经济改革等重点领域改革，全面推进国内大循环体系的完善。内循环加快改革步伐主要体现在以下方面。

第一，国有经济开始实施以建立现代企业制度为特征的改革。主要包括两个方面：（1）对国有企业实行建立现代企业制度的改革。其中，对国有大中型企业的改革采取抓大放小的方针，并且建立现代企业制度的试点和组建企业集团的试点。截至 2000 年底，试点的全部企业集团达到 2655 家，企业集团资产总计 106984 亿元，营业收入 53260 亿元。[①]（2）对国有小型企业实行政企分开，使企业自主走向市场。国家经贸委于 1996 年 7 月颁发了《关于放开搞活国有小型企业的意见》，以推动各地放开、搞活国有小型企业健康发展。到 2000 年底，国有小型企业已经实现改制的有 51698 户，改制面已经达到了 81.4% 以上。[②]

第二，集体经济持续深化改革。主要包括深化城镇集体经济改革和深化乡镇集体经济改革两个方面。关于深化城镇集体经济改革，1993 年，在《中共中央关于建立社会主义市场经济体制若干问题的决定》的指导下，城镇集体经济的改革开始实施，城镇企业的活力得到释放。关于深化乡镇集体经济改革，1996 年 10 月，政府颁布的《中华人民共和国乡镇企业法》，确立了乡镇企业在国民经济中的法律地位，并且提出了很多扶持乡镇企业发展的具体措施。上述政策措施，再加上中国国民经济高速

---

① 刘虎林. 合并纳税制度的国际比较及对中国的启示 [J]. 税务与经济, 2007 (3): 101 - 104.

② 龚益鸣, 刘文波. 国有中小企业改制模式比较分析 [J]. 理论月刊, 2004 (12): 64 - 165.

增长的宏观环境，乡镇集体企业进入高速发展阶段。2000年乡镇企业增加值由1992年的4485.34亿元增加到27156.23亿元，其中集体企业增加值由1992年的3007.94亿元增长到9424.87亿元。[①]

第三，非公有制经济持续发展，主要包括个体经济和私营经济两个方面。1992~2000年，个体工商户由1534万户增加到2571万户，从业人员由2468万人增加到5070万人，注册资金由601亿元增加到3315亿元。1992~2000年，私营企业户数由139633户增长到1761769户，从业人员由232万人增长到2406万人，注册资金由221亿元增长到13307亿元。[②]

第四，伴随社会主义市场经济体制的初步建立，现代市场体系初步形成。关于商品市场，1992~2000年，社会消费品零售总额由10993.7亿元增加到39105.7亿元；社会生产资料销售总额由14769亿元增长到52000亿元。关于劳动力市场，随着劳动、工资制度改革的深化，职工的就业和工资已在不同程度上实现了市场化。2000年，全社会职工人数为11257万人，其中，国有经济单位职工为8100万人，非国有单位职工为3157万人。关于金融市场的发展，1992~2000年全国金融机构人民币存款余额和贷款余额分别由23143.8亿元增加到133804.4亿元，由25742.8亿元增加到99371.1亿元。关于房地产市场的发展，2000年，实际销售商品房屋面积由1992年的4288.86万平方米增加到18637.1万平方米，商品房屋销售额由1992年的4265938万元增长到39354423万元。[③]

第五，宏观经济管理体制框架初步建立。在生产方面，1979年以前，国家计划对25种主要农产品产量实行指令性计划管理，到20世纪90年代末已全部取消。在流通方面，1979年，国家计委负责平衡、分配的统配物资为256种，国家计划收购和调度的农产品、工业消费品和农业生产资料为65种；到20世纪90年代末，二者分别减少到不足5种和不足10

---

①②③ 资料来源：国家统计局官网。

种。关于金融体制，金融体制改革取得重大进展，集中起来说就是初步建立了适应社会主义市场经济要求的金融体制框架。在社会保障方面，社会保障制度改革取得的重大进展，除了继续建立健全有关的政策法规外，进一步对作为重点的养老、医疗和失业保险以及社会救济制度进行了重大改革。经过几年的推进，基本养老保险的参保职工已由1992年的9456.2万人增加到2000年的13617.4万人，失业保险参保人数由1992年的7443万人增加到2000年的10408.4万人。[①]

这一时期，社会主义市场经济体制初步建立，市场逐步成为社会生产资源配置的主要方式。中国初步建立了适应社会主义市场经济要求的金融体制、商业流通体制、财税体制以及投资体制框架。在实施扩大内需战略后，中国不断开拓国内市场，激发各生产要素的发展活力，不但推进了国内循环体系的持续完善，而且增强了中国抵御国际经济风险的能力，保证国内经济的安全性和稳定性。

三、外循环进一步对接世界市场

1992年邓小平南方谈话后，中国实施"引进来"和"走出去"相结合的开放战略，进一步扩大开放，在全国范围内基本形成了"经济特区—沿海开放城市—沿海经济开放区—沿江和内陆开放城市—沿边开放城市"的全方位、多层次的开放格局。中国国际大循环进一步对接世界市场。主要体现在以下四个方面。

第一，中国构建起对外开放新格局。1992年，邓小平南方谈话后，中国掀起了新一轮对外开放的浪潮，不断改革和完善经济贸易体制。一方面，更加注重运用经济和法律手段进行外贸管理，例如，1994年我国

---

① 资料来源：国家统计局官网。

颁布实施《中华人民共和国对外贸易法》，维护对外贸易秩序，保护对外贸易经营者的合法权益。另一方面，改革外汇管理体制，实现关税制度与国际接轨，便于中国融入国际贸易中。除此之外，对外贸易的领域也有所改变，中国在深化开放制造业的同时，把服务业开放逐步提上日程，服务业也逐渐成为重要的开放领域。1999 年，中美达成入世双边协议，突破关键障碍，为 2001 年加入世界贸易组织做好了充分准备。

第二，中国对外贸易规模持续扩大，进入高速增长阶段。2000 年进出口贸易总额由 1992 年的 1655.25 亿美元增长到 2000 年的 4742.97 亿美元。[①] 其中，出口贸易由 849.40 亿美元增加到 2492.03 亿美元，进口贸易由 805.85 亿美元增长到 2250.94 亿美元。2000 年，对外贸易依存度高达 39.16%，贸易顺差达到 241.09 亿美元。由于 1997 年亚洲金融危机的影响，有的年份进出口贸易的增长速度呈现出很大差别。但总体来说，保持了高速增长的态势。表 2 - 7 是 1992 ~ 2000 年中国对外贸易规模的情况。

表 2 - 7 　　　　　　　　　　 1992 ~ 2000 年中国对外贸易规模

年份	进出口总额 （亿美元）	出口额 （亿美元）	进口额 （亿美元）	顺差 （亿美元）	外贸占国内生产 总值的比重（%）
1992	1655.25	849.40	805.85	43.55	33.53
1993	1957.03	917.44	1039.59	- 122.15	31.60
1994	2366.21	1210.06	1156.15	53.91	41.91
1995	2808.64	1487.80	1320.84	166.96	38.31
1996	2898.81	1510.48	1388.33	122.15	33.61
1997	3251.62	1827.92	1423.70	404.22	33.83
1998	3239.49	1837.12	1402.37	434.75	31.52
1999	3606.30	1949.31	1656.99	292.32	33.01
2000	4742.97	2492.03	2250.94	241.09	39.16

资料来源：国家统计局官网。

---

① 资料来源：国家统计局官网。

第三，这一时期，中国出口商品的技术含量不断提升，出口商品结构逐渐从轻纺产品向机电产品转变。到1996年，机电产品占出口商品总额的比重达到23.38%，纺织品和服装所占比重为18.87%，机电产品取代纺织品和服装成为第一大出口商品，这标志着出口商品开始从劳动密集型为主向资本技术密集型为主的转变。表2-8是1992~2000年中国出口商品结构变化趋势。进口产品中，机械及运输设备占据主要地位，2000年机械及运输设备的进口金额达到919.31亿美元，占进口商品总额的比重达到40.84%。与此同时，中国的加工贸易进一步增长，1996年首次占据中国对外贸易的50.0%以上。对外承包工程和劳务合作也有很大的发展，2000年对外承包工程完成营业额由1992年的24.03亿美元增长到83.79亿美元，对外劳务合作完成营业额由6.46亿美元增长到28.13亿美元。①

表2-8　　　　　　　　1992~2000年中国出口商品结构变化趋势

年份	轻纺产品		机电产品	
	金额（亿美元）	比重（%）	金额（亿美元）	比重（%）
1992	161.35	19.00	132.19	15.56
1993	163.92	17.87	152.82	16.66
1994	232.18	19.19	218.95	18.09
1995	322.40	21.67	314.07	21.11
1996	284.98	18.87	353.12	23.38
1997	344.32	18.84	437.09	23.91
1998	324.77	17.68	502.17	27.33
1999	332.62	17.06	588.36	30.18
2000	425.46	17.07	826.00	33.15

资料来源：《中国统计年鉴》《中国对外贸易统计年鉴》。

第四，中国的世界贸易地位不断提升。1992年，中国出口总额占世界贸易总额的比重仅为2.3%，到2000年所占比重达到3.9%，比1992

---

① 汪海波. 中国经济体制改革（1978—2018）［M］. 北京：北京社会科学文献出版社，2018.

年上升了1.6个百分点。中国出口总额的世界位次也不断提升，1992～1996年中国出口总额的世界位次一直保持在第11位，1997年中国出口总额的世界位次上升到第10位，到2000年位次已经提升至第7位，这标志着中国在世界贸易体系中扮演着越来越重要的角色。表2-9是1992～2000年中国出口总额占世界比重和位次。

表2-9　　　　　　1992～2000年中国出口总额占世界比重和位次

年份	中国出口总额占世界比重（%）	中国出口总额的世界位次
1992	2.3	11
1993	2.5	11
1994	2.9	11
1995	3.0	11
1996	2.9	11
1997	3.3	10
1998	3.4	9
1999	3.6	9
2000	3.9	7

资料来源：《中国商务年鉴》。

四、经济进入漫长的价格调整期

这一阶段，中国国内循环体系不断加快经济体制改革，并正式提出扩大内需战略，中国的国内市场不断开拓，人们的需求潜力不断得到激发。同时，随着经济全球化，中国国际大循环积极对接世界市场，融入世界经济体系。中国进入改革开放的新时期，社会生产力水平和总需求不断发展。得益于此，这一时期的年均经济增速达到10.5%，属于经济高速增长阶段。① 具体来看，1992年邓小平的南方谈话明确了中国经济体制改革的市场取向，投资者的创业热情极大迸发，投资需求膨胀。1992～1994年形成了"投资热、集资热、开发区热"的经济过热局面，1992年经济增长率达到14.22%。② 由于经济过热居高不下，中国于1993年开始

---

①② 资料来源：国家统计局官网。

实施了 3 年宏观调控，同时由于 1997 年亚洲金融危机对中国经济造成了冲击，经济减速和失业率上升。1999 年，中国的经济增长率低至 7.66%，出现了"内需不足、启而不动"的通货紧缩新局面（见图 2 - 4）。① 总的来说，相较于上一阶段经济频繁出现经济过热现象，本阶段中国经济发展先后出现经济过热和内需不足的情况，通货膨胀和通货紧缩的接连发生，导致经济进入漫长的价格调整周期。

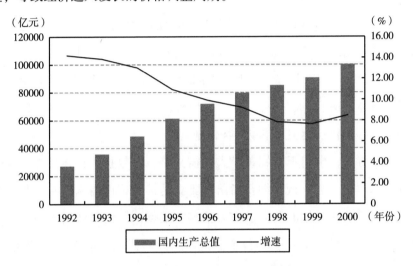

图 2 - 4　1992 ~ 2000 年中国国内生产总值和增长率
资料来源：国家统计局官网。

第四节　2001 ~ 2011 年：外向型经济发展格局形成

一、背景

进入 21 世纪，中国的经济发展进入新的阶段，对实施扩大内需战略方针和建成完善的社会主义市场经济体制提出了新要求。从国际上说，

---

① 资料来源：国家统计局官网。

世界多极化和经济全球化趋势继续发展，同时科技进步日新月异、知识经济初见端倪，推动了世界范围内新一轮的经济结构调整（戚义明，2009）。中国加入世界贸易组织，虽然为国内经济和社会发展带来新的机遇，但是也给国家的经济安全带来新的挑战。在国内外形势的新变化下，中国国民经济循环体系开始了新的演进。

关于国内大循环，一方面，国内大循环体系的经济调节机制和社会主义市场经济体制不断完善。2002 年，党的十六大提出了完善社会主义市场经济体制的任务。2003 年，党的十六届三中全会通过了《中共中央关于完善社会主义市场经济体制若干问题的决定》，规定了完善社会主义市场经济体制的目标、任务、指导思想和原则。此后，2007 年党的十七大强调继续完善社会主义市场经济体制。

另一方面，中国不断完善扩大内需战略，有效扩大国内需求。2006年发布的"十一五"规划纲要指出，要立足扩大国内需求推动发展，把扩大国内需求特别是消费需求作为基本立足点，促使经济增长由主要依靠投资和出口拉动向消费与投资、内需与外需协调拉动转变（樊纲等，2021）。2008 年全球金融危机在全世界迅速蔓延，为克服此次危机，中央安排 4 万亿元的投资计划，通过扩大内需保增长，在全球率先实现经济企稳回升。2011 年，"十二五"规划纲要指出，构建扩大内需长效机制，促进经济增长向依靠消费、投资、出口协调拉动转变。

关于国际大循环，这一时期的国际形势是和平、发展、合作，总体上有利于中国对外贸易发展。但世界贸易也面临诸多不确定性因素。例如，国际金融危机和欧债危机相继爆发以后，世界经济增长速度减缓，中国经济受世界经济波动的影响开始变得更为直接和深入。

2001 年 12 月 11 日，中国正式加入世界贸易组织，开启了中国全面参与国际竞争与合作的新时期，迎来了对外贸易的跨越式发展。同时，2002 年 3 月公布新的《外商投资产业指导目录》和 2011 年又修订公布的

《外商投资产业指导目录》，在相对完整的意义上丰富了中国外资的法律规范。虽然中国遭遇 2008 年次贷危机的冲击，但未在根本上影响外贸的发展，反而提升了中国在世界贸易格局中的地位。

二、内循环全面改革完善

这一时期，中国通过对国有经济和农村经济改革以解放国内生产、对非公有制经济和投资体制改革以优化投资结构、对收入分配和社会保障制度改革以刺激消费、对区域协调战略以协调分配，进而完善社会主义市场经济体制和扩大内需战略，最终为中国国内大循环提供有利条件。在这样的情况下，通过政府这只"有形之手"有效弥补市场这只"无形之手"的不足，着力为国内需求潜力"松绑"、为国内经济循环"加油"，从而推动国内经济供需循环畅通、形成强大国内市场。内循环全面改革完善主要体现在以下各方面。

第一，国有经济继续推进战略调整和建立现代企业制度，解放生产活力。主要包括以下方面：（1）继续推进国有经济布局的战略调整，把"抓大放小"作为对国有经济进行战略调整的主要方针。（2）继续建立现代企业制度，继续扩大股份制改造面，实现股权多元化，明晰产权关系，建立规范的法人治理结构。（3）继续推进国有事业单位和存续企业的改革。在以上措施下，2011 年国有及国有控股工业企业由 2001 年的 53489 户减少到 17052 户，但工业总产值、资产总额、营业收入、利润分别由 40554.37 亿元增长到 221036.25 亿元，由 84014.94 亿元增长到 281673.87 亿元，由 42203.12 亿元增长到 228900.13 亿元，由 2408.33 亿元增长到 16457.57 亿元。①

----

① 资料来源：《中国统计年鉴（2012）》。

第二，农村经济改革全面深化，激发农业生产的活力。主要从五个方面进行：(1) 实行最严格的耕地保护制度；(2) 完善农村土地经营制度；(3) 实行农村税费改革，彻底取消农业税；(4) 深化农产品流通体制改革和供销合作社改革；(5) 改革和创新农村金融体制。以上措施促进了农业生产的发展，农业生产取得巨大成就。2004～2011 年累计增产 2810 亿公斤，年均增产 350 亿公斤。2011 年粮食生产又一次创历史新高，达到 11424 亿公斤，实现了新中国成立后半个世纪以来首次连续 8 年增产。[①] 除此之外，农村经济的改革还帮助农民减轻了负担，进一步激发了农民的消费需求。

第三，非公有制经济持续快速发展，引导民间投资，优化投资结构。2002 年 1 月，国家计委颁发了《关于促进和引导民间投资的若干意见》提出，凡是鼓励和允许外商投资进入的领域，均鼓励和允许民间投资进入；在实行优惠政策的投资领域，其优惠政策对民间投资同样适用；鼓励和引导民间投资以独资、合作、联营、参股、特许经营等方式投资建设公路、水运、港口码头、民用机场、通用航空设施等项目（汪海波，2018）。截至 2011 年，个体工商户户数达到 3756.47 万户，从业人员达到 7945.28 万人，注册资金达到 16177.57 亿元。关于投资体制方面，国务院于 2004 年 7 月发布了《关于投资体制改革的决定》，以实行投资主体多元化。在该决定的实施下，2011 年全社会固定资产投资实际到位资金由 37213.5 亿元增加到 345984.2 亿元。[②]

第四，政府履行再分配调节职能，不断缩小收入差距，刺激居民消费。首先，政府从 2003 年开始逐步建立起一个覆盖城乡居民的最低收入保障体系，以保障低收入群体的基本生活需要。其次，像种粮补贴、新型农村合作医疗制度等各种惠农政策的实施，增加了农民的转移性收入，

----

①② 资料来源：国家统计局官网。

提高了农民生活水平、缩小了城乡之间的收入差距。最后，税收制度的改革与调整，主要是农业税，从2003年开始的农业税减免政策，到2007年农业税已完全取消，这缩小了城乡之间的收入差距。关于社会保障制度，中国已初步建立了覆盖全社会的养老保障制度和医疗保障制度，以间接保障居民消费。2001～2011年，全国城镇职工和居民基本养老保险参保人数由1.4亿人增加到2.8亿人，城镇职工失业保险参保人数由1.0亿人增加到1.4亿人。[①]

第五，国家区域协调发展战略成为中国重要的发展战略，进一步协调国内经济分配。国家区域协调发展总体战略包括2000年提出的西部大开发战略、2003年提出的振兴东北等老工业基地战略、2005年提出的中部崛起战略以及2007年提出的东部地区率先发展战略。在区域协调发展战略的基础上，中国提出主体功能区制度，以规范空间开发秩序，形成合理的空间开发结构。上述战略实施后，国内的区域差距有所缩小，虽然东部仍然是中国经济最发达的地区，但是，中部、西部、东北在增长速度上明显超过东部，从而使发展差距呈现缩小态势（蔡昉等，2018）。同时，中国的经济增长重心呈现出强劲的偏西趋向。中国的区域产业分工与经济合作新格局正在孕育，形成了珠江三角洲经济区、长江三角洲经济区、京津冀都市圈、成渝经济带等一批具有紧密联系的经济圈（区）。

中国通过对生产、分配、消费、投资各个环节的改革，丰富完善了扩大内需战略的政策内容和社会主义市场经济体制，调整了中国的经济结构，为下一阶段中国的国内循环体系向高质量阶段发展奠定基础。

三、外循环全面对接世界市场

2001年中国正式加入世界贸易组织，这标志着中国成为全球产业

---

① 资料来源：国家统计局官网。

链的核心一环，中国经济进入了全面参与国际竞争与合作的新时期，虽然 2008 年次贷危机对中国的对外贸易产生了一定的负面冲击，但未在根本上影响对外贸易的发展，反而中国在世界贸易格局中的地位有所提升。至此，中国外向型经济发展格局全面形成。主要表现在以下五个方面。

第一，中国成功加入世界贸易组织并完全履行承诺。2001 年 12 月 11 日，在经过 15 年的艰苦努力下，中国成功加入世界贸易组织，这标志着中国的对外开放进入新阶段，外向型经济发展格局全面形成。在这之后，中国经济融入世界经济体系的程度不断加深，对外贸易实现了突飞猛进的发展，贸易规模不断扩大。截至 2010 年，中国履行完毕加入世界贸易组织的所有承诺，世界贸易组织所倡导的非歧视、透明度、公平竞争等基本原则已经融入中国对外贸易的法律、法规和有关制度中（彭波等，2019）。

第二，中国对外贸易规模进一步扩大。中国进出口总额获得了高速增长。2001 ~ 2011 年，中国进出口总额由 5096.51 亿美元增长到 36418.64 亿美元，其中，出口总额由 2660.98 亿美元增长到 18983.81 亿美元，进口总额由 2435.53 亿美元增长到 17434.84 亿美元。表 2 - 10 是 2001 ~ 2011 年中国对外贸易规模情况。同时，在加入世界贸易组织后，中国的进出口贸易总额居世界位次就开始上升，2007 年上升到世界第 3 位。2008 年爆发的国际金融危机对世界各国的经济发展都产生了较大冲击，但是中国政府通过扩大内需战略，促进经济增长，在全球率先实现经济企稳回升。2009 ~ 2011 年，中国的进出口总额在世界的位次一直保持在第 2 位，其中，出口总额一直保持在世界第 1 位，进口总额一直保持在世界第 2 位。

表 2 - 10　　　　　　　　　2001～2011 年中国对外贸易规模　　　　单位：亿美元

年份	进出口总额	出口额	进口额	差额
2001	5096. 51	2660. 98	2435. 53	225. 45
2002	6207. 66	3255. 96	2951. 70	304. 26
2003	8509. 88	4382. 28	4127. 60	254. 68
2004	11545. 54	5933. 26	5612. 29	320. 97
2005	14219. 06	7619. 53	6599. 53	1020. 01
2006	17604. 38	9689. 78	7914. 61	1775. 17
2007	21761. 75	12200. 60	9561. 15	2639. 44
2008	25632. 55	14306. 93	11325. 62	2981. 31
2009	22075. 35	12016. 12	10059. 23	1956. 89
2010	29740. 01	15777. 54	13962. 47	1815. 07
2011	36418. 64	18983. 81	17434. 84	1548. 97

资料来源：国家统计局官网。

　　第三，中国的外商直接投资规模不断扩大。2001～2011 年，中国外商直接投资由 468. 78 亿美元增长到 1160. 11 亿美元。其中，中外合资企业由 157. 39 亿美元增长到 214. 15 亿美元，中外合作企业由 62. 12 亿美元下降到 17. 57 亿美元，独资企业由 238. 73 亿美元增长到 912. 05 亿美元。2011 年，中国在吸引外商直接投资方面不仅连续居发展中国家第 1 位，而且上升到世界前列。表 2 - 11 是 2001～2011 年中国外商直接投资情况。

表 2 - 11　　　　　　2001～2011 年中国外商直接投资情况　　　　单位：亿美元

年份	外商直接投资额	中外合资企业	中外合作企业	独资企业
2001	468. 78	157. 39	62. 12	238. 73
2002	527. 43	149. 92	50. 58	317. 25
2003	535. 05	153. 92	38. 36	333. 84
2004	606. 30	163. 86	31. 12	402. 22
2005	603. 25	146. 14	18. 31	429. 61
2006	658. 21	143. 78	19. 40	462. 81

年份	外商直接投资额	中外合资企业	中外合作企业	独资企业
2007	747.68	155.96	14.16	572.64
2008	923.95	173.18	19.03	723.15
2009	900.33	172.73	20.34	686.82
2010	1057.35	224.98	16.16	809.75
2011	1160.11	214.15	17.57	912.05

资料来源：国家统计局官网。

第四，中国对外贸易商品结构不断改善。2001～2011年，中国进出口贸易方式发生积极变化，出口商品的结构不断优化。党的十六大以来，以电子和信息技术为代表的高新技术产品占出口总额的比重不断扩大。到2011年，机电产品占出口总额的比重为57.2%。机电产品中高新技术产品出口的迅猛增长，是21世纪初出口的显著特征。2011年中国高新技术产品占出口总额的比重达到28.9%。表2-12是2002～2011年中国出口商品结构变化趋势情况。除此以外，21世纪以来，服务贸易已经成为中国对外贸易新的增长点。2011年服务贸易的进出口额已经达到4191亿美元，服务贸易占进出口总额的比重上升到11.5%。

表2-12　　　　　　2002～2011年中国出口商品结构变化趋势

年份	初级产品		工业制成品		机电产品		高新技术产品	
	金额（亿美元）	占比（%）	金额（亿美元）	占比（%）	金额（亿美元）	占比（%）	金额（亿美元）	占比（%）
2002	285	8.8	2971	91.2	1569	48.2	679	20.8
2005	490	6.4	7129	93.6	4267	56.0	2183	28.6
2007	615	5.0	11563	94.7	7012	57.6	3478	28.6
2009	631	5.3	11385	94.8	7131	59.3	3769	31.4
2011	1006	5.3	17980	94.7	10856	57.2	5488	28.9

资料来源：国家统计局官网。

第五，中国对外开放总体格局进一步发展。首先，中国建设了以外向型经济为主导的天津滨海新区和广西北部湾地区。其次，2003 年以来，自由贸易区开始实现从无到有的迅速发展。到 2008 年，中国与世界五大洲的 29 个国家和地区已经和正在建设的自由贸易区达到了 12 个，其贸易额占到中国进出口总额的 20% 以上。另外，近年来，中国还与 129 个国家和地区、13 个国际组织建立了 180 多个双边联委会机制，与 123 个国家签订了双边投资保护协定。2010 年 1 月 1 日，中国—东盟自由贸易区正式全面建成，这是涵盖 19 亿人口、6 万亿美元国内生产总值、4.5 万亿美元贸易额的位居世界第三的自由贸易区，是 21 世纪以来中国对外贸易进一步发展的一个重要的标志性事件（汪海波，2018）。

四、经济进入扩张周期

这一阶段，中国丰富和完善了社会主义市场经济体制和扩大内需战略，经济结构得到调整，政府这只"有形之手"通过有效扩大内需帮助中国度过 2008 年的全球金融危机。同时，2001 年中国加入世界贸易组织，进入了全面参与国际竞争与合作的新时期，在全球经济体系中的地位不断提高，中国外向型经济格局全面形成，国际大循环处于主导地位，中国社会生产力水平和总需求不断发展。具体来看，2001 年，中国加入世界贸易组织，对外贸易获得突飞猛进的发展，国内生产总值持续上升，在 2007 年，经济增长率高达 14.43%，达到这一阶段的最高值。2008 年美国次贷危机引发的全球金融危机席卷全球，中国不可避免地受到负面冲击，国内经济出现减速，失业率上升。2008 年，中国的经济增长率低至 9.65%。虽然中国积极采取扩大内需政策以有效扩大内需，但是金融危机的影响延续十年而未休，2011 年中国的经济增长率为 9.55%（见图 2-5）。总的来说，相较于上一阶段经济进入价格调整周期，本阶段中国的经济增长较为平稳，2001~2007 年，中国迎来了一轮长达 7 年的经济扩张周期，创下新中国成立以来之最。

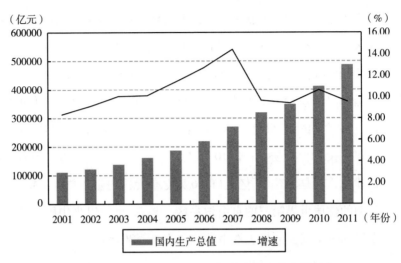

图 2 - 5　2001 ~ 2011 年中国国内生产总值和增长率
资料来源：国家统计局官网。

第五节　2012 ~ 2019 年：外循环边际持续衰弱

一、背景

2008 ~ 2009 年国际金融危机引发全球风险的链式传导，其影响延续十年而未休，长远又深刻地改变了全球经济金融格局。2012 年底，中国从全面反危机的政策轨道逐步退出。2014 年 12 月 5 日，在中央政治局会议上首次提出中国经济已经进入新常态。为适应经济新常态，中国经济的内外循环由此开启新的演进。

关于国内大循环，一方面，中国经济发展进入新常态和供给侧结构性改革。2014 年 12 月，习近平在中央经济工作会议上，用"九看"的思想方法全面分析了经济发展新常态。2015 年，中央经济工作会议正式提出供给侧结构性改革。2016 年和 2017 年中国的供给侧结构性改革以去产能作为工作重心。2018 年 12 月 21 日的中央经济工作会议认为，必须坚持以供给侧结构性改革为主线不动摇。2019 年 12 月，中央经济工作会议强调，释放国内市场需求潜力，供给侧结构性改革的重点转向了"补短板、强弱项"，为"畅通国民经济循环"提供了政策抓手（樊纲等，2021）。

另一方面，中国的改革进入全面深化阶段，要加快完善社会主义市场经济体制，处理好政府和市场的关系。2012 年召开的党的十八大提出，为了全面建成小康社会，必须加快完善社会主义市场经济体制。2017 年 10 月 18 日，习近平在党的十九大报告中指出，要加快完善社会主义市场经济体制，经济体制改革必须以完善产权制度和要素市场化配置为重点。2019 年 10 月，党的十九届四中全会审议通过了《中共中央关于坚持和完善中国特色社会主义制度、推进国家治理体系和治理能力现代化若干重大问题的决定》（以下简称《决定》），对加快完善社会主义市场经济体制作出了进一步部署（汪海波，2018）。中国在完善的社会主义市场经济体制和新常态下开启由经济高速增长阶段向高质量发展阶段的转型。

关于国际大循环，2012 年党的十八大以来，中国所处的内外部环境发生深刻变化。2008 年金融危机后，全球经济金融余波不断，相继发生欧洲债务危机、新兴市场货币危机，2017 年全球经济刚有同步复苏势头，即遭到美国主导的反全球化浪潮打断，全球贸易增速放缓，局部冲突和动荡频发，全球性问题加剧。2013 年党的十八届三中全会提出了"构建开放型经济新体制"，中国的对外开放总体格局步入了以构建开放型经济新体制为特征的新阶段。2019 年，党的十九届四中全会《决定》提出，建设更高水平开放型经济新体制，实施更大范围、更宽领域、更深层次的全面开放。

二、内循环迈向高质量发展

在这一时期，随着中国经济由高速增长向中高速增长转换，经济结构不断得到优化升级，经济增长动力逐步由要素驱动、投资驱动向创新驱动转换，中国经济进入新常态并进行供给侧结构性改革，在新常态下国内大循环由高速增长阶段向高质量发展阶段转型。内循环的高质量发展主要体现在以下方面。

第一，创新驱动发展战略成为中国发展全局的核心。自 2012 年 11 月，党的十八大明确提出实施创新驱动发展战略后，中国主要从三个方面推进创新驱动发展战略的实施：一是确立企业技术创新的主体地位，使企业成为技术创新的研发投入、具体实施和成果商品化的主体（杨新华，2014）。2019 年，企业 R&D 经费达 16921.8 亿元，比 2018 年增长 11.1%，占全国 R&D 经费的比重达 76.4%。企业创新产出规模不断扩大，2012 年全国规模以上工业企业新产品销售收入 212060.26 亿元，比上年增长 9.9%。① 二是促进产学研结合，协同创新。联合开展科技攻关、合作创办高新技术企业、共同建立研发平台是中国产学研合作的主要模式。例如，中国铝业公司与中南大学产学研结合，深圳清华大学研究院和广东省 10 多家企业共建联合研究中心。三是深化科技体制改革，积极促进科技与经济紧密结合。2015 年发布的《深化科技体制改革实施方案》，在提升创新体系效能，着力激发创新活力方面发挥了重要作用。

第二，供给侧结构性改革持续推进。2016 年和 2017 年供给侧结构性改革以去产能作为工作重心，2018 年致力于解决经济发展和金融领域出现的梗阻，供给侧结构性改革和扩大需求政策的平衡等问题。2018 年 12 月 21 日的中央经济工作会议认为，供给侧结构性改革更多运用市场化、法治化手段，在"巩固、增强、提升、畅通"八个字上下功夫。2019 年 12 月，中央经济工作会议强调，供给侧结构性改革的重点转向了"补短板、强弱项"。以农业供给侧结构性改革为例：2017 年中央一号文件《关

---

① 资料来源：《2019 年全国科技经费投入统计公报》。

于深入推进农业供给侧结构性改革 加快培育农业农村发展新动能的若干意见》提出"把深入推进农业供给侧结构性改革作为新的历史阶段农业农村工作主线",之后的农业供给侧结构性改革在确保国家粮食安全的基础上,着力优化产业产品结构;将发展农业适度规模经营同脱贫攻坚结合起来,与推进新型城镇化相适应,使强农惠农政策照顾到大多数普通农户;协同发挥政府和市场"两只手"的作用,更好引导农业生产、优化供给结构。

第三,农村经济体制实施以"三权分置"为特征的改革。主要是从两个方面入手:(1)积极推进"三权分置"的农村集体土地经营制度改革。在2016年印发的《关于完善农村土地所有权承包权经营权分置办法的意见》的推动下,中国农村土地流转已有很大的发展,到2016年底,在全国拥有承包地的2.03亿农户中,已有近7000万户部分或全部流转了承包经营权①;农村流转的土地已经达到了4.7亿多亩,超过了承包地总数的35%,这大大促进了农村各类新型市场主体的发展(汪海波,2018)。(2)协调推进农村"三块地"制度改革试点。2017年中央一号文件《关于深入推进农业供给侧结构性改革 加快培育农业农村发展新动能的若干意见》提出"统筹协调推进农村土地征收、集体经营性建设用地入市、宅基地制度改革试点"。"三块地"制度改革试点已初见成效,2017年4月,农村集体经营性建设用地入市地块各试点共计完成278宗,总价款约50亿元。②

第四,国有经济实施以主要管资本和加快发展混合所有制企业为特征的改革。主要是从以下三个方面着手:一是深化国有企业改革的顶层设计。2015年,中共中央、国务院发布了《关于深化国有企业改革的指导意见》,通过分类推进国有企业改革,完善现代企业制度和国有资产管

---

① 资料来源:国家统计局官网。
② 农地入市亩均百万,中央要对这项改革督察了〔EB/OL〕. 人民网,2017-06-11.

理体制，发展混合所有制经济，深化国有企业改革各个重要方面。二是实现以管企业为主向以管资本为主的转变。国务院办公厅于 2017 年发布了《国务院国资委以管资本为主推进职能转变方案》，通过调整优化监管职能，改进监管方式手段，最终实现国资委从"管企业"向"管资本"转变。三是加快发展混合所有制经济。2015 年，国务院发布《关于国有企业发展混合所有制经济的意见》，通过分类推进国有企业混合所有制改革，分层推进国有企业混合所有制改革，鼓励各类资本参与国有企业混合所有制改革等措施，加快发展混合所有制企业的步伐。截至 2017 年 3 月底，126 家省级国资委监管的一级企业集团层面完成了混合所有制改革。

第五，非公有制经济加速发展。一方面，推进商事制度改革，2015 年深入完成了"三证合一、一照一码"和"先照后证"的改革。2016～2017 年进一步推进商事制度改革，实行多证合一，扩大"证照分离"试点。另一方面，不断加大对小微企业的扶持，国务院于 2014 年 10 月 31 日发布了《关于扶持小型微型企业健康发展的意见》，2015 年 6 月 11 日国务院发布了《关于大力推进大众创业万众创新若干政策措施的意见》。在上述政策措施的推动下，中国小型微型企业的发展呈铺天盖地之势。2012～2019 年，个体工商业的户数由 4059.27 万户增加到 8261.02 万户，人数由 8648.3 万人增加到 17692.14 万人。2012～2019 年全国实有私营企业由 1085.72 万户增加到 3516.40 万户，从业人员由 1.12 亿人增加到 2.28 亿人。①

第六，现代市场体系进一步完善。在商品市场方面，2012～2019 年，社会消费品零售总额由 20.55 万亿元增长到 40.8 万亿元。在劳动力市场方面，这期间中国就业人员由 2012 年的 76704 万人增加到 2019 年的 77471 万人，就业人员的总数增加了 767 万人，而且绝大部分新增就业人

---

① 资料来源：国家统计局官网。

员是被劳动力市场化较高的非公有制经济吸纳的，这表明中国劳动力市场化程度进一步提高。在金融市场方面，在金融机构人民币的信贷市场方面，2012～2019 年，存款余额由 91.8 万亿元增加到 192.9 万亿元，各项贷款余额由 63 万亿元增加到 153.1 万亿元。① 在房地产市场方面，2012～2019 年，商品房销售额由 64455.79 亿元增加到 159725.12 亿元。②

第七，投资体制、财税体制和金融体制进一步改革完善。关于投资体制改革，2014 年国务院发布的《关于创新重点领域投融资机制鼓励社会投资的指导意见》，大大激发了民间企业投资的积极性，民间投资更加活跃。2012～2017 年，固定资产投资中民间投资由 175649 亿元增长到 365219 亿元，占全部投资的比重由 58.2% 提高到 61.2%。③ 关于财税体制改革，2014 年中共中央政治局审议通过了财政部提交的《财税体制改革总体方案》，通过推进增值税改革，完善消费税制度，加快资源税改革，建立环境保护税制度等举措为企业和个人减负。关于金融体制改革方面，党的十八届三中全会提出了"完善金融市场体系"的任务。2014 年以来，国务院还发布了《关于进一步促进资本市场健康发展的若干意见》和《关于加快发展现代保险服务业的若干意见》等多项文件。在这些政策措施的引领和推动下，金融改革全面深化。

第八，就业制度和社会保障进一步完善。关于就业制度，中国继续贯彻劳动者自主择业、市场调节和政府促进就业的方针，并且强调和实施新形势下就业创业的政策。2015 年 4 月，国务院发布了《关于进一步做好新形势下就业创业工作的意见》。2019 年，城镇就业人员由 2012 年的 37102 万人增加到 44247 万人；城镇登记失业率由 4.1% 下降到 3.62%。关于社会保障制度，2012 年 6 月 14 日，国务院批转了《关于社会保障"十二五"规划纲要》（以下简称《纲要》）。《纲要》的贯彻实施

---

①②③　资料来源：国家统计局官网。

取得了巨大成就，2019 年末，全国参加城镇职工基本养老保险人数高达 43487.91 万人，比 2012 年末增加 13061.11 万人。①

中国在国有经济、农村经济、非公有制经济、投资体制、金融体制、社会保障体制、供给侧结构性改革等领域取得了显著成就，标志着中国的内循环已经进入高质量发展阶段，中国的经济结构得到了优化，为中国经济进入双循环互促共进阶段提供了契机。

三、外循环贡献渐次回落

这一时期，全球治理体系、经济全球化进程和地缘政治格局均发生明显变化，全球经济长期处于危机的阴影中，总需求疲弱成为常态。2017 年全球经济刚有复苏势头，就遭到美国主导的反全球化浪潮打断，全球贸易增速放缓，局部冲突和动荡频发。尤其是 2018 年以后，中美经贸博弈走向长期化、复杂化。受此影响，外需对中国经济增长的贡献由强转弱，中国的对外开放总体格局步入了以构建开放型经济新体制为特征的新阶段。主要表现在以下六个方面。

第一，中国采取了一系列对外贸易政策措施，以构建开放型经济新体制。主要是从以下四个方面：（1）2015 年 5 月，国务院印发《关于构建开放型经济新体制的若干意见》，这成为中国开放型经济新体制建设的顶层规划和"施工路线图"。（2）2016 年 5 月，经党中央、国务院同意，济南市、南昌市、唐山市、漳州市、东莞市、防城港市，以及浦东新区、两江新区、西咸新区、大连金普新区、武汉城市圈、苏州工业园区 12 个城市、区域，被列为开展构建开放型经济新体制综合试点试验地区。（3）2013 年中国提出建设丝绸之路经济带、21 世纪海上丝绸之路的战略

---

① 资料来源：国家统计局官网。

构想，并大力付诸实施，为国际合作开拓了广阔的新空间和新领域。它覆盖了全球 60 多个国家和地区，总人口超过 44 亿人，约占全球的 63%；经济总量超过 20 万亿美元，约占全球的 29%。① （4）在利用外资方面进一步放宽了政策。2016 年进一步提出全面实行准入前国民待遇加负面清单管理制度，加大了对利用外资的政策支持力度。

第二，中国外贸发展步入新常态，进入增速变化和结构调整的转折期。虽然，这一时期中国成为世界第一大进出口贸易大国，但是，中国传统外贸的两大红利——劳动力和全球化，正在逐渐减弱甚至消失，中国经济由高速增长阶段转向高质量发展阶段，中国外贸发展进入了增速变化和结构调整的转折期（彭波等，2019）。2012～2019 年，中国对外贸易开始从高速增长阶段转向中低速增长阶段。2012 年，中国进出口增速为 6.2%，出口增速为 7.9%，进口增速为 4.3%。到 2015 年，中国进出口增速由正变负，进出口增速为 -8.0%，出口增速为 -2.9%，进口增速为 -14.1%。2017 年世界经济温和复苏，中国的进出口呈现稳中向好趋势，增速由负转正明显回升，2017 年进出口增速为 11.4%，出口增速为 7.9%，进口增速为 15.9%。2018 年的中美贸易战和 2019 年末的新冠疫情的出现，对中国 2019 年的对外贸易产生极大的负面冲击，2019 年中国进出口增速低至 -1%。表 2 - 13 是 2012～2019 年中国对外贸易发展情况。

表 2 - 13　　　　　　　2012～2019 年中国对外贸易发展情况

年份	进出口额（亿美元）	进出口额增速（%）	出口额（亿美元）	出口额增速（%）	进口额（亿美元）	进口额增速（%）
2012	38667.6	6.2	20489.3	7.9	18178.3	4.3
2013	41603.1	7.5	22100.2	7.8	19502.9	7.2
2014	43030.4	3.4	23427.5	6.0	19602.9	0.4

①　汪海波. 对发展非公有制经济的历史考察——纪念改革开放 40 周年［J］. 中国经济史研究，2018（3）：46 - 62.

年份	进出口额 （亿美元）	进出口额 增速（％）	出口额 （亿美元）	出口额 增速（％）	进口额 （亿美元）	进口额 增速（％）
2015	39569.0	−8.0	22749.5	−2.9	16819.5	−14.1
2016	36855.7	−6.8	20981.5	−7.7	15874.2	−5.5
2017	41045.0	11.4	22635.2	7.9	18409.8	15.9
2018	46230.4	12.6	24874.0	9.9	21356.4	15.8
2019	45778.9	−1.0	24994.8	0.5	20784.1	−2.7

资料来源：国家统计局官网。

第三，中国对外贸易新动能正在集聚。这一阶段，中国对外贸易动力转换加快，对外贸易增长呈现出新特点：一是民营企业成为中国进出口的第一主体。2019 年，民营企业进出口总额达到 13.48 万亿元，增长 11.4％，占中国外贸总值的 42.7％。民营企业出口总额达到 8.9 万亿元，增长 13％，占出口贸易总额的 51.9％，即一半以上的出口是由民营企业承担的。民营企业进口总额达到 4.58 万亿元，增长 8.4％。[①] 二是对外贸易新型商业模式成为热点。跨境电子商务和市场采购商务发展迅速。从 2015 年 3 月 7 日国务院同意设立中国（杭州）跨境电子商务综合试验区，到 2019 年 12 月 15 日，国务院同意在石家庄市、太原市、赤峰市等 24 个城市设立跨境电子商务综合试验区，中国已经拥有 59 个跨境电子商务综合试验区，为促进中国对外贸易回稳向好和创新发展发挥了积极作用。2019 年，通过海关跨境电商管理平台进出口达到 1862.1 亿元，增长了 38.3％。[②]

第四，中国贸易方式结构进一步优化，一般贸易进出口比重提升，加工贸易进出口比重下降。2014 年，中国一般贸易进出口为 14.21 万亿元，占货物进出口总额的 53.8％，加工贸易进出口为 8.65 万亿元，占货

---

①② 资料来源：中华人民共和国海关总署官网。

物进出口总额的 32.7%。随着贸易方式结构的进一步优化，到 2019 年，中国一般贸易进出口增加到 18.61 万亿元，占货物进出口总额的 59%，加工贸易进出口减少到 7.95 万亿元，占货物进出口总额的 25.2%。表 2-14 是 2014~2019 年中国一般贸易和加工贸易的进出口总额和占比情况。除此之外，中国的服务贸易和对外承包工程贸易不断发展，2019年服务进出口总额为 54153 亿元，比 2018 年增长 2.8%。2019 年对外承包工程完成营业额为 11928 亿元，比 2018 年增长 6.6%。

表 2-14　　　2014~2019 年中国一般贸易和加工贸易的进出口总额和占比

年份	一般贸易		加工贸易	
	金额（万亿元）	比重（%）	金额（万亿元）	比重（%）
2014	14.21	53.8	8.65	32.7
2015	13.29	54.0	7.73	31.5
2016	13.39	55.0	7.35	30.2
2017	15.66	56.4	8.06	29.0
2018	17.64	57.8	8.38	27.5
2019	18.61	59.0	7.95	25.2

资料来源：国家统计局官网。

第五，中国的进出口商品结构不断优化完善。进出口商品中机电产品已经成为中国进出口贸易的主要商品，尤其是机电产品中的高新技术产品占中国进出口贸易的比重越来越大。2014 年，机电产品出口达到80527 亿元，占货物出口总值的 55.96%，机电产品进口达到 52509 亿元，占货物进口总值的 43.60%。随着中国对贸易商品结构的调整，机电产品进出口比重有所提升。2019 年，机电产品出口达到 100631 亿元，占货物出口总值的 58.39%，机电产品进口达到 62596 亿元，占货物进口总值的 43.73%。表 2-15 是 2014~2019 年机电产品的进出口额和占比情况。

表 2 –15　　　　　2014 ~ 2019 年机电产品的进出口额和占比

年份	出口		进口	
	金额（亿元）	比重（%）	金额（亿元）	比重（%）
2014	80527	55.96	52509	43.60
2015	81421	57.64	50111	47.96
2016	79820	57.65	50985	48.59
2017	89465	58.35	57785	46.38
2018	96457	58.75	63727	45.24
2019	100631	58.39	62596	43.73

资料来源：国家统计局官网。

第六，中国对外贸易的国际市场份额持续提升。这一时期，在全球经济长期处于危机的阴影、总需求疲弱成为常态、贸易增幅下降的情况下，中国全球贸易份额并未下降反而稳步上升。2013 年和 2014 年中国国际市场份额分别提高了 0.6 个百分点，2015 年中国出口占国际市场份额升至约 13.8%。2019 年前三季度，中国对外贸易的国际市场份额较 2018 年提高 0.3 个百分点至 13.1%。①

四、经济保持中高速增长

这一阶段，中国国内大循环进入新常态和供给侧结构性改革，经济由高速增长向中高速增长转换，经济结构不断得到优化升级，经济增长动力逐步由要素驱动、投资驱动向创新驱动转换，中国成为世界第二大经济体。因为本阶段全球贸易增速放缓，局部冲突和动荡频发以及中美贸易战进入白热化阶段等因素，中国国际大循环贡献渐次回落，但 2013 年提出"构建开放型经济新体制"后，中国的对外开放总体格局步入了以构建开放型经济新体制为特征的新阶段。中国经济增速逐步下滑至 7% 以内。

具体来看，2012 年，世界经济进入缓速增长期，中国经济增长速度

---

① 商务部外贸司负责人谈 2019 年全年我国对外贸易情况 [EB/OL]. 中华人民共和国中央人民政府，2020 – 01 – 15.

也开始放缓，2012 年经济增长率是 7.8%，代表着中国经济增速开始由高增速向中高增速转变。2014 年中国进入经济新常态阶段，标志着中国经济正式进入高效率、低成本、可持续的中高速增长阶段。2014 年中国经济增长率达到 7.4%，2015 年，中央经济工作会议提出供给侧结构性改革，中国经济增长率是 6.9%。自此，中国经济增长率一直低于 7%。2018 年，在中美贸易战走向长期化、复杂化和以美国为主导的反全球化浪潮的影响下，中国经济增长不可避免地受到了负面冲击，2019 年，中国经济增长率减速到 6.1%。总的来说，相较于上一阶段中国经济进入扩张周期，本阶段中国经济增长率最高值是 2012 年的 7.8%，最低值是 2019 年的 6.1%，这标志着中国经济开始由上一阶段的高速增长转变为本阶段的中高速增长，中国经济发展质量持续提升，进入高质量发展阶段（见图 2 - 6）。

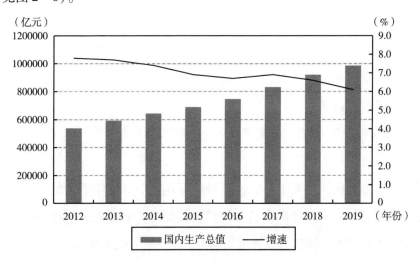

图 2 - 6　2012 ~ 2019 年中国国内生产总值和增长率

资料来源：国家统计局官网。

第六节　2020 年至今：双循环互促共进

2020 年，在复杂的国内外环境下，中国提出形成以国内大循环为主体、国内国际双循环相互促进的新发展格局的双循环战略。"双循环"新发展格局是新时代的战略选择,也是"十四五"时期中国经济发展的主线和重要指导思想。

一、"双循环"新发展格局的发展历程

2020 年 5 月 14 日,习近平总书记主持中共中央政治局常务委员会会议,并发表重要讲话。会议指出,要深化供给侧结构性改革,充分发挥我国超大规模市场优势和内需潜力,构建国内国际"双循环"相互促进的新发展格局。要发挥新型举国体制优势,加强科技创新和技术攻关,强化关键环节、关键领域、关键产品的保障能力。2020 年 5 月 23 日,习近平看望参加全国政协十三届三次会议经济界委员并参加联组会。他深度分析国内国际形势,指出面向未来,要把满足国内需求作为发展的出发点和落脚点,逐步形成以国内大循环为主体、国内国际双循环相互促进的新发展格局。

2020 年 7 月 21 日,习近平在企业家座谈会上进一步阐释了提出构建这一新发展格局的主要考虑,并强调了"大循环"与双循环的内在逻辑关系。在当前保护主义上升、世界经济低迷、全球市场萎缩的外部环境下,我们必须充分发挥国内超大规模市场优势,通过繁荣国内经济、畅通国内大循环为我国经济发展增添动力,带动世界经济复苏。

2020 年 7 月 30 日,习近平主持中共中央政治局会议,会议指出,当前经济形势仍然复杂严峻,不稳定性不确定性较大,遇到的很多问题是中长期的,必须从持久战的角度加以认识,加快形成以国内大循环为主体、国内国际双循环相互促进的新发展格局,建立疫情防控和经济社会发展工作中长期协调机制,坚持结构调整的战略方向,更多依靠科技创新,完善宏观调控跨周期设计和调节,实现稳增长和防风险长期均衡

（樊纲等，2021）。

2020 年 8 月 20 日在安徽主持召开扎实推进长三角一体化发展座谈会、21 日听取安徽省委和省政府工作汇报时，习近平对加快形成新发展格局提出极具针对性的具体要求，要率先形成新发展格局，在当前全球市场萎缩的外部环境下，必须集中力量办好自己的事，发挥国内超大规模市场优势，加快形成以国内大循环为主体、国内国际双循环相互促进的新发展格局。

2020 年 8 月 24 日，在经济社会领域专家座谈会上，习近平从谋划"十四五"时期经济社会发展的高度对构建新发展格局和相关的一系列重大问题进行了系统阐述，以畅通国民经济循环为主构建新发展格局，新发展格局是根据我国发展阶段、环境、条件变化提出来的，是重塑国际合作和竞争新优势的战略抉择（樊纲等，2021）。

2020 年 9 月 1 日，习近平主持召开中央全面深化改革委员会第十五次会议，从改革的角度提出要求，强调为构建新发展格局提供强大动力。他强调，加快形成以国内大循环为主体、国内国际双循环相互促进的新发展格局，是根据我国发展阶段、环境、条件变化作出的战略决策，是事关全局的系统性深层次变革。

2020 年 10 月 14 日，习近平在深圳经济特区建立 40 周年庆祝大会上发表讲话。他指出，新发展格局不是封闭的国内循环，而是开放的国内国际双循环。要优化升级生产、分配、流通、消费体系，深化对内经济联系、增加经济纵深，增强畅通国内大循环和联通国内国际双循环的功能，加快推进规则标准等制度型开放，率先建设更高水平开放型经济新体制。

2020 年 10 月 26 日至 29 日，中国共产党第十九届中央委员会第五次全体会议在北京举行，审议通过了《中共中央关于制定国民经济和社会发展第十四个五年规划和二〇三五年远景目标的建议》。全会提出，以深化供给侧结构性改革为主线，以改革创新为根本动力，以满足人民日益增长的美好生活需要为根本目的，统筹发展和安全，加快建设现代化经济体系，加快构建以国内大循环为主体、国内国际双循环相互促进的新发展格局。全会还提出，形成强大国内市场，构建新发展格局，坚持扩大内需这个战略基点，加快培育完整内需体系，把实施扩大内需战略同深化供给侧结构性改革有机结合起来。2020年10月30日，李克强主持召开国务院党组会议，学习贯彻党的十九届五中全会精神，研究做好下一步工作。会议指出，"十四五"时期，以推动高质量发展为主题，以深化供给侧结构性改革为主线，加快构建以国内大循环为主体、国内国际双循环相互促进的新发展格局。

2021年3月5日上午9时，党的第十三届全国人民代表大会第四次会议在人民大会堂举行开幕会，李克强作政府工作报告。《政府工作报告》提出，立足国内大循环，协同推进强大国内市场和贸易强国建设，依托国内经济循环体系形成对全球要素资源的强大引力场，促进国内国际双循环。建立扩大内需的有效制度，全面促进消费，拓展投资空间，加快培育完整内需体系。

2022年10月15日，习近平在党的二十大报告中提出，加快构建新发展格局、着力推动高质量发展，坚持社会主义市场经济改革方向，坚持高水平对外开放，加快构建以国内大循环为主体、国内国际双循环相互促进的新发展格局，构建高水平社会主义市场经济体制，建设现代化产业体系，全面推进乡村振兴，促进区域协调发展，推进高水平对外开放。

2023年9月，习近平在黑龙江考察时首次提出发展"新质生产力"，这是双循环新发展格局的深化。2024年3月9日，在中共中央政治局第十一次集体学习时，习近平对新质生产力展开具体阐释，参加十四届全国人大二次会议江苏代表团审议时提出发展新质生产力的科学方法，关于新质生产力的重要论述不断理论化、系统化，为加快推动双循环新发展格局的发展提供了根本遵循。同时，国务院印发《推动大规模设备更新和消费品以旧换新行动方案》，要求实施设备更新、消费品以旧换新、回收循环利用、标准提升四大行动，并提出推动高质量耐用消费品更多进入居民生活，为加快推动内循环新发展格局的发展提供了实践指南。

二、双循环新发展格局的内涵

双循环新发展格局是指以国内大循环为主体、国内国际双循环相互促进的新发展格局。双循环是从"两头在外"的发展模式转向"以内为主、内外互促"的新发展格局，以国内大循环为主体，意味着要坚持扩大内需这个战略基点，坚持供给侧结构性改革这条主线，加快培育完整内需体系，使生产、分配、流通、消费更多依托国内市场，提升供给体系对国内需求的适配性，打通经济循环堵点，提升产业链、供应链的完整性，使国内市场成为最终需求的主要来源，形成需求牵引供给、供给创造需求的更高水平动态平衡。同时，国内国际双循环相互促进，意味着要坚持对外开放，利用好国际市场，联通国内市场和国际市场，实现更加强劲可持续的发展（樊纲等，2021）。

双循环新发展格局的深刻内涵主要包括以下五点：第一，双循环是应对"生产循环"受阻、产业链存在断供风险、国内外形势结构性转变的战略调整。第二，双循环要着力增强自主创新能力，要"补短板""锻长板"，要提升产业链现代化水平。要对原有依赖外需的产业链及企业加强内需挖掘和政策扶持，对依赖进口的产业链做好储备补充和进口替代。第三，双循环不仅要扩大内需，更要提高供给侧与需求侧的适配性。一方面，要坚持扩大内需，促进消费。另一方面，要提高供给侧与需求侧的适配性。第四，双循环要继续推动供给侧结构性改革和经济体制改革。

供给侧、产业链、供应链等都面临各种梗阻，双循环新发展格局要继续推动改革，消除梗阻。第五，双循环要继续保持开放。要坚持全球化，要坚持多边主义，努力参与各种双边、区域与全球性多边合作，在国际大循环中发展壮大自身实力，要继续保持开放，保持在全球市场上的竞争力，使科研创新、科技创新能够真正起作用，要立足国内大循环，发挥比较优势，协同推进强大国内市场和贸易强国建设，以国内大循环吸引全球资源要素，充分利用国内国际两个市场两种资源，积极促进内需和外需、进口和出口、引进外资和对外投资协调发展，促进国际收支基本平衡（樊纲等，2021）。

第三章

国民经济"双循环"
新发展格局环境的
SWOT-PEST分析

基于 SWOT – PEST 方法对中国国民经济双循环新发展格局的环境进行了系统剖析,包括政策分析、经济分析、社会分析和技术分析,均从优势、劣势、机遇和挑战四个方面展开。

第一节 政策分析(P)

一、优势(S)

坚持党的集中统一领导优势。中国共产党的领导是中国特色社会主义最本质的特征,是中国特色社会主义制度的最大优势。习近平总书记强调,党是总揽全局、协调各方的,经济工作是中心工作,党的领导当然要在中心工作中得到充分体现。历史和实践反复证明,加强党对经济工作的领导,既是我国创造经济快速发展和社会长期稳定"两大奇迹"的制胜关键,也是实现"两个一百年"奋斗目标的必然要求,更是中国国民经济发展"双循环"新发展格局的政策优势。面对风云跌宕、纷繁复杂的国内外形势,推动发展改革工作,必须强化党的集中统一领导,把党中央的决策部署落到实处。面对复杂形势和艰巨任务,我们要全面把握世界百年未有之大变局和中华民族伟大复兴战略全局,有力应对重大挑战、抵御重大风险、克服重大阻力、化解重大矛盾,进行具有许多新的历史特点的伟大斗争,实现中华民族伟大复兴,最根本的保证还是党的领导。① 我们将毫不动摇坚持和加强党的全面领导,加强党的政治建设、思想建设、组织建设、作风建设、纪律建设,把制度建设贯穿其中,锤炼一支忠诚干净担当的高素质专业化干部队伍,进一步提高政治素养、

---

① 中共国家发展改革委党组. 坚持和加强党对发展改革工作的集中统一领导 [J]. 宏观经济管理,2020 (8):1 – 2, 5.

理论水平、专业能力、实践本领，推动发展改革工作再上新台阶，为决胜全面建成小康社会、实现中华民族伟大复兴的中国梦以及"双循环"新格局的顺利建立作出更大努力。

保证人民当家作主的优势。习近平总书记强调，坚持以人民为中心的发展思想，体现了党的理想信念、性质宗旨、初心使命，也是对党的奋斗历程和实践经验的深刻总结；历史和实践反复证明，密切联系人民群众、广泛发动人民群众、充分依靠人民群众是取得革命、建设、改革胜利的关键法宝（余建斌，2020）。必须坚持人民至上、紧紧依靠人民、不断造福人民、牢牢植根人民，并落实到各项决策部署和实际工作之中，落实到做好统筹疫情防控和经济社会发展工作中去。我们推动经济社会发展，归根结底是为了不断满足人民群众对美好生活的需要。做好发展改革工作，必须坚持以人民为中心的发展思想，坚持人民主体地位，不断实现好、维护好、发展好最广大人民根本利益，做到发展为了人民、发展依靠人民、发展成果由人民共享。党的十八大以来，以习近平同志为核心的党中央始终坚持从人民群众最关心最直接最现实的利益问题入手，出台实施一系列重大民生政策和改革举措，有力增强了人民群众的获得感、幸福感、安全感，人民生活质量和水平显著提高。全球新冠疫情发生以来，以习近平同志为核心的党中央始终把人民生命安全和身体健康放在第 1 位，调集全国最优秀的医生、最先进的设备、最急需的资源，全力以赴投入疫病救治，最大限度提高了检测率、治愈率，最大限度降低了感染率、病亡率，最高效率阻断了传播源、接触源。不惜一切代价保护人民生命安全和身体健康，充分彰显了中国共产党全心全意为人民服务的根本宗旨。实践表明，只有坚持以人民为中心的发展思想，用心用情用力解决群众关心的实际问题，努力让群众看到变化、得到实惠，才能使党和人民事业始终体现群众意愿，经得起人民和历史的检验。

坚持全国一盘棋，集中力量办大事的优势。中国实现历史性跨越发展，突出体现在"用几十年时间走完了发达国家几百年走过的工业化历程"。对于中国实现历史性跨越发展原因的讨论，不能忽视在国际体系中国家间势能差这一重要因素，以及由此而面临与其他后发国家相同的弱势窘境的历史条件和历史逻辑起点。中国成功突破弱势窘境，向优势跨越发展转变，以集中力量办大事方式推进社会主义建设发展。社会主义集中力量办大事机制的构建起源于要办成工业化这件大事，在改革开放进程中逐步完善。中国坚持共产党领导，坚持以人民为中心，坚持社会主义市场经济改革方向，在发展社会主义市场经济中充分发挥国家制度和国家治理体系所具有的"坚持全国一盘棋，调动各方面积极性，集中力量办大事的显著优势"，各种因素有机耦合，形成快、活、稳统一的优势跨越发展路径（郑有贵，2020）。

坚持社会主义制度和市场经济有机结合的制度优势。中国之所以能够在短短数十年间取得举世罕见的成就，很大程度上得益于社会主义制度和市场经济有机结合的制度优势。党的十九届四中全会公报明确指出，我国国家制度和国家治理体系具有多方面的显著优势，其中非常重要的一个优势就是"把社会主义制度和市场经济有机结合起来，不断解放和发展社会生产力的显著优势"（陈彦斌，2020）。社会主义制度与市场经济有机结合能够形成政府与市场有机统一、相互补充的格局，有效推动中国经济的持续健康发展。实践表明：社会主义制度与市场经济有机结合使我们能够同时用好"看不见的手"和"看得见的手"，为经济结构优化升级、科技创新和现代化经济体系建设提供制度基础，从而保障我国经济在实现高质量发展的道路上不断取得新进展；社会主义制度与市场经济有机结合能够加强总需求管理与供给侧结构性改革的协调配合，从而超越西方国家的传统宏观调控范式，更好地实现经济稳定与社会稳定的目标，实践表明：总需求管理与供给侧结构性改革能够相互补充、相得益彰。一方面，大力推进结构调整和以"三去一降一补"任务为主要抓手的供给侧结构性改革虽然能够在长期中从根源上解决结构性失衡问题，但是短期内会加大经济下行压力，因此需要总需求管理政策加以缓冲。另一方面，总需求管理政策的着力点在于对经济总量的调节，而供给侧结构性改革的着力点则在于优化经济结构、增加有效供给、激励企业创新，二者协调配合可以有效促进我国经济的长期健康发展，为我国顺利跨越"中等收入陷阱"提供内生动力；社会主义制度与市场经济有机结合可以寓改革于调控之中，将短期稳增长目标与长期发展目标有机结合；社会主义制度和市场经济有机结合能够更好地解决收入不平等问题，实现"精准扶贫"和"精准脱贫"；社会主义制度和市场经济有机结合能够"集中力量办大事"，快速高效、保质保量地实现重大战略目标。

二、劣势（W）

劳动力市场仍存在着政策不完善、规制不合理等制约其健康发育的关键因素。因受不完善的户籍制度、不健全的社会保险制度以及人为就业歧视等因素的制约，导致劳动力市场被分割，区域与区域之间劳动者的自由流动存在隐形屏障，使养老金区域转移存在障碍。目前，针对就业机会多、资源丰富、发展动力足的一线城市，其人口接纳的门槛较高。劳动力普遍年轻化、高知化、高技化，表现为资源集聚程度与劳动力集聚程度不相匹配，使劳动力配置效率降低，加剧了中国完成"六稳""六保"的负担。劳动力作为生产环节的基本要素，其配置低效势必严重影响国内大循环的顺畅施行（刘威，2017）。此外，随着经济全球化、人民币国际化进程的到来，中国越来越需要在世界范围广纳贤才，而当前中国面向其他国家优秀人才招贤纳士时仍存在着诸多政策和制度上的不足。

为保障建立以国内大循环为主体、国内国际双循环相互促进的新发展格局畅通无阻，首先要消除劳动力市场的障碍，改革限制劳动力自由流动的户籍、社会保险等制度，消除性别就业歧视，保障女性应有的权益，完善劳动力资源合理优化体系，进一步开展农村富余劳动人口的第二职业培训工作，加快农村城镇化进程。同时，面对当前有些国家逆全球化的形势，中国要做好海外留学人员、工作人员的安置工作，为吸引海外优秀贤才奠定良好的基础。

消费市场发育不健全、政策制定、实施脚步跟不上发展等问题亟须解决。随着经济进入新常态后，中国经济已由追求速度转换为追求高质量发展，预示着经济增长动力已由人口红利和全球化红利向消费开始过渡，在追求经济平稳、高质量的发展中消费表现出日渐重要的地位。国家统计局统计数据显示，消费对经济增长的贡献率，2011～2020年指标均在50%以上，2021年为65.4%，2022年消费市场受疫情短期扰动比较明显，居民消费意愿下降，最终消费支出对经济增长的贡献率下降到32.8%。[1] 2023年随着疫情的有效防控，线上线下消费持续改善，2023年最终消费支出对经济增长的贡献率为61.7%，恢复至疫情前水平。2011～2023年，我国消费对经济增长的贡献率整体呈现出波动上升的趋势，但与英国、美国等发达国家相比仍有一定差距，发达国家的经济增长中消费发挥着更加重要的作用，贡献率为70%左右。[2] 目前，农村人口是中国消费市场中不容忽视的群体，农村人口占总人口的一半，间接反映出农村地区是中国消费待开发的市场。但是，受历史发展的影响造成当前中国整体呈现出城乡二元经济结构，导致城乡之间的要素流动受到阻碍，而更多的生产要素掌握在城市居民手中，使农村居民与城市居民的收入差距被逐渐拉大，收入水平直接决定消费水平，从根

---

①② 资料来源：国家统计局官网。

本上导致农村居民消费水平落后于城市居民消费水平。国家统计局统计数据显示，2022 年，全国居民人均消费支出 24538 元。分城乡看，城镇居民人均消费支出 30391 元，农村居民人均消费支出 16632 元，城镇居民的人均消费水平是农村地区的 1.8 倍，并且 2022 年的农村居民人均消费水平依然低于 2014 年的城镇居民人均消费水平，在消费水平方面农村显然是制约中国经济高质量发展的关键因素，同时农村也是经济增长的潜在动力。①

要素流通受阻、城乡居民收入差距与消费水平不断扩大等因素势必会拖慢中国经济高质量发展的进程，而且对"双循环"新发展格局的畅通运行造成不利影响。财政政策作为经济调控的基本工具，是政府对经济纠偏最常使用的手段，本应在促进收入分配公平和缩短城乡消费差距等方面发挥其重要作用。但是，目前政府相关部门在财政政策安排和践行过程中还存在诸多不足，由此影响了财政政策职能的有效发挥。因此，政府相关部门面临的首要问题是：如何建立并完善财政政策以此实现收入分配的初次公平。

三、机遇（O）

国际：加强国际法建设，维护国际秩序和谐。随着国际环境复杂性的加深以及经济全球化时代进程的加快。首先，我们必须正视国际的复杂局面；其次，要加快国际法建设的脚步，充分发挥法制对于国际秩序有效保障的内在优势；最后，充分利用法律的敬畏性、法规的强制性确保国际环境稳定以及各国得以健康有序的发展。国际法对各个国家具有法律上的约束力，是各个国家寻求发展需遵从的主要依据，在促进秩序

---

① 资料来源：国家统计局官网。

更加和谐、规则更加合理等方面发挥着重要作用。法治化是世界公共事件处理遵循的基本原则，该原则既维护了世界和平发展的主旋律，又提升了治理效率、完善了治理成果，为维护各国利益、消除歧视、促进公平提供了强有力的手段（焦磊鹏，2021）。国际法治较国际环境既相区别，又相联系。全球整体秩序和谐作为治理追求的目标，能够有效维护结果公正的手段即法律规制。国际法制以国际环境作为划分标准，其内容是多维度的，二者的合理程度决定着世界秩序能否有序公平进行。同时，国际法治与国际环境表现为相互不断促进的过程，表现为法治体系的不断完善有利于国际秩序的和谐。近年来，国际环境受国际法制演进的影响正发生着巨大改变。在国际法律走向成熟后治理手段逐渐国际化，中美等作为世界的主要经济体，双方应秉承友好协商的前提下引领其他国家继续完善国际法法规，国际法的建立和实施为国际秩序奠定了科学基础，促进了各国文化的融合。在各个国家的共同努力下国际法内容逐步趋于合理化，全球经济朝着合作、开放、公平、共享方向发展，形成了世界整体与各国主体相互促进发展的良性局面。为确保各主体国家权责明晰，国际法会以公约、条约等内容出台法规，一方面具有法律强制性，另一方面为国际秩序平稳运行提供根本依据。随着各个国家联系的紧密度不断加深，参与经济全球化的国家越来越多，加强国际秩序整治势在必行。各个国家为公平维护自身合法权益，彼此引起加强国家法制法规建设的共鸣，以此促进国际环境和谐有序。各主体国以国际法为行事原则，一方面，在合法化的情况下寻求国际组织帮助；另一方面，有利于各主体国根据本身能力匹配相应国际责任，提升国际治理效率，从根本上提升法律与实际的关联度，增强其合理性。另外，国际环境是不断变化的动态演变过程，法律法规应跟随变化而进行调整，并不是一成不变的，国际法法律体系既强调表里如一的原则性，又强调面对国际特殊事件上的人性化，面对当前复杂国际局势以及个别国家的霸权主义和强权政治，国际法能充分发挥自身内在价值，促进国际环境的和谐有序，实现各主体国家公平发展。

国内：优化相关法律和政策，提升基层社会治理能力。一是法律制度的不断完善，为创新基层社会治理提供了根本保障。市场治理机制顺利实施得益于相关法律的建立和完备。市场失灵表现在两个方面：市场经济中存在信息不对称以及市场机制不能发挥应有作用，存在以上情况应由政府这只"看得见的手"出面解决。基层社会治理在法律制度的保障下陆续得以创新。基层社会治理在创新阶段中，相关法律法规作为纲领性文件起到指引作用。相关法律法规决定着社会基层治理主体的行为准则，明晰各治理主体的权责界限，为实现各治理主体的权力保驾护航，同时还明确了各基层社会组织及人民大众的职责和权利，提升完善民主政治建设的进程，促进社会各经济主体平等自由地发展。如 1987 年颁布的《中华人民共和国村民委员会组织法》，在改革开放 40 多年的进程中不断修订完善，使基层村民自治紧跟时代脚步，顺利开展并不断健全。中国由计划经济改革为社会主义市场经济体制后，国家和人民以营造健康有序的营商环境为主要目标，逐步调整国企和私企的发展占比，对待私企的态度由歧视转变为重视，逐步与国企并驾齐驱，这在各年政府工作报告中均有体现。法律制度本质是应随着社会向前发展而不断完善的，但实际上法律制度具有时滞性，对于社会发展通常表现为滞后性。随着经济全球化程度不断加深，中国对外开放的大门只会越开越大，基层社会治理往往被忽视，缺乏相关法律法规的配套设施建设使创新形式流于表面，其效果未达到预期标准。所以，应建立并完善与中国当前时代要求相一致的基层社会治理的法律法规。随着国家对基层治理态度的转变，使其配套的相关法律法规得以健全。伴随各地区对基层社会治理重视程度的加深，诸多治理创新活动受到相关法律法规的保护，给予其他省份在基层治理方面作经验指导。随着法律法规的优化进程，一方面维护了基层民众的合法权益，另一方面使基层社会治理有法可依。二是国家及各省给予政策援助，为基层社会治理创新明确开展方向。受社会主义市场经济体制改革的影响，农村基层社会治理的发展状态已由静态的、闭塞的转化为动态的、开放的。与此同时，国家及各省份应依据农村基层社会治理的演变过程对其相应的制度进行科学调配，助力农村基层社会治理朝着科学现代化目标展开工作。当前随着中国现代化进程不断的推进，社会治理政策不断优化，政府逐步将权力下放给各基层组织，使农村等基层组织获得独立处理管辖范围内工作的权力。根据经验借鉴与实践摸索，一部分基层组织对于基层社会的治理形式逐步趋于创新化。地方政府作为农村基层社会治理相关政策的制定者，基层社会治理的动态演变是地方政府政策改革的基本关注点。村民自治是我国赋予村民参与基层治理的基本权利，村民的参与度随着制度的完善而不断提升，基层政府应转变治理方式，将权力下放于人民，为人民群众建立表达诉求及参与政治的通道。政府应密切联系人民群众，发挥人民群众的智慧，共同改革创新基层社会治理工作，树立积极正面的政府威望。随着中国经济由高速增长转变为高质量增长的发展变化，国家及各省政府更加重视基层社会治理的发展，不断改革和完善相关政策制度，一方面为基层组织与群众的联系提供推动力，另一方面为基层社会治理和村民自治提供法律保护和创新支撑（文丰安，2020）。

四、挑战（T）

各国经济政策的不确定性导致跨国溢出效应。世界各国面对全球经济不断下行的压力，加之2020年暴发全球性新冠疫情的影响，致使全球产业链停摆，各国经济停滞不前甚至有所倒退，使全球经济形势出现百年未有之大变局的局面，贸易摩擦不断升级。为积极应对错综复杂的国际局势，各个国家为恢复其经济向好发展争先恐后地出台有益于自身的宏观经济政策，针对国内经济政策随时调整的频率不断提升以及国际经济形势难以考究的情形，使各个国家所面对的经济政策不确定性水平迅速上升。贝克等（Baker et al.，2021）研究发现，全球经济政策不确定性自 2008 年全球金融危机发生后迅速攀升，其指数上涨至历史最高值 108%，同时振幅波动剧烈。受国际金融危机的影响，各国经济持续走低，其中受影响最深的分别是对外贸易与直接投资，全球经济增速下降至近 10 年来的最低值，经研究发现：经济政策不确定性的不断攀升致使各国经济低迷、经济复苏缺乏动力（Baker et al.，2016）。与此同时，近年来随着经济全球化、人类命运共同体的构建，使各个国家间的贸易来往日趋紧密。如若有一个国家出现不可控情形，那么该国造成的经济政策不确定性势必通过国际产业链向其他国家传递，导致其他国家乃至全球经济也受其影响（李政等，2021）。在世界各国命运息息相关的大背景下，各国经济政策不确定性不断攀升已然成为"人类命运共同体"共同面对的重大挑战与难题。

经济政策沟通面临着全新挑战。近年来，经济政策沟通所处环境不断发生改变，新问题层出不穷（斯坦科娃等，2019）。随着中国对教育的重视程度不断加深，人民对国家政策的理解普遍加深，使理论知识与实践联系得更为紧密。随着科技的不断发展，互联网的出现从本质上拓宽了政策沟通的渠道，微博、微信公众号等平台的出现使越来越多的人民群众乐于表达自己的政治诉求以及建议，一方面促使政策实施更加公开透明，另一方面致使群众对所谓第三方机构和专家持审慎态度。另外，人民群众易被沟通平台上出现的虚假内容蒙蔽真相，加剧了受骗风险。面对"双循环"新发展格局的建立，第三方政策机构面对政策沟通与解析的负担势必加大，他们要完成向各阶层人民解读其政策内涵的工作，同时寻求人民群众的支持理解。而面对不同的经济政策要采用不同的沟通方式，以此发挥出沟通的最佳效果。针对货币政策，沟通的首要条件是具备完备的政策体系，各国学者对该政策类型沟通技巧如何运用已作出诸多研究。而针对金融类政策，政策沟通体系还不完善，各国的文献研究寥寥可数。当前中国政策沟通的核心大多位于财政和结构类、政治经济类的沟通，沟通中要密切关注群众态度。如若一个国家面对经济危机时，该国家会同步采用多种经济政策一并实施，而如何与公众进行政策沟通是度过危机的关键挑战。政策沟通的未来发展方向应是追求公众对政策具有更高的理解度以及信任感。总而言之，与任何历史时期相比，沟通都会是影响政策实施效果的关键因素。

第二节　经济分析（E）

一、优势（S）

拥有大规模、多层次的国内市场。在发展较成熟的行业中，如服装、电子产品、汽车等行业，消费者需求响应速度正逐渐成为企业赢得市场竞争的关键所在。企业要想获得竞争优势，在成本—收益实现平衡的基础上，最好的解决方案是从研发设计到生产环节更好地贴近消费者，以最快的速度占领市场份额。由此看来，哪里有消费需求哪里就有市场。随着中国经济的快速发展，国内消费市场迅速崛起，表现出显著特点。一是消费需求规模不断扩大。随着经济不断发展，消费对经济增长的贡献率不断攀升，2018 年全年最终消费支出对国内生产总值增长的贡献率高达 76.2%，2019 年回落至 57.8%；2020 年受全球新冠疫情的影响，最终消费支出占国内生产总值的 54.3%，消费依然是稳定中国经济的压舱石，其中线上消费表现出独特优势。[①] 而 1978 年时消费对国内生产总值的贡献率仅有 39.4%。[②] 根据上述数据说明，中国实施改革开放 40 余年间消费逐渐显现出重要地位，对经济增长持续表现出拉动优势。二是消费需求展现多层次。针对规模体量稳定且竞争激烈的传统产业来说，一方面，为企业提供了稳定需求来源；另一方面，对企业不断优化升级产品提出了新的要求。而针对市场逐渐出现的新兴产业，其消费体量在市场迅速扩展，为新型产品及科技提供巨大消费市场空间。三是消费者群体展现出"尝鲜"特点。消费者通常对市场上出现的新事物表现出"尝鲜"的好奇心，相比于其他发达国家，这是中国消费市场的独特优势（中国银行课题组，2020）。优势具体展现为：使消费者与生产者之间通过产品连接得更为紧密，生产者可以更全面地掌握消费者的需求信息，为消费者提供更加便捷、优质、精准的个性化服务和产品，这对于产品升级、技术革新、新产业发展有显著促进作用。

潜在动力足，发展势头好。一是我国经济已由高速增长阶段转向高质量发展阶段。中国在全面建成小康社会之后其经济仍处于并将长期处于转型发展阶段。从供给端角度看，随着人口老龄化不断发展，使中国劳动力人口供给不断减少；因老年人比重越来越大、民生保障制度趋于完善、群众消费理念转变等因素制约，使资本供给速度持续下降；国家经济转型不断成熟以及技术实力日趋国际化水平，一味通过调整结构和技术模仿来提高生产效率的空间不断缩小，使全要素生产率难以回归至以往高增速水平。预计中国未来 30 年内经济将继续保持在中速增长水平，随后逐渐稳定至世界平均增速。根据国务院发展研究中心的预测，到 2035 年，中国投资率水平将下降至 30% 以下，全要素生产率继续维

[①②] 资料来源：国家统计局官网。

持在2%~2.5%的水平，2020~2035年中国经济增长速度将回落至4.8%左右，经济体量大致能够翻一倍。[①] 二是经济总量将赶超美国成为全球第一大经济体。依据国务院发展研究中心的预测，2020~2035年全球平均经济增速将保持在2.6%左右，美国为2.4%。[②] 假设未来通胀水平等同于近些年来的通胀水平并趋于下降。与此同时，中国经济逐渐赶超美国，假设2020~2035年中国对美国的实际汇率将降至1%左右的水平。基于汇率假设可预测，预计在2030年中国的名义国内生产总值将超越美国，成为世界第一大经济体；预计到2035年，中国名义国内生产总值将超过美国30%左右，高达57万亿美元，与此同时，全球GDP中国将贡献23%左右（何建武，2019）。三是国内中等收入群体占比将高达67%。国际上衡量中等收入标准的方式很多，并未形成一致的判别标准。国际标准大致分为两种：一种是绝对标准，使用的是世界银行和亚洲开发银行提出的"家庭人均每天支出10~100美元"的标准，下限为发达国家中两个贫困线最低国家（葡萄牙和意大利）的平均贫困线，上限为发达国家中人均收入最高国家（卢森堡）其收入中位数的两倍；另一种是相对标准，依据收入分配定义中等收入群体，如李实等（2017）将国际收入中等水平的66%~300%定义为中等收入群体。李实等（2017）研究发现：参照国际上的绝对标准计算，2013年中国中等收入群体达55%，2016年攀升至66%；参照国际上的相对标准，2016年中国中等收入群体占全国总人口的32%。参照国际绝对标准的水平，中国与其他发达国家相比，中等收入人群规模占优势，但结构层次不明显，说明中国中等收入群体中绝大部分人的人均支出处于10~30美元水平；参照国家相对标准的水平，中等收入群体离

---

① 刘自敏，王健宇，李娟，等."双碳"目标下中国区域能耗"双控"目标的因素分解、情景模拟与实现路径——以重庆市为例 [J]. 当代金融研究，2022，5 (5)：1-25.

② 国务院发展研究中心课题组，隆国强，张琦，等. 未来国际经济格局十大变化趋势 [N]. 经济日报，2019-02-12 (12).

总人口的一半仍有很大距离。预计未来，因整体收入增长以及收入分配趋于相对公平等因素的促进作用，参照国际绝对标准计算，至 2035 年中国绝大部分人口均将进入中等收入群体的队伍中；而参照国际相对标准计算，至 2035 年全国总人口的 60% 左右达到中等收入水平。

数字经济将发展为经济的新增长点。正如习近平总书记所说"国际形势正发生百年未有之大变局"，一方面，随着中国在国际上的地位不断攀升，掌握的话语权越来越多，在全球数字经济发展时代有利于中国众多互联网企业不断发展强大（江小涓，2021）。另一方面，在当前经济形势下，中国作为面对疫情影响能够最快地恢复其经济的国家，国内广阔的市场平台将有利于催生出技术先进、实力强劲的互联网公司。全球新冠疫情出现前，中国数字经济已发展到快速上升的阶段，截至 2019 年，新业态互联网平台企业员工已高达 623 万人，较上年增长 4.2%。[①] 借此平台使 7800 万人获得就业岗位，较上年增长 4%。《中国互联网发展报告》显示，2019 年，中国数字经济规模达 35.8 万亿元，较上年名义增长 14.4%，占国内生产总值比重达 36.2%。2020 年中国数字经济规模达到 39.2 万亿元，占 GDP 比重达 38.6%，保持 9.7% 的高位增长速度，成为稳定经济增长的关键动力。截至 2021 年，中国数字经济规模达到 45.5 万亿元，占国内生产总值比重为 39.8%，数字经济已成为推动经济增长的主要引擎之一。2022 年，中国数字经济规模提高到 50.2 万亿元，稳居世界第二，同比名义增长 10.3%，占 GDP 比重提升至 41.5%。从《中国互联网发展报告》公布的数据可以看到，2019~2022 年，虽然处于疫情时期，但是中国数字经济规模逐年上升，由 35.8 万亿元上升至 50.2 万亿元，中国数字经济规模占国内生产总值比重从 36.2% 上升至 41.5%，数字经济规模连续多年位居全球第二。[②] 全球新冠疫情发生以来，数字经济

---

① 资料来源：《数字中国发展报告（2020 年）》。
② 资料来源：《中国互联网发展报告》。

在减缓经济损失和促进经济恢复方面发挥了不可估量的作用。一部分传统的线下实体经济也享受到了数字经济的红利。如线下实体零售业积极融入电商平台，一些医院也逐步开展"远程医疗"的线上会诊新服务，各企事业单位将远程办公应用于生产中，各阶段学校引入线上教学模式避免了聚集问题。在这期间各大软件应运而生，如腾讯会议、钉钉、雨课堂等实现了线上办公和教学，解决了劳动力供给不足与产业链断裂和停摆等困难，准确满足供货商、制造商、销售商产业链上下游之间的各种需求。预计未来，在"双循环"新发展格局的建立下，数字经济一方面能够加快中国国内的循环速度，另一方面有助于推动国内与国际之间的循环，从根本上进一步提高中国的生产效率，促进中国完善科技革命升级，在国际上占据独特优势。

中国经济具有强大韧性、空间和潜力。一是中国拥有规模大、可持续的市场发展红利。国家统计局公布数据显示，中国拥有超大规模的消费市场，2019年社会消费品零售总额已经超过40万亿元，中国房地产市场销售总额为16万亿元，物流市场销售总额为298万亿元。2022年，社会消费品零售总额达到44万亿元，较2019年上升10%。2022年全年实际使用外资1.2万亿元，按照可比口径增长6.3%，再次证明中国依然是外资投资兴业的热土；2022年货物进出口突破40万亿元，外贸规模创历史新高。2022年，我国外贸受到了多重因素冲击，商务部会同各部门、各地方合力积极应对。经过共同努力，全年外贸规模再创历史新高，货物进出口突破了40万亿元大关，达到42.1万亿元，增长7.7%。以美元计，达到了6.3万亿美元，这是在2021年超高基数之上实现的新突破。我国连续6年保持货物贸易第一大国地位。[①] 总的来看，中国市场与世界市场彼此有所依赖，一部分国家的市场对中国的依赖度要强于中国市场

---

① 中国发布.2022年我国社会消费品零售总额44万亿元 外贸规模创历史新高［EB/OL］.中国网，2023－02－02.

对这些国家的依赖度。从中美贸易摩擦升级美国对中国商品加征关税的行为来看，中国出口价值 5500 亿美元的产品到美国市场，如若中国不向美国出口这些商品，那么美国零售市场将面临"产品荒"现象，贸易摩擦如果使中国断供美国的中间产品，美国制造产业将面临瘫痪。① 因此，在面对贸易依存度日趋紧密的国际关系时，美国对中国进行贸易打压，美国市场也会深受影响，可谓是伤敌一千自损八百。综上所述，中国既能保证实现国内市场大循环的顺畅运行，又能展现大国担当实现国内国际"双循环"的顺利对接。二是中国拥有完备的制造业体系，绝大多数制造业已在国内市场建立起成熟的产业链供应链。实际上，国家贸易是各个国家的一种交易方式，其贸易内涵是展现一个国家真正的生产制造能力，从一个国家的对外贸易供给量可以看出该国家的制造业发展情况。2022 年，中国制造业增加值为 33.5 万亿元，占全球比重近 30%，连续 13 年居世界首位，为构建新发展格局提供了有力支撑。② 中国具备全球制造业中的 39 个大类、191 个中类、525 个小类，是全球制造业体系最完善的国家。③ 贸易可输出的产品是一国商品制造能力的充分展现，是中国继续大力发展对外贸易实现国内国际"双循环"的稳定基石。三是中国正发展为具备强有力进口、出口、转口能力的全球化贸易中心。继 2013 年起，中国成为全球第一大贸易出口国后，发展成为全球 120 多个国家的贸易合作伙伴。为追求贸易平衡，中国正努力成为进口大国。自 2018 年在中国上海举行第一届中国国际进口博览会后，截至 2023 年已举办六届，在国际上的影响力不断增强。与此同时，中国还拥有义乌小商品批发市场，市场铺设 5 万个商位，是中国最大的小商品出口基地，按此势头发展，中国必将成为全球规模最大、最具生命力的国际贸易中心。尤其中国将数字经济融入贸易中，使数字贸易在中国落地生根。国务院新闻办

---

①②③　资料来源：国家统计局官网。

公室在 2023 年 1 月 13 日举行新闻发布会,海关总署新闻发言人吕大良在会上表示,根据初步测算,2022 年我国跨境电商进出口为 2.11 万亿元,增长 9.8%。其中,出口为 1.55 万亿元,增长 11.7%,进口为 0.56 万亿元,增长 4.9%。① 近年来,跨境电商发展迅速,国家陆续出台了相关支持政策,跨境电商优势和潜力有望进一步释放。跨境电商的线上交易、非接触式交货模式在全球疫情冲击下表现出独特优势,遥遥领先线下交易模式。截至 2023 年,中国跨境电商综合试验区已达到 165 个,覆盖 31 个省份。跨境电商是数字贸易发展的基础,是发展"一带一路"的重要落脚点,跨境电商的快速发展使中国数字贸易在国际上形成了竞争优势。出口大国反映出中国生产制造能力强,成为进口大国后则反映出中国有超大规模市场的竞争优势,转口贸易作助力,中国很快会成为各生产要素及产品流通速度最快、效率最高的全球贸易中心。四是中国和共建"一带一路"国家的经贸合作日趋紧密。截至 2019 年,中国和国际组织在共建"一带一路"相关国家的投资超过 6 万亿美元。中国同共建"一带一路"国家的贸易总量已占全国贸易总量的 30% 左右。② 据中华人民共和国海关总署统计,2020 年前 2 个季度中国与东盟双边贸易额达到 2.09 万亿元,占中国贸易总额的 14.7% 左右,东盟一跃超过欧盟与中国建立起第一大贸易合作伙伴关系,美国顺降至第 3 位。③ 与此同时,RCEP"10 + 5"协定正式签署,成为全球第一大自由贸易区;随后中日韩自贸协定谈判值得期待。中国同周边国家对全球疫情防控成效优于欧洲、非洲、北美、南美等,疫情防控取得成效后自然可以安心搞经济,经济恢复速度也更快,因此,与周边国家加强贸易互动是中国形成"双循环"新发展格局的最佳方案,最有机会促成国际产业链联动。

---

①③ 资料来源:中华人民共和国海关总署官网。

② 资料来源:《中国"一带一路"贸易投资发展报告(2013 – 2023)》。

二、劣势（W）

宏观经济环境的掣肘。中国已转型到高质量发展阶段，但发展矛盾依然存在，即发展不平衡不充分等。近年来，中国在国际上掌握了更多的话语权，经济、社会、文化、政治、科技等方面取得了众多成绩，与此同时发展遭受掣肘方面也逐步凸显，中小微企业的活力遭到制约空间受到挤占。造成掣肘的原因，一方面，源于国际经济局势的动荡；另一方面，源于国内发展过程中长期亟待解决的问题。如若遇到消费者购买力不足、国内企业投资动力不足、对外贸易缺乏动力三重打击，那么以"消费—投资—净出口"为主要表现的国内大循环顺利运行就会受阻，引发国内产能再度过剩的问题，企业会立即调整生产策略，产能过剩导致企业资金链断裂并且降低生产意愿，进而使社会就业岗位缩减，收入减少从而消费进一步缩减，使经济发展陷入恶性循环的旋涡。基于以上原因，中国当前制定的"双循环"新发展格局，一方面，是应对贸易摩擦和防止全球经济出现动荡的必要；另一方面，是满足自身发展需要、激活潜在消费动力的必要（陈文玲，2020）。综上所述，当前要建成"双循环"新发展格局受到的阻碍因素主要概括为六点。一是制度成本高。之前中国的贸易模式是"两头在外"型，即主要依托于国际市场的外循环，向国际市场进行劳动力和资本输出，中国以成本优势生产商品进行国际交易，迅速垄断国际低端产品市场，大量获取国际贸易顺差，取得发展的第一桶金。但这第一桶金未能用于惠及人民群众调整贫富差距，反而进一步加大了贫富差距，加之中国自加入世界贸易组织后其"城乡二元"经济结构并未得到改善，所以致使国内市场的潜在需求得不到充分释放。因此，将造成制度成本不断升高。经济发展理论论证了大规模消费市场有利于获得竞争优势，但"城乡二元经济结构"却造成了城乡市场的分割，阻碍了全国统一大市场的形成和市场经济体制的完善。二是民间融资成本高。长期发展以来，融资难、融资贵、成本高已是民营企业发展的标签，融资问题是制约经济发展、影响"双循环"新发展格局顺利建成的要点难题。中国商业银行是以盈利为目的的企业，在给企业融资时是以风险和收益为衡量标准。中小微企业没有相应价值的资产做抵押，很难提供良好的长期信用记录。商业银行不想承担高风险为中小微企业融资，导致中小微企业资金链条被迫拉长，拉长后将使中小微企业的生产成本提高，进而使企业风险溢价提高。长此以往，将使中小微企业的市场活跃度、企业竞争力、就业岗位提供能力以及科技研发能力等均有所下降，最终影响中小微企业的生存。三是中低端制造业产能过剩。全球新冠疫情暴发导致国际经济局势不明朗，加剧了国际贸易摩擦的风险，全球经济面临衰退，以上因素造成中国内需和外需急剧减少，其中外需缩减量更为显著，导致中国传统制造行业被迫面对产能过剩问题。如中国的绝大多数家庭已普及家用电器、汽车等生活耐用品，所以使社会对这些产品的需求正趋于饱和状态。生活耐用型产品的主要特点是产品更新换代的周期较长，一般为 5 ~ 10 年，即说明国内对传统制造行业的产品需求会大幅减少。国际关系中，受单边主义、霸权主义抬头的影响，致使中国传统制造业的外需也明显萎缩。当中国传统制造业遭受内需和外需同时萎缩的双重打击时，势必导致中国面临中低端产品产能过剩的危险。产能过剩将造成中小微企业没有资金和信心继续扩大生产。中小微企业家信心受损，使企业不再对固定资产进行投资，进而使中国经济可持续发展以及"稳就业"的民生目标受到抑制。四是收入水平低、支出结构不合理。2020 年 5 月 28 日，李克强在十三届全国人大三次会议上作政府工作报告时指出，当前中国人均年可支配收入是 3 万元，但仍有 6 亿中低收入及以下群体平均月可支配收入仅有 1000 元左右。短期内中国在国民收入分配问题上仍面临三个困境：第一，廉价劳动力在参与生产环节面临劳动报酬不足和闲暇时间缺乏的问题;第二,居民消费支出比重不合理,房地产支出比重最大,月供比例占居民月收入的大部分,在保证基本生活消费的前提下,使其他方面的消费占比严重不足;第三,人口红利甚微,就此加大了产能过剩的风险,造成生产—消费—再生产链条循环不畅通。以国内大循环为主体的"双循环"新发展格局得以顺畅建立的前提是长期扩大国内内需,短期内促进居民消费不能解决根本性问题,当下国内内需严重受可支配收入不足以及居民消费比重不合理等方面的制约。五是对外贸易环境恶化。全球经济面临下行压力、中国经济长期向好,以及其他国家对中国政府的无端指责,是近些年使中国遭受国际贸易纠纷的原因。至今美国等发达国家不愿意承认中国的国际地位,但又忌惮中国会成为世界第一大经济体,因此,美国自特朗普任职总统期间,多次向中国发起关税战,引发贸易摩擦升级,对中国进行科技封锁、经济打压、外交围堵,甚至在暴发全球新冠疫情以来将矛头直指中国。美国前任总统拜登,在就职演讲上曾 41 次提及要对中国发动制裁,并且表示要采取比特朗普政府还要强硬的措施对中国实施制裁。六是贸易环境的恶化,首先,会使中国失去低成本劳动力的竞争优势,陷入低收入国家困境;其次,阻断了中国获取国际高精尖创新产品及关键零部件的途径;再次,遏制了中国完成产业革命升级和科技革命升级的速度,严重影响中国居民的可支配收入;最后,使中国面临陷入中等收入国家陷阱的风险(彭小兵等,2020)。综上所述,最终将影响内需潜力的释放,导致"双循环"新发展格局运行受阻。

产业链、供应链稳定性不强、现代化水平不够。打造"双循环"新发展格局,是党的十九届五中全会依据中国进入新发展阶段国际国内形势的变化,立足于中国长远发展作出的重大战略部署,是今后一个重要时期重塑中国国际关系、新竞争优势以及助力高质量发展的战略决策。新发展格局涵盖国内、国际两个市场,既要实现生产、交换、分配、消费各环节的流通，又要确保国家产业链供应链的安全及稳定。各国实现产业链供应链分工是现代经济的新趋势，同时是经济全球化发展的结果。产业链上下游企业紧密连接，供应链前后端密切贴合消费需求，环环相扣，其中一环出现问题势必影响到整个产业链供应链，安全稳定的生产供给就很难得到保证。生产是国内大循环的起点环节，如若稳定性难以保障，那么"双循环"的顺利运行将随时面临风险。受全球新冠疫情影响，加之美国对华实施全面科技封锁，导致中国产业链供应链的稳定性和安全性面对很大威胁，如美国断供中国芯片，致使华为等高新技术企业均受到了一定程度的损失。随着中国融入全球分工合作不断深入，其科技领域供应本该实现自给自足，如今关键核心技术"卡脖子"，相当于把自身的产业链供应链话语权交与他人之手。中国虽具备全球最完备的工业体系以及规模强大的制造业，尽管一些行业其产业链较完备、配套体系较完善，但中国整体产业链供应链表现为稳定性不强、现代化水平不够，随时面临断链担忧。制约因素具体包括：一是基础领域研发薄弱。基础研究是树立分工地位、打造国际市场竞争力的核心要素，研究成熟度决定着一国关键核心技术的发展走向，掌握基础研究就代表掌握了产业发展的主导权。中国产业所涉及的基础材料、基础工艺、基础零部件、基础技术等方面长期依赖于国外进口。中国近些年开始注重基础研究，逐渐加大研发力度，在一些关键领域也获得突出进展，但总体水平仍落后于发达国家，且有较大差距，如中国是世界上第一大电子产品生产国，但在芯片光刻机等生产设备、工业零部件、工业原材料方面长期依赖进口。二是美国对华进行科技封锁使高科技产品领域面临"卡脖子"困境。随着美国对华不断加强出口管制，建立起国外直接投资壁垒，试图阻断中国引进国外先进技术借鉴发展经验的发展路径。与此同时，美国施行"长臂管辖"机制，将中国一些领域企业和个体列入管制名单中，管辖领域包括：机械、半导体、航空航天、光学仪器、超级计算机等，管辖领域涉及数量之多、范围之广，力争打压中国核心科技向前发展，对中国高新技术企业形成断供威胁。受美国影响，欧洲、日本等发达国家或地区加大对中国核心领域的投资审查力度，受各方影响加剧了中国产业链供应链的不稳定性，最终导致"双循环"运行不畅。三是多因素叠加引发产业链外迁。因中美贸易摩擦持续升级、国内用工成本增加、可用资源有限等多因素叠加，使中国沿海地区的外资企业将产品加工组装环节陆续向东南亚国家搬迁，如若不加控制，外资企业可能在未来将关键核心环节甚至整条产业链迁离中国。受全球新冠疫情的冲击，一些在中国扎根不牢的外资企业正谋划搬迁，导致外迁企业的上下游企业也不得不跟随搬迁。如此一来，必然影响中国产业体系的完备程度，使中国失去竞争优势，对中国产业链供应链的安全稳定性构成胁迫。

三、机遇（O）

稳定的外部环境为大门越开越大的中国提供新机遇。在经历全球新冠疫情以来，美国、欧洲、日本等发达国家或地区积极出台政策将经济损失降至最小，使经济尽快恢复并保持稳定增长，各国的恢复速度快慢、增速多少均有所差异。相对稳定的外部环境为中国深化对外开放以及开展国际贸易合作提供了保障。

推动全球经济治理体系向更加公正合理现代化的方向转变。新兴经济体在经济、政治、文化和科技创新等方面的合作日渐紧密，在新型国际关系中越来越看重发展中国家的团结协作。共同抵制单边主义和贸易保护主义，维护其庞大发展中国家彼此的政治地位和经济利益不被侵犯，有利于推动全球经济治理体系更加现代化、国际经济政治秩序朝着公正合理的目标转变。

新一轮金融开放对中国金融市场和金融服务带来了机遇。外资金融机构的进入将加快国外成熟金融产品的引入，提升市场的交易量和流动性及活力，改进对企业和个人的金融服务质量；优化竞争结构，外资金融机构带来的竞争压力也会有利于中资金融机构建立更加市场化的公司治理结构，加快经营转型，提高效率；通过引入外资股东的风控体系，深化与外资机构的合作，也有利于提升中资金融机构的经营水平和质量。

全球新冠疫情后中国经济发展迎来新机遇。一是金融市场将迎来新的发展机遇。疫情期间，各国积极应对全球新冠疫情的冲击，为防止经济出现衰退，各国均采取高强度量化宽松政策，为尽力减少损失国家纷纷出台"零利率"，有甚者提出"负利率"的货币政策，大量货币流入市场，很容易导致大水漫灌，面临全球资本过剩的局面。这类激进措施在快速将经济损失降至最小的同时也扰乱了国际金融市场秩序、扰乱了货币币值的稳定性及其价值。恰恰相反，中国面对全球新冠疫情冲击，没有采取大水漫灌式的政策，而是在稳健的货币政策基础上更加灵活适度，保持中国金融市场的稳定。随着中国经济逐步恢复稳定趋势，使中国证券市场仍保持着稳定收益率。人民币国际化进程不断加快，对外企在中国证券市场上的投资路径更加多样化。相对资本来说，"资本自身的生命力本就如此；它只有不断地流通倍增，才能保持自己成为不同于使用价值的自为的交换价值"。[①] 企业会在世界各国寻找有利的投资时机，实现资本的增值。预计未来将有更充足的外资向中国金融市场不断涌入，一方面为中国发展提供资金供给，另一方面为外资企业赢得可观利润。二是为中国实现产业链有效升级博得缓冲时机。自 2018 年起美国向中国发起关税战，随着贸易争端不断升级，使中国发展中长期积累的问题逐渐显露。美国忌惮中国的飞速发展会超过自己成为世界第一大经济体，美国对中国实施经济制裁以及技术封锁，意欲阻挠中国由科技大国向科技

强国转型的发展进程。然而，全球新冠疫情暴发作为国际偶发事件，为未来中美关系及各自发展情况带来了诸多不确定性。全球疫情导致国际局势动荡不安，一部分国家疫情愈演愈烈，复工复产无望造成其产业链断裂，一些外资投资企业被迫将产业链外迁，但实际上，外资投资企业对中国产业链的依赖程度在逐步提高。美国高盛公司的研究报告显示，大部分跨国公司不但没有外迁反而在中国复工复产加大马力进行生产。①据美国路透社报道，截至 2020 年 9 月已有 3500 家美国企业反对美国政府对中国加征关税，并联名起诉美国政府。② 相对中国而言，较其他国家治疫得力赢得的时间就是为后续实现产业升级以及进行科创研究提供的缓冲时期。在这期间内，国内企业可以充分进行发展，不断打造自身竞争新优势，加大科研投入力度，增强本国自主创新能力。三是中国抗疫得力，国民经济回升向好。中国在 2019 ～ 2022 年取得令人瞩目的抗击疫情成绩，为全球抗击疫情作出巨大贡献。2023 年中国优化调整疫情防控措施，是科学有效并符合实际的，有利于中国和世界经济的复苏和发展，为经济发展带来新机遇。2023 年上半年，随着我国经济常态化运行，宏观政策显效发力，国民经济回升向好，高质量发展稳步推进。宏观经济恢复性增长。2023 年 1 ～ 6 月完成国内生产总值 59.3 万亿元，按不变价格计算，同比增长 5.5%。城乡市场有所恢复，社会消费品零售总额 22.8 万亿元，同比增长 8.2%。固定资产投资平稳增长，2023 年 1 ～ 6 月，全国固定资产投资（不含农户）24.3 万亿元。外贸平稳运行，2003 年 1 ～ 6 月我国货物进出口总额 20.1 万亿元，同比增长 2.1%。金融运行平稳，2023 年 6 月末，广义货币（M2）余额 287.3 万亿元，同比增长 11.3%，狭义货币（M1）余额 69.56 万亿元，同比增长 3.1%。③

---

① ② 资料来源：参考消息官网。
③ 王绛 . 2023 年下半年宏观经济形势与国企改革发展［N］. 经济观察报，2023 – 08 – 13.

四、挑战（T）

全球经济发展形势存在高度不确定性。全球经济在发展到一定时期后，会因技术进步瓶颈、人口老龄化、国际偶发事件（全球性新冠疫情）、要素流通不畅等因素而停滞不前，发达国家表现尤为明显，经济增速会出现放缓甚至有下行趋势，这对于中国进一步增加与发达国家的贸易往来产生阻碍作用。

中国对外经济摩擦和竞争可能有所扩大。一方面，以美国为首的发达国家过度宣扬贸易保护主义，这极大阻碍了全球经贸的友好往来，全球对外直接投资也因此受到影响，进一步阻挠中国与其他国家开展对外贸易合作；另一方面，各国都在抢占数据经济发展的先机，为本国高端产品抢占国际市场份额，促进国际市场形成新型竞争关系，在竞争不利情况下将导致贸易争端。

新兴经济体经济增长和利益出现分化。受全球新冠疫情冲击，部分依赖于贸易出口的新兴经济体其经济增长下行，这使一些新兴经济体国家看清形势，进一步重视同周边国家的经济合作。新兴经济体彼此间的贸易往来以及国际经济合作，都需进一步明确利益交界点，加强合作效率的提升。

资源与能源安全形势严峻。随着中国经济的快速发展，能源和大宗矿产对外依存度持续攀升。国际形势的不稳定、不确定性增加，对中国资源与能源安全造成了极大影响，严重威胁到中国的经济安全。2019 年，中国石油对外依存度为 70.8%，天然气对外依存度为 40%，铁矿石对外依存度连续 4 年保持在 80% 左右，镍矿、锂矿、铝矿、铜矿等矿产资源的对外依存度都接近或超过 50%。中国能源长期以煤炭为主（2018 年煤炭消费占一次能源的比重为 59%），清洁能源发展不足。2018 年，中国清洁能源占一次能源的消费比重仅为 22. 2%，远低于 39. 2% 的全球平均水平，而发达国家均在 30% 以上甚至超过 60%（日本为 34. 0%、德国为 44. 6%、美国为 46. 2%、英国为 56. 0%、法国为 64. 0%）。①

对中资金融机构的挑战将显著上升。中国加入 WTO 以来，外资在金融领域并未取得明显优势。但是，随着金融业的进一步开放，对中资金融机构的能力挑战将显著上升，例如，对商业金融机构风控能力的挑战、金融企业公司治理水平的挑战、监管能力的挑战等。另外，中资金融机构由于没有亲身经历过金融危机洗礼，风险意识和风控机制还存在较大欠缺。尤其近年来，经营风险、信用风险等因积累而暴露，在逐步消除国家信用隐性担保的情况下，很可能对中资金融机构产生致命的冲击。金融开放不仅包括"引进来"，还包括"走出去"，这涉及中资金融机构的经营管理水平、在全球市场的表现和认知程度，以及参与国际竞争的能力。尽管近年来中资银行加快了"走出去"的步伐，但是在海外市场的竞争力和资源配置效率还较低，对国际金融市场还处在"涉水不深"的阶段，尚未做到"春江水暖鸭先知"，因此中资金融机构还会面临来自国际竞争能力的挑战。

对金融监管部门的挑战。随着对外开放力度加大和外资金融机构数量和规模的增加，原有监管方式、工具应该进行调整。例如，合意贷款规模管理办法是否应该在适当的时候适用于外资银行；要加强监管国内外市场联通程度提高可能带来的非法套利行为；内外市场打通之后，要有预防性措施，防范可能带来的市场波动性风险等。金融监管中越位、缺位、不到位的问题需要尽快填平、补齐，金融监管效率还有待提升。金融领域的市场化改革、法律法规以及消费者（中小投资者）保护机制仍然不足，创造一个各类金融及类金融机构之间公平竞争的环境，支持

① 郑明月，肖劲松. 构建"双循环"新发展格局面临的挑战与对策［J］. 新经济导刊，2020，278（3）：57 – 62.

金融机构健康可持续发展也是金融管理部门和监管部门面对的重要课题。

全球新冠疫情诱发的"次生经济灾害"引发外部挑战。一是外需市场出现持续萎缩风险。随着全球新冠疫情在多国不断蔓延甚至出现二次反弹，全球大部分国家均已采用阻断隔离的防疫方法，使出口国深受影响。中国作为世界第一大出口国，美国、欧盟、日本和韩国的进口量占据中国出口市场的40%，因上述国家受疫情影响，导致中国这部分出口不能如期进行。若疫情在中东和欧洲迅速蔓延或者多国出现二次反弹，各国防疫措施势必升级，进出口贸易管控更加严格，美国等发达国家受疫情冲击经济增长出现暂缓，外部环境不景气加之国际贸易管控严格将直接影响中国的对外投资和进出口贸易。2020年上半年是全球疫情集中暴发期，中国一般贸易出口4.56万亿元，下降2%；进口3.99万亿元，下降3.2%。① 根据世界贸易组织发布的年度《全球贸易数据与展望》报告，受新冠疫情影响，2020年全球货物贸易量下滑5.3%。② 出口萎缩势必对国内就业、消费、投资以及经济增长均有不同程度的影响。若国外疫情再次集体大规模反弹，全球产业链断裂面临重新洗牌，外需再次出现萎缩，会给中国出口带来新一轮压力。二是新的债务风险。为应对疫情对经济的冲击，各政府纷纷出台积极的财政政策和货币政策，将经济损失降到最小。意大利政府拨款36亿欧元，用于支持本国经济增长，与此同时，为中小企业出台了力度更大、范围更广的扶持政策，如减税、增加信贷担保金等。德国财长也表示，若经济再度恶化，德国政府将采取更加强劲的财政手段。日本已完成两轮经济救助计划。在短期内这些政策对经济增长发挥的作用是显著的，但疫情若不见好转或为期更长，则各国政府的财政负担将持续加重，对本就债台高筑的政府来说更是推波助澜，最后只能拆东墙补西墙。世界银行组织担心新一轮债务危机会

---

① 资料来源：国家统计局官网。
② 资料来源：《全球贸易数据与展望》。

随时爆发。国际货币基金组织、国际清算银行（BIS）和国际金融协会（IIF）发布的报告显示，2009～2018 年 10 年间，全球债务水平一路飙升。2019 年全球债务（主权债务、企业债务及家庭债务）创下逾 250 万亿美元的高位纪录；2020 年全球债务升至 275 万亿美元，再创历史新高。[①] 未来一旦出现金融环境收紧，利率上升，风险溢价不可避免地飙升，融资困难致使资金链断裂，偿债及再融资风险极易引发全球债务风险。三是宽松货币政策导致资产出现新泡沫风险。全球新冠疫情挑战不断升级，使全球经济整体面临下行压力，经济衰退风险逐渐增加。七国集团财长和央行行长发表联合声明，表示将使用"所有合适政策工具"来实现强劲、可持续的增长并应对经济下行风险。欧洲央行表示，准备在必要时采取适当有效的措施。日本央行表示，将密切监视未来的发展，并将努力通过适当的市场运作和资产购买来提供充足的流动性并确保金融市场的稳定。四是全球产业链重置风险。中国产业规模门类完备，在全球产业分工、产业链供应链各环节起到不可估量的作用。中国当前是全球汽车制造及销售规模第一大国，同时全球 65% 的智能手机以及 45% 的电脑由中国进行生产，这些产业的零部件以及相关产品也由中国研发生产。[②] 事实上，低端产品（服装等）、中端产品（化学制品等）、高端产品（电子类产品）的产业链中最关键的制造基地都位于中国。如若长期内进行停工停产将导致全球产业链供应链吃紧，局部面临停滞风险，因连锁反应将使全球产业链供应链整体陷入紊乱局面（梁艳芬，2020）。

第三节　社会分析（S）

教育事业、社会养老服务、医疗服务不仅满足了人民群众的基本需

---

① 资料来源：《全球债务监测报告》。
② 资料来源：国家统计局官网。

求，还通过促进人才培育、产业升级、消费扩大等途径，为国民经济的双循环提供了动力和支撑，形成了相互促进、共同发展的良性循环。

一、优势（S）

坚持优先发展教育事业。中国共产党自始至终将教育事业摆在国家发展战略的首要位置，坚持以人的全面发展为核心，坚持以提高全民素质为宗旨，坚持长期投资于教育，不断提高教育事业发展水准以及劳动力综合素质水准。根据以往发展经验，在推进中华民族伟大复兴以及实现国家现代化发展的历程中，应将教育放在国家战略的首要地位，优先进行发展，符合国家长期有效的制度性决定。毛泽东同志在中国处于经济文化比较落后的时期仍坚持普及教育；邓小平同志更是多次强调宁可放慢经济也要舍得教育投资，走出了一条穷国也要办大教育的发展之路，他曾说，"教育是一个民族最根本的事业""忽视教育的领导者，是缺乏远见的、不成熟的领导者，就领导不了现代化建设"，[①] 以此强调教育优先发展的重要性；在新发展格局下，习近平总书记提出"教育兴则国家兴，教育强则国家强"的科学论据，致力于打造一条大国办强教育发展之路。1995 年，国家颁布的《中华人民共和国教育法》总则第四条内容："教育是社会主义现代化建设的基础，国家保障教育事业优先发展"，在法律层面明确了教育优先发展的战略地位以及制度安排。2015 年，经第十二届全国人民代表大会常务委员会第十八次会议第二次修正《中华人民共和国教育法》，其第五十五条强调："国家财政性教育经费支出占国民生产总值的比例应当随着国民经济的发展和财政收入的增长逐步提高"。教育优先发展战略地位进一步获得国家制度保障。在《中共中央关

---

① 邓小平. 1985 年 5 月 19 日 把教育工作认真抓起来［EB/OL］. 中共中央电视台，2002 - 09 - 16.

于制定国民经济和社会发展第十四个五年规划和二〇三五年远景目标的规划》里，明确教育的根本任务是："全面贯彻党的教育方针，坚持立德树人，加强师德师风建设，培养德智体美劳全面发展的社会主义建设者和接班人"。强调中国要建设高质量的教育体系，将教育体系概括为五个层次：第一层次是基础教育，即"坚持教育公益性原则，深化教育改革，促进教育公平，推动义务教育均衡发展和城乡一体化，完善普惠性学前教育和特殊教育、专门教育保障机制，鼓励高中阶段学校多样化发展"；第二层次是职业教育，即"加大人力资本投入，增强职业技术教育适应性，深化职普融通、产教融合、校企合作，探索中国特色学徒制，大力培养技术技能人才"；第三层次是高等教育，即"提高高等教育质量，分类建设一流大学和一流学科，加快培养理工农医类专业紧缺人才"；第四层次是民族教育，即"提高民族地区教育质量和水平，加大国家通用语言文字推广力度。支持和规范民办教育发展，规范校外培训机构"；第五层次是在线教育，即"发挥在线教育优势，完善终身学习体系，建设学习型社会"。2019 年全国教育经费总投入为 50178.12 亿元，年增长率 8.74%；国家财政性教育经费为 40046.55 亿元，年增长率 8.25%。教育经费总投入占全年 GDP 总量的 5.07%；政府对教育投入占全年 GDP 总量的 4.04%。[①] 经国家对教育战略地位的肯定后，中国教育投入占比已逐步迈入国际平均线以上国家行列，其教育体系规模蝉联全球第一，全球教育经费总投入中国仅占 8% 左右，而学生培养比例高达 20% 以上，建立起低投入—高回报的教育发展体系以及制度优势。我国人口众多，政府非常重视基础教育和国民素质的提高，科研人员的工资水平只有发达国家的 1/10～1/6，这些有利因素促使跨国公司加大了在中国的研发项目投资。2000 年以前，主要是 IT 业的企业在中国投资研究开发事业，目前越

---

① 资料来源：国家统计局官网。

来越多制造业企业也积极在华设立研发中心，如通用电气公司、施耐德电气公司等在中国设立了研究中心。我国低投入—高回报的教育发展体系以及制度优势，为构建"双循环"新格局提供了有力支撑。

二、劣势（W）

社会养老服务存在缺口。中国于 1999 年进入人口老龄化社会，养老服务体系和机制在 20 年间得到快速发展，但完善程度不尽如人意，仍存在很多不足。具体不足表现包括：过度重视养老机构的建设而不注重管理问题；养老服务体系建设中偏"硬件"，"软件"跟不上；服务能力明显欠缺，养老机构对失能、半失能老人配备的设施不完善。目前，中国对于社区养老以及居家养老的发展进程仍落后于发达国家。在 2000 年中共中央、国务院出台了《关于加强老龄工作的决定》，首次提出要建设包括以家庭、社区、社会为构成要素的养老体系，但现实效果并不理想，社区作为中坚力量并没有很好地发挥作用。养老服务体系建设成效突出，但服务质量未能跟上老龄化社会发展的步伐。把养老服务看作一个市场，老年人自然是消费者，并且不同的老年人其消费者偏好各异，市场自然要根据消费者需求提供有效供给。当前供给不足是突出问题，因此，政府作为监督者应完善建设养老服务体系，使市场扩大养老供给以及提升养老服务质量，是国家养老服务建设的重中之重。实际上养老服务被其他因素制约未能达到有效供给，具体表现在以下三点：一是养老服务机构配置不够。中国步入人口老龄化社会已有 20 余年，老龄化趋势不断攀升，国家统计局公布数据显示，中国在 1978 年刚刚改革开放时，65 岁及以上人口共有 4.24 千万人，占世界总老龄化人口的 17.05%，经改革开放 40 余年的飞速发展，2019 年老龄化人口攀升至 1.6 亿人，占世界总老龄化人口的 22.97%；而对比美国，1978 年老龄化人口 2.5 千万人，占世界总老龄化人口的 10.05%，2019 年老龄化人口 5.32 千万人，占世界总老龄化人口比重下降至 7.62%。由此看来，中国老龄化人口以每年 28.68 万的增长率迅速增加，老龄化人口群体日渐壮大，但中国养老服务体系的配置却相对不足。[①] 民政事业发展统计公报显示，截至 2019 年底，中国共有各类养老机构以及设施 20.4 万个，养老床位共计 775 万张，比上年增长 6.6%，每千名老年人拥有养老床位 30.5 张。其中，共有登记在册的养老机构 3.4 万个，比上年增长 19.9%，床位 438.8 万张，比上年增长 15.7%；社区养老照料机构和设施 6.4 万个，社区互助型养老设施 10.1 万个，床位 336.2 万张。据上述数据可以看出，中国的养老服务有效供给跟不上老龄化人口攀升的趋势，有效供给显著不达标。[②] 同时，在供给量不足的基础上供给结构也表现出失衡，养老机构增设的床位逐年上升，但床位的空闲率却持续走高，居家养老型老人普遍缺乏相配套的养老设施及服务（郑功成，2018）。二是养老服务中专业型护理人员供给不足。国家卫健委发布的数据显示，中国老龄化人口总量数以亿计，并且失能、半失能型老年人已有 4000 万人之多，整个社会对专业的医疗护理型人才呈现巨大的刚需。整个国家养老护理人员的严重缺乏与之形成了鲜明对比。重度失能以及极重度失能型老人更加需要长期陪护且护理人才级别要达到 3 级或 4 级，社会上针对这类医生级专业护理人员的配备更是少之又少。[③] 如若按照国际平均标准要求，每 3 位老年人至少需要一名护理人员照料，这样算来，中国对养老护理人员的需求量必然超过 1000 万人，但实际上整个社会在职的护理人员总量仅有 100 万人，供给仅能满足需求的 1/10，供给总人数中经过专业培训以及持证上岗的人员仅有 10 万人，由此说明，养老服务体系中的护理人员极度短缺。[④] 全国

---

① 资料来源：国家统计局官网。
②③ 资料来源：《2020 年民政事业发展统计公报》。
④ 资料来源：《2022 年我国卫生健康事业发展统计公报》。

社会组织发展水平仍有待提高。2020 年中国社会组织报告显示，截至2019 年底，全国社会组织总量共 86.63 万个，较 2018 年增长 5.98%，增速下降 1.36 个百分点；社会团体共计 37.16 万个，较 2018 年增长1.48%，增速下降 1.74 个百分点；全国持证社会工作者共计 53.1 万人，较 2018 年增长 9.2 万人，增速均有所下降。[①] 为尽快解决养老服务体系护理人员短缺问题，民政部印发了《关于进一步扩大养老服务供给 促进养老服务消费的实施意见》，该意见中提到"至 2022 年底前，养老机构护理型床位占比不得低于1/2；培养培训 1 万名养老院院长、200 万名养老护理员、10 万名专兼职老年社会工作者"；并且以此为契机，全面提升养老护理团队建设，加强养老护理人员的整体素质，使其人员不断专业化、规范化，推动中国养老服务体系不断完善，加快发展步伐（青连斌，2016）。综上所述，养老服务体系中护理人员有效供给不足且专业型人才严重缺乏等因素是阻碍中国构建完善型养老服务体系的关键。三是养老服务形式单一。随着中国养老人群不断壮大，养老需求日渐呈现多元化趋势，需求内容不仅限于初级保健、医疗救助等延长生命等形式，而是力求为老年人提供温馨、舒适、得体、极具人性化的晚年养老场所。当前，中国养老设施供给量不足且服务质量不优，没有打造完善的养老服务体系，护理人员及其子女应增加对老年人的人文关怀以及自我实现满足，养老机构应专门为不同程度的老年人提供个性化养老服务，满足其需求（周爱民，2019）。

医疗服务需求迅速攀升，面临转型压力。人口老龄化时代到来引起社会常规疾病发生改变，一些非致命性慢性病正威胁着老年人的身体健康，如心脑血管疾病、三高、糖尿病、骨关节炎等，同时心理疾病、精神疾病、生活不能自理等问题也逐步成为老年人的负担。现有的医疗服

---

① 资料来源：《社会组织蓝皮书：中国社会组织报告（2020）》。

务大多数是针对疾病的诊治，疾病救治中对于老人的疏导等工作尤为欠缺，因此，当前的医疗服务体系还未跟上老年人的转变。针对基层医疗服务设施配置及医生的能力仍有待提升，如全国仍存在一些小型市级城市不具备一所三甲医院，当地老年人的医疗水平得不到应有保障，常常出现外出看病难、看病贵等连锁问题，而在生活质量提升、预防疾病、加强养生等方面更是有很大空缺。根据发展的一般规律而言，城市经济发展水平决定其医疗服务体系的完善程度，经济发展好的城市更加注重医疗服务质量，并且城乡之间在医疗配置水平上也存在显著差异，显而易见城市优于乡镇。随着时代的发展，越来越多的年轻人将医疗服务水平纳入选择定居城市的因素之一，因此间接反映出一个城市的医疗服务质量是影响城市人口流入或流失的重要因素。

三、机遇（O）

搭乘"一带一路"顺风车，促进"美丽中国"建设。一方面，"一带一路"不仅为新时代中国改革开放再出发描绘了发展前景，而且对全球经济的复苏具有现实意义。"一带一路"打开了世界开放新局面，为各国加强全球生态合作提供广阔平台以及新机遇。"一带一路"的各参与国在技术和资源上进行互补，共同促进全球生态合作的开展，助力全球经济向生态领域方向发展，为改善国际生态环境、建设美丽中国汇聚了各方力量；"一带一路"促进各国关系更加紧密，国际格局经历了各国自主发展—贸易合作—构建人类命运共同体的转变，人类命运共同体可以有效保障发展中国家不再受个别发达国家的霸权主义、强权政治所侵害。另一方面，"一带一路"带动中国周边国家的经济发展，使各国依存度不断提高，不断强化生态合作的内涵和意义，这为建设"美丽中国"并促进其他发展中国家得到进一步发展提供了新机遇。建设"美丽中国"与新提出的"双循环"发展格局都强调了全球化会向着更加开放的趋势发展（聂晓静，2018）。"一带一路"倡议为各国共同建立命运共同体打开了开放绿色合作共享的大门。中国绿色发展理念为其他发展中国家提供了实践经验，使"一带一路"共建国家整体生态发展水平得到大幅提升。"一带一路"倡议的政策思路是通过"政策沟通、设施联通、贸易畅通、资金融通、民心相通"实现各国互联互通。这"五通"为有效联通国内国际两个市场、充分利用国内国际两种资源提供了政策保障、物质前提、有效途径、发展动力和社会支撑。"一带一路"建设促进了我国与共建国家的贸易，促进了国际产能合作，联通了国内国际两个市场。自"一带一路"倡议提出以来，我国坚持和平合作、开放包容、互学互鉴、互利共赢的理念，秉承共商共建共享原则，加入"一带一路"倡议的国家不断增加。截至 2022 年 4 月，149 个国家、32 个国际组织与我国签署了 200 多份共建"一带一路"合作文件。2013 年以来，我国的贸易自由化和便利化程度不断提高。在国内，2013 年设立首个自贸试验区，2021 年底已增加到 21 个，向全国复制推广 278 项制度创新成果。在国际上，我国签署的自贸协定数量由 10 个增加到 19 个，将近翻了一番。① "一带一路"建设扩大了我国的国际"朋友圈"，使我国实现"双循环"具备了基础性国际条件。随着"一带一路"建设的不断推进，我国与"一带一路"共建国家的贸易联系日益密切。商务部的数据表明，我国与"一带一路"共建国家年度贸易额从 2013 年的 1.04 万亿美元扩大到 2021 年的 1.8 万亿美元，增长了 73%。② 在"一带一路"建设的推动下，我国的对外货物贸易与服务贸易总额由 2012 年的 4.4 万亿美元增加到 2021 年的 6.9 万亿美元，自 2020 年以来持续位居世界第一，对外货物贸易额自 2013 年以来持续位居世界第一。③

---

①② 杜海涛，罗珊珊．坚定不移推进高水平对外开放［N］．人民日报，2022 - 04 - 04
（6）．

③ 资料来源：国家统计局官网。

和平与发展仍是当今时代的主题。受全球新冠疫情等因素的影响，全球产业链供应链停摆，世界经济需要经历长周期才能恢复。调查显示，1990～2001 年全球人均 GDP 年均增长率为 3.3%，2001～2008 年为 7.1%，2009～2019 年为 1.9%，预计 2020～2030 年，全球人均 GDP 增速会维持在 1.9% 以下，其中，2020 年中国人均 GDP 年均增速为 1.9%，美国人均 GDP 年均增速为 – 4.3%。[①] 全球经济正遭受着新冠疫情、贸易摩擦、地缘冲突、单边主义、强权政治等因素的消极影响，继 2008 年全球金融危机后世界经济可能会再一次步入大萧条时代。因此，中国在第十四个五年规划内要构建良好的国际环境，大力宣传合作共赢、和平发展的理念，在坚守独立自主的和平外交原则下，助力各产业各行业积极对外合作，推动新型国际关系以及"双循环"新发展格局的顺利建成（李忠杰，2020）。推动同大国之间的合作与交流，深化沿岸国家的贸易伙伴关系，紧密联系其他发展中国家，积极维护和谐有序的国际经济秩序。

四、挑战（T）

乡村有效治理是实施乡村振兴发展战略的有机组成部分，更是推进国家治理体系和治理能力现代化的关键一环。在基层治理以及乡村善治过程中现代社会组织占据重要地位，兼顾公共政策倡议者、公共服务保障者、社会价值建设者等多份职责，对建设现代化新型社会发挥着重要作用和独特优势。从实际发展来看，社会组织在进行乡村治理中会直面两点挑战：一是社会组织未能充分发挥自身优势，表现在行动力差、角色设定受限、可利用资源不足等方面；二是社会组织成员整体素质仍有待提高，表现为法律意识淡薄、自主性差、缺乏合作意识，行为不符合

---

① 资料来源：国家统计局官网。

规定事件常有发生。为建设国家治理体系和治理能力现代化要充分认识到社会组织的重要性，为响应国家乡村振兴战略的工作，社会组织在将乡村建设成为文明有序、充满生机、舒适宜居的治理体系中发挥了积极作用。积极应对挑战，化挑战为机遇，有利于认清社会组织与乡村治理其他主体之间的区别和联系，制定并完善社会组织对乡村治理的政策制度，使社会组织与乡村治理二者相互促进共同发展。问题一：社会组织未能充分发挥自身优势，表现在行动力差、角色设定受限、可利用资源不足等方面。中国现行的社会组织管理体制不够健全，使社会组织与政府各自管辖的界限不够明晰，二者的权力职责配置不合理，社会组织的角色定位存在理论与现实的差距以及应然与实然的矛盾。在社会功能与公益服务方面，中国与发达国家存在本质上的区别，发达国家承担责任的社会组织是非营利性的，而中国是由一些特定事业单位进行管理的（于健慧，2020）。因上述区别使中国的社会组织与政府相关部门存在地位不对等，表现为管理与被管理的上下级关系，在某些情况下还存在依附关系，上述因素是使社会组织参与乡村治理过程中角色定位不明确的根本原因。与此同时，社会组织与村委会之间权责如何划分，社会组织如何在保证村民自治的前提下参与治理，治理的内容包括哪些、权力行使的边界在哪里、治理的总目标是否与实际相符等一系列不确定性都将是阻碍社会组织顺利治理的因素。将乡村治理有效进行是一项艰巨的工作，需要各方的努力实践、相互配合，完善的法律法规以及制度政策是社会组织有效治理的保障，依靠法律规范行为准则、依靠政策制度降低风险。社会资源获取能力是检验社会组织工作的一项重要准则，也是衡量其行动力强不强的标准。根据以往的实践结果可以看出，乡村治理在获取资源能力方面与城市治理相比仍较落后，乡村治理存在资源获取渠道少、资源整合效率低等问题。当前，社会组织存在主要是建立在对政府的依附关系上，放弃自身的独立性及自主性，甚至有的组织成员通过自身的社会威望以及社会关系来谋取一些资源，这是国家对于社会组织管理亟待解决的问题。缺乏独立性及自主性是社会组织行动力差的表现，这势必会影响资源获取的数量和质量；过度依附于政府、顺从政府需求，社会组织的独立性受到抑制；以自身的社会声望、社会关系谋取社会资源使社会组织参与乡村治理的初衷变质，社会组织不能健康有序良性地长久发展，也会影响乡村治理的成效。国家治理体系和治理能力现代化的提出为更好地完善乡村治理提供了重大转折机遇。特别是要更加明确政府、社会组织二者之间的平等关系，政府既要发挥好带头人的作用，又要简政放权不能过度干预，界定好管与不管的边界，做到统筹兼顾和统领全局，使社会组织真正为乡村治理注入新鲜血液，促进乡村发展朝着现代化方面前进。问题二：社会组织存在体系建设不完善、制度不健全、缺乏管理等问题，组织成员法律意识淡薄、自主性差、缺乏合作意识，行为不符合规定事件常有发生。这是社会组织参与乡村治理进程中的一大挑战，同时还是影响社会组织得到社会声望和村民认可的又一制约因素，种种不利影响最终会使治理效果大打折扣。在国家治理体系和治理能力现代化与实施乡村振兴战略的大背景下，社会组织参与乡村治理是一项全新任务挑战，面对挑战社会组织自身的不足也日渐显露，具体概括为以下四点：一是体系建设不完善。从权力分配角度看，社会组织管理中缺乏组织章程建设、相关法律政策辅助以及有效的监管体系，致使管理松散，成员行为不合乎规范，治理进程受阻，使村民对社会组织的认可度大幅降低并质疑其专业能力。二是缺乏管理经验。社会组织在参与治理中往往依赖于政府做决策，自身的自主性和独立性较差，缺乏实地走访调查，导致治理基层工作的经验严重不足，治理中缺乏群众基础的支持。三是组织人员合作意识淡薄。面对社会组织没有完善的管理体系，导致成员之间的分工和职责不够明晰，存在推责、失责等问题，缺乏团队合作意识，未能把社会组织建设的项目安排、市场运营、获取资源、经费筹措各环节协调有效地运行起来。四是组织成员流失严重。留不住人是当前社会组织面临的共同问题，频繁的人员变动会加剧组织管理的松散性。尤其是社会组织内的有些人参与乡村治理的动机不纯，只顾追求自身利益最大化，做有损于乡村治理方面的决策，有甚者存在收贿受贿、以各种手段滞留补贴款、偷税漏税、携款私逃等国家违法行为。如若不严格整治，社会组织参与乡村治理以便从中牟私利风气会愈演愈烈，严重危害我国乡村治理步入现代化的进程。

高等教育在建设"双循环"新发展格局中面临的挑战。新时代中国发展的主要矛盾已转变为"人民日益增长的美好生活需要和不平衡不充分的发展之间的矛盾"。高等教育的矛盾如何体现，具体包括：从有学可上到上好学，实现阔外延向重内涵的转变；从建设部分学科"双一流"到各学科齐头并进均衡发展；从区域发展不协调导致高等教育区域差异，发展为不受区域差异影响各省份高等教育共同发展；从高等教育培养的理论型人才发展到社会所需的理论与实践结合型人才。上述问题是国家经济实现高质量发展后对高等教育提出的全新挑战。一是高等教育如何实现由"量"优势到"质"优势的转变。根据发展经验显示，高等教育发展受经济发展的影响，呈高度正相关关系，经济发展为高等教育带来资金和就业岗位的支持。而中国经济由高速增长转向高质量发展为高等教育由"量"优势转变为"质"优势提供了经济基础（何洁等，2020）。世界银行专家贝努瓦·米洛特曾发表观点：高等教育发展程度受一国经济发展水平的制约。在接受高等教育人数不断扩张且高校公共资源一定的基础上，随着人数的增加，每位学生得到的教育资源就在减少，因此，如若一个国家没有一定的经济实力做支撑，那么高等教育迅速扩招势必会影响教育质量，甚至会阻碍国家经济发展和社会进步。中国在经济高速增长阶段通过拓展使高等教育发展扩大规模，截至 2022 年底，全国普通高等教育学校 3013 所，在校生规模达 4655 万人，毛入学率为 59.6%，已建成全球规模最大的高等教育体系。① 如何实现高等教育由规模向提升教学质量、注重人才培养、增加社会实践等方面的转变，是当下中国高等教育面临的重要挑战之一。二是如何实现高等教育人才培养多样化。高等教育发展到大众化阶段时多样性特征已初步显现，到普及化阶段时多样性显著加深。多样性体现在教育的各方面，具体包括：教育内容、教育方法、教育形式的多样化。随着科技的发展和进步，远程教育已被应用于与高等教育相结合，改变了传统高等教育形式。网络学习资源共享和线上教育冲破了时间、空间对教育的限制，做到随时随地想学就学，普通学子也有机会上清北的名师课，助力高等教育更快地发展到普及化阶段；高等教育发展到普及化阶段后，其受教育群体的教育经历、知识储备、学习需求都表现出显著差异，所以需要教育方式向多样化发展，满足教育群体的个性化需求，为国家培养多样化新型人才。三是如何使全国高等教育实现均衡发展。当前，全国经济呈现东高西低、南高北低的局面，使西北部的高等教育投资落后于东南部，随着全国经济整体趋势不断向好发展以及国家不断加大对各地区高等教育的重视程度，落后差距虽有所缩减但依然存在。投资不过山海关加剧了高等教育不均衡发展的趋势，东南部市场可以为当地高校人才提供更优质的就业岗位，西北部市场受经济的影响使就业岗位的供给数量及质量远不如东南部，导致西北部的优秀生源流失，人才流失进一步影响当地经济向好发展，二者以此形成恶性循环，因此，国家亟待解决高等教育均衡发展问题。国家经济向高质量转型的过程中，西北部高等教育如何进行特色化、专业化、优质化发展，追赶差距实现均衡，使当地学生能接受公平的教育资源，是关乎人民及国家未来发展的头等大事，同时是高等教育发展的全新挑战之一。四是高等教育如何为国家科技创新驱动发展战略服务。高

---

① 资料来源：《2022 年全国教育事业发展统计公报》。

校培养的人才是国家创新型人才储备，驱动国家创新事业不断向前发展。长期以来，国家对高校的研发经费投入以及高校完成的基础研究成果在国家科技投入—产出体系中所占比重很大，但涉及科技创新的应用型研究还有待提高。针对以国家需求为导向的研究机制，高校全力进行配合，如高校针对国家乡村振兴发展战略列举了一揽子实施计划，完成社会经济需求对接，为不同领域的不同需求培养相匹配人才，完善高校—企业共同培养人才的机制并深入推进。在科技创新产出方面，高校申请授权专利数和科技文献发表数量及质量均有大幅提高，但仍需提高科技创新投入—产出的转化能力，组建科技创新人才队伍，提升重点三方专利的保护机制。

第四节　技术分析（T）

一、优势（S）

近年来，随着中国经济不断向前发展，国际影响力日渐凸显，中国的科技实力远超其他发展中国家，但与发达国家之间还有一定差距，因此，中国越来越重视科技的自给自足，将科技创新发展驱动作为国家下一步发展的重要战略，努力缩短与发达国家在科技创新方面的差距，中国科技创新的优势逐步得到彰显，具体表现在科技规模及数量上。如科技创新投入数量、科技创新产出数量（申请专利数量及研究文献等）均仅次于全球第一大经济体美国；国家对科技创新人才的培养愈加重视；具备相较完善的产业系统，个别产业规模的贸易开放度、产品更新换代速度以及国际知名度均居于世界前列。

科技创新投入及产出规模迅速攀升。公开数据显示，中国在研究与实验发展经费（R&D）投入方面位列世界第二，第一为全球第一大经济体美国，投入规模约占全球投入经费的 20% 左右；R&D 经费投入强度为 2.1%，已然超过经济合作与发展组织（OECD）国家的均衡水平，而且远远领先其他发展中国家。[①] 中国逐步加深对科技创新发展的重视程度，其科技创新类文献总量急速攀升，一跃成为世界第二，2003 年时仅占比全球总量的 6%，直至 2013 年已上升为 18.2%，10 年内全球文献总量占比中国增长两倍，文献影响因子从全球第 8 名提升至第 4 名。2011~2016 年中国专利申请及受理总量均蝉联世界第一，中国向美国专利商标局（USPTO）及欧洲和日本专利局提交的专利申请总量也逐步得到提升，2017 年时中国被列入欧洲专利局五大申请国家之一。全球科技创新研发人员总数中含 1/4 的中国研究员，占比位列全球第一，不排除中国人口基数大的优势。

科技创新规模逐渐扩大。中国企业因学习能力强，其科技创新实力在国际上逐渐被认可，逐渐缩小与其他发达国家的差距，国际地位日渐提升。中国的研发主体主要包括政府、企业、研发机构以及高校，其中企业这一主体的研发经费投入占全国总量的 3/4，企业的研发人员数量占全国科研人员总量的 7/10。2019 年，中国万家规模以上工业企业中有 18.8 万家企业开展了科技创新活动，所占比例已达 49.6%，比 2018 年显著提升 6.6 个百分点。企业创新主体地位得到显著稳固，国际地位也在逐年攀升。据普华永道思略特公布的 2018 年《全球创新 1000 强企业研究报告》发现，中国企业共有 175 家上榜，占全球上榜企业的 17.5%，较上年增加 54.9%；其中，全球前 100 强企业中中国上榜 9 家，占比 9%；中国上榜企业中阿里巴巴连续三年国内第一。麦肯锡全球研究院 2019 年公布的研究报告显示，中国企业技术创新势头迅猛，中国已然成为数字经

---

① 资料来源：国家统计局官网。

济及人工智能方面的全球大国，并且在很多科技领域跃居世界第一大消费国。2019 年制造业增加值高达 26.9 万亿元，占全球比重的 28.1%，连续十年世界第一。中国取得的科技成就离不开产业体系优势、层次多元化的消费需求优势以及完善的制度优势等各方力量的支持。①

二、劣势（W）

中国科技创新水平在优势促进其提升的同时，不足之处也日渐显露。科技创新实力仍落后于美国、英国、日本、法国、德国等国家，目前中国绝大部分产业仍位于科技模仿阶段向自主创新阶段的过渡。与发达国家的差距具体表现在效率低、缺乏动力、创新产品质量差以及开放程度低。产生这种差距的原因具体体现在：科技产品的创新性不足（自主创新能力不足、高精尖科技产品缺乏）、缺乏高知高技性研发人才；技术扩散程度、科技投入—产出能力仍待提高；中美贸易摩擦升级，美国对中国关键核心技术进行打压；企业创新意识不够、缺乏创新动力、自主创新型企业数量较少；中国低端产品覆盖面广、高端产品供给不足，中国部分科技创新产业的附加值较低；全球创新资源在中国的集聚程度较低，且资源利用率不高。

科技产品质量不佳、效率不高。中国科技创新发展相比于美国、英国、日本等发达国家起步较晚，产品的质量和效率仍有待提高，具体表现在：国际三方专利授权数、实用型专利占比份额、专利持有量份额、中国专利被其他国家转发的引用率等体现科技产出质量与效率的主要指标上仍亟须提升。国家知识产权局公开数据显示，外资科研机构的专利申请比重占18%，而授予比重高达 33.3%。② 中国专利申请数量逐年攀升，但因投入

---

① 资料来源：《全球创新 1000 强企业研究报告》。
② 资料来源：《2022 年专利调查报告》。

与产出不成正比即专利研发质量不佳等因素影响，使中国当前的科技创新水平未能很显著地促进其经济高质量增长。国务院发展研究中心与世界银行联合发布的研究成果显示，目前，中国面临着基础设施、公共服务不健全的问题，势必影响数字技术的发展，如农村地区信息技术普及度还亟待提高，企业数字技术发展水平较 OECD 国家的平均水平落后 5 ~ 10 年。

科技创新动力不足、能力不够。目前，中国研发投入强度的平均水平仍落后于发达国家。2018 年，中国研发投入强度为 1.97%，同年美国研发投入强度为 2.84%，日本研发投入强度为 3.50%，韩国研发投入强度为 4.32%，德国研发投入强度为 2.84%；2010 ~ 2019 年中国研发经费投入强度徘徊在 2% 左右，呈现稳中有升的趋势。① 企业作为中国最主要的科技创新主体，其科技创新投入强度也滞后于发达国家，2019 年公布的全球研发投入最高的 2500 家企业榜单显示，中国上榜企业 551 家，R&D 经费占比 11.7%，其中前 50 名中国仅有 2 家企业上榜，分别是华为和阿里巴巴；美国上榜企业 769 家，R&D 经费占比 38.0%；日本上榜企业 318 家，R&D 经费占比 13.3%；欧盟上榜企业 551 家，R&D 经费占比 28.3%。上述数据说明，中国上榜企业虽多，但研发投入强度较弱，表现为"有量少质"的状态，是动力不足的表现。2018 年以来，受中美贸易摩擦不断升级的影响，中国高新技术产品出口受到多重贸易壁垒的阻碍，致使高新技术贸易增速持续递减。其中，高新技术产品出口额在 2005 ~ 2018 年不断递增，但自主研发比重较低，而技术加工占贸易总额比重的 70%，表明中国绝大多数企业仍处在全球产业链的中低端水平，过度依赖于其他发达国家的技术设备，关键核心技术（超大规模集成电路、精密数控机床、先进材料等）受制于人。②

---

① 王玮东，胡清元，杨琳，等. 中国制造业高端化面临的挑战及对策建议 [J]. 新经济导刊，2023（Z2）：92 – 100.
② 资料来源：《工业投资记分报告（2021）》。

科技创新体系的开放性、包容性有限。目前,中国的国际地位、国际影响力与新中国成立时不可同日而语,经济发展也有目共睹,但科技创新仍未表现出独特优势,其科技创新体系的开放程度并不高是制约因素之一,即科技创新开放程度与经济总量不匹配,尤其是集聚全球科创人才、如何高效利用全球创新资源等方面的制度亟待优化。国际比较研究公布报告发现:中国在一些要素(知识、人才、资本、技术)和相关政策制度的开放创新程度仍较低,平均水平低于国际整体平均水平。具体表现包括:引进高知、高技型国外人才制度还不够完善;知识产权跨境贸易逆差,高新技术贸易出口有限,创新型国际合作参与企业数量较少;国外研发投资占 R&D 总额比重较低,与研究大国的国际位置不匹配,科技产品的国际参与度有限;国际化营商环境不够优化,便利程度仍落后于美国、英国、日本等发达国家。

三、机遇(O)

中国科技创新发展新机遇将基于全球科技革命和产业革命升级以及全球产业链、价值链重塑实现跨越式发展。中国的制造业规模居于世界第一,但工业化程度长期落后于发达国家,仍处于中后期发展阶段,正因如此,全球产业革命升级对中国的影响将大于其他新型产业化国家。中国应积聚力量,由"弯道超车"成功过渡到"换道超车",科技将成为下一步国家重要发展战略以及提升全球价值链地位的重要手段,全球新一轮科技革命将为中国经济实现高质量发展、构建"双循环"新发展格局提供后发优势,带来新的发展机遇,具体包括以下四点。

一是信息化、数字化、人工智能化是新一轮技术变革的发展方向,将重塑全球产业链分工以及提高全球生产效率。从分工形式角度看,制造业行业表现出专业化、服务化和产业链分工明显等特点,制造行业正迅速吸纳服务业进入。中国是世界第一的制造业大国，也是全球唯一拥有全部工业门类的国家，运用技术变革中数字化特征加快服务业向生产制造业渗透，给制造业带来的好处是增加产品附加值和提高效能，给服务业带来的好处是产业结构不断完善和发展新动力。从生产形式角度看，新科技新材料将带动生产方式向信息化、数字化、平台化趋势发展，利用大数据匹配消费者偏好进行生产以及集聚化生产将趋于主导地位，互动型生产制造平台孕育而生。中国制造业将有更广阔平台向全球生产格局的纵深方向发展，逐步提高中国在全球产业链、价值链中的位置，有望由制造业大国发展成为制造业强国。

二是全球技术革命、产业革命升级将给中国实现由"科技大国"转型为"科技强国"注入新发展机遇。随着大数据、人工智能时代逐步到来，信息化、数字化、智能化、网络化技术逐渐应用于生产实践中，各国激起大力发展科技的浪潮，使国际高精尖新科技取得革命性破解，加快了科技造福人类的步伐，前三次工业革命使人类社会得到空前繁荣，也由此奠定了美国世界霸主的地位，第四次工业革命是在第三次工业革命基础上的又一次科技革命，势必令国际经济格局以及国际地位重构，为全球经济发展注入新鲜血液，也必将引起各国争相竞争的局面，大换血大洗牌是未来全球经济发展的新趋势。依据普遍发展规律，后发国家如若在技术相对成熟且体系健全的市场发展，那么实现"弯道超车"的机会渺茫，同时产品进入市场将面临高成本和高门槛，想后发追赶十分困难，产生突破性创新科技的概率相对更低。而针对待开发技术市场，尤其是处在发展初期的新兴行业，其主要特点包括：存在大量潜在消费者需求；市场准入门槛较低，具体表现在政策体系不完善、还未产生技术壁垒；竞争优势还未显现，不存在技术垄断；商业模式、投资形式等方面处于未知，上述因素都将有利于后发国家在新兴领域实现赶超。第四次科技革命中的清洁能源、新材料技术、人工智能、量子信息技术、生物技术、医疗健康等科技尚不成熟，为后发国家实现科技赶超和抢占市场份额提供了机遇。目前，中国在5G、互联网通信、高铁等科技领域位于世界前列，遥遥领先其他国家，中国正是运用新技术革命完成追赶的成功案例。另外，新技术扩散催生了新兴发展行业、新型发展模式，拓宽了国际发展格局。

三是传统制造业为追求数字化、绿色化、智能化的目标转型升级，被迫升级适应发展"倒逼"出诸多潜在机遇。研究报告显示，中国制造业整体处在工业2.0向工业3.0的过渡阶段，不同区域、产业、行业以及企业间的自动化程度和信息化水平存在显著差异。2019年中国工业机器人密度为187台/万人，日本工业机器人密度为364台/万人，韩国工业机器人密度为855台/万人，德国工业机器人密度为346台/万人，表明中国要进入工业3.0时代工业企业仍需付出巨大努力。[①] 传统行业引进新兴技术进行产业升级，一方面，利用自动化提高生产率、优化产品质量；另一方面，还能减少生产原料损耗、提高原料利用率，打造绿色环保、清洁高效的生产模式，生产出高品质、高附加值的产品，助力传统行业迈向全球中高端产业链行列。

四是当前中国已具备占据全球主导发展地位的先机，拥有发展的有利条件，具体包括：第一是数据要素，随着数字化时代的到来，数据被纳入为新型生产要素，未来哪个国家掌握数据，就代表掌握了核心竞争力，而当前中国在数据拥有量、知识储备能力、信息化市场价值等方面均位列全球第一；第二是中国已涉足一些新兴领域并且技术逐步成熟，包括：互联网、电子信息、新能源、5G、3D打印、医疗健康等，掌握相应科学技术以及市场份额；第三是中国逐步建设基础设施、完善基础产业，为把传统产业打造为信息化、数字化新兴产业做足准备；第四是中

---

① 毛海涛，杨灿宇，张洁. 工业机器人、投入产出关联与消费者福利——基于开放框架的量化分析［J］. 数量经济技术经济研究，2024，41（6）：46-66.

国大力发展教育事业，享有"科技人才红利"，大规模培养高知、高技型人才，并且人力资本成本低于其他发达国家，科技人才将为吸引全球研发投资以及创新资源集聚提供新机遇；第五是国家改善营商环境和完善相关政策机制，为企业创新释放市场信号，大力支持高校、企业、研发机构举办创新创业活动，为突破性创新科技破除市场进入壁垒，积极营造全国创新环境（何雄伟，2020）。

新技术和产业革命为中国技术和产业升级起到助推作用。根据发达国家经济发展的经验，经济发展到一定阶段后产业技术升级是发达国家的必然选择。因此，各国纷纷投入大量资金和人力资本，助力产业和技术升级加速完成，加强国际贸易往来和经验交流，将有利于中国开展并实现"中国制造2025"战略目标（黄汉权，2020）。

四、挑战（T）

2020年是不平凡的一年，全球共同遭遇的新冠疫情加之国际贸易冲突不断升级导致全球经济、文化、政治、社会等发生大变局。在此背景下，科技创新发展（数字经济）是新一轮产业革命和科技革命重要的推动力，中国既要明确发展机遇，同时又要迎接变局下带来的挑战。从产业革命和技术革命的发展规律看，产业革命以及技术革命引起经济发生变化的周期很长，不是一蹴而就的，并且国家发生技术变轨和市场变轨的概率不大；即使可以变轨，后发国家是否能抓住机遇实现追赶也会面对多重阻碍。具体包括：是否具备科技基础、培养创新型人力资本的成本以及引进和研发先进技术的投入经费；是否具有国家发展战略、发展政策以及需求市场的支持环境；是否具有新技术的发展空间、新产业的应用市场。在新科技革命时代到来之际，中国亟待改变以往赶超的思路，跳出"弯道超车"轨道，实现"换道超车"，进一步改善科技、政策体系、消费市场等各方面的不足。

科技竞争日益加剧是中国经济高质量发展面临的主要挑战。美国对中国高科技企业持续打压。美国滥用"国家安全",将中国多家高校、科研院所和高科技企业列入所谓的"实体清单",进行打压和围堵,对中国科技人才进行诸多限制,甚至胁迫其他国家排挤中国企业,完全违背市场原则和国际经贸规则;西方发达国家长期以来对面向中国的高科技产品出口进行管制。1996 年西方国家签订《瓦森纳协议》,禁止向中国出口高技术产品;中国科技研发投入不足,国际话语权不够。2019 年,中国全社会研发投入占 GDP 比重为 2.19%,位列世界第 14 位,与世界第二大经济体的地位存在较大差距。① 此外,中国在重要国际科技组织中的主导作用有限,参与和主导制定的国际标准较少,严重制约更多高科技企业开拓国外市场和参与国际竞争(郑明月等,2020)。

科技创新综合实力不强是中国长期面临的重要挑战。科技创新的基础研究是决定中国迈向科技前列或是与发达国家持续拉开距离的核心要素,同时是中国把握此次科技变革机遇的关键,中国要想顺利实现"换道超车"必须不断夯实基础类科技研究。中国科技创新在疫苗、高铁、移动通信等少数领域已步入世界前列,但基础研究缺乏、关键核心技术"卡脖子"、创新动力不足等问题仍不容忽视。即便在国际科技合作项目中取得部分重要成果的技术研究,也主要以应用类科技研究为主,关键材料高度依赖国际进口,自主创新能力亟待提高。正如习近平总书记在党的十九大工作报告中指出的,我们要瞄准世界科技前沿,强化基础研究,实现前瞻性基础研究,引领性原创成果重大突破;加强应用基础研究,拓展实施国家重大科技项目,突出关键共性技术、前沿引领技术、现代工程技术、颠覆性技术创新。

---

① 资料来源:国家统计局官网。

中国以往"弯道超车"的追赶思路不适合如今科技创新要实现"换道超车"的目标。一是经历改革开放 40 多年的发展，中国经济实现腾飞，以美国为首的发达国家对中国虎视眈眈，在科技领域对中国进行打压，在核心技术方面进行封锁，忌惮中国会发展为全球第一大国，导致中国借鉴国外先进技术经验以及引进国外核心材料的机会越来越少，所以，中国应跳出过去的模仿性技术创新阶段，向原创性、合作性创新进行发展。二是技术要实现突破性创新以及产业要步入中高端发展行列对投资、人力资本、经济信息和经济管理等生产要素的要求逐渐提升，对政府积极营造良好的创新环境和完善相关制度体系的紧迫性加剧。三是新兴科技发展需要跳出传统模式，将面临高额沉没成本和转换成本，会对科技创新探寻新路径和升级产生阻碍，企业作为中国创新的主要主体，应充分发挥自身的优势，与高校共同搭建"产—学—研"一体化平台，同时要具备敢于自我革新的勇气，跳出以往的经营模式。四是新兴技术的产生和应用会对中国传统行业的竞争优势产生冲击。随着人工智能和机器人的普及，将被大多数工厂所引进应用于流水线生产工作，改变传统人工作业的模式，削减中国劳动力成本较低的国际优势；数字经济应用于制造业的特点表现在迅速根据消费者偏好提供个性化服务以及快速了解市场需求信息，若分散型生产模式成为未来的发展趋势，那么中国集中型产业模式和相关配套的制度体系将面临巨大挑战。中国当前一方面有国家科技竞争的压力，另一方面又有后发国家赶超的压力，可谓是逆水行舟不进则退。

新的挑战正在接踵而来，新一轮产业革命和科技革命将对中国追求"六稳"中的稳就业目标带来冲击。随着人工智能和机器人普及程度不断提升，将彻底取代生产车间中从事流水线工作的工人，对于人口基数大的中国势必对民生问题产生不小冲击。麦肯锡全球研究院 2017 年发布的报告显示，预计到 2032 年，机器人将取代全球 4 亿 ~ 8 亿劳动力，数量接近于未来工作岗位需求量的 1/2，当前全球自动化程度仅为 1/20。问题的关键不在于人工智能使传统劳动力失业，而在于传统劳动力能否跟上时代发展的步伐，能否迅速学习掌握新的技能，迎合数字经济要求和大众创业万众创新的时代潮流。表面看是一次全球就业挑战，实际上是未来教育模式的彻底革新挑战。因此，当务之急应全面深化教育改革。一方面，要加快对高素质高技术人才的栽培，为国家未来发展储备和扩充强有力的人力资本；另一方面，要加快建设全民教育，提升全面综合素质，培养德、智、体、美、劳全面发展型学生，教育过程中注重个性和创新精神的培养，大力实施创新型教育。

第四章

指标体系的构建

第一节　指标体系的构建原则

由于中国国民经济"双循环"新发展格局评价指标体系涉及经济发展多个领域和方面，内容繁多且复杂，在指标初选过程中，可供选择的指标非常多。因此，为最大限度地保证所构建"双循环"新发展格局指标体系的科学性、合理性，在挑选指标、构建指标体系时必须遵循一定的原则。中国国民经济"双循环"新发展格局评价指标体系的构建原则是指在挑选指标、构建指标体系中所遵从的共性原则，旨在保证指标体系的科学性、系统性与完整性（见图 4-1）。具体来说，主要遵从以下几项原则。

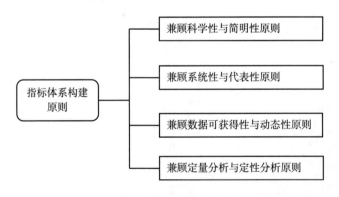

图 4-1　指标体系构建原则

一、兼顾科学性与简明性原则

在指标体系构建过程中，普遍会面临着一个困境：指标体系的容量与代表性之间的协调。指标体系容量指的是指标体系中的指标数量多少，而指标体系的容量是建立指标体系所必须遵循的一个重要原则（彭张林等，2017）。具体来说，如果指标体系容量过大、指标层次过多、指标过细，可能会导致评价的重点分散，评价效果不理想；倘若指标体系容量过小，指标层次过少，指标过粗，则不能充分、真实地反映评价对象的现状。本书评价的对象"双循环"新发展格局是个内容丰富的大概念。如果指标体系内指标过少，指标体系的代表性就显得不足，科学性就会遭到质疑；若指标体系内指标过多，则每个指标所占比重过小，会在一定程度上湮没重要信息，使评价结果失真，从而影响科学性。因而在指标体系构建过程中，在客观反映"双循环"新发展格局水平的前提下力图使整个指标体系科学且简明。

二、兼顾系统性与代表性原则

由于本书研究对象——"双循环"新发展格局是一个涉及多个子系统的复杂性整体系统，因而在构建指标体系时，若仅只考虑各子系统而忽视整体系统，容易造成指标的系统性和代表性不足。系统性原则是指在构建"双循环"新发展格局评价指标体系时，要使各个子系统之间存在一定逻辑关系，每个指标要反映"双循环"新发展格局的某一方面，而且这些指标之间既要相互独立，又要相互关联，共同组成"双循环"新发展格局的评价指标体系。具体来说，在指标体系构建过程中，不仅要挑选、设计出基本能反映各自子系统的评价指标，而且还要挑选使这些指标能组合在一起、能比较客观地反映整个系统（"双循环"新发展格局）的评价指标，并保证两者评价目标的一致性。因而，本书在挑选指标时，既要考虑各个指标之间的关系，又要考虑组合在一起整个一级指标的逻辑关系和协调性；同时既要突出指标的代表性，又要充分考虑到各个评价指标的系统性，遵循兼顾代表性和系统性的原则。

三、兼顾数据可获得性与动态性原则

在指标体系构建与应用上，数据的可获得性与动态性是两个重要性原则，其中数据可获得性原则旨在保证指标的可量化，进而可以保障评价对象进行量化比较分析；动态性原则是指在构建"双循环"新发展格局评价指标体系时，所选取的用来衡量"双循环"发展水平的指标能动态反映我国的"双循环"发展状况。具体来说，所选取指标要具备一定的时间跨度，即代表指标的数据应该具备在不同时间段具有不同的变化特征，也就是在不同时间段该指标所衡量的"双循环"发展某一特征的表现水平有所不同。因而，在建立评价指标体系时，应充分兼顾数据的可获得性与动态性原则。

四、兼顾定量分析与定性分析原则

本书的主要方法是定量分析与定性分析相结合的方法，因而在"双循环"新发展格局指标体系构建中，这个原则是贯彻始终的。具体来说，在中国国民经济"双循环"新发展格局指标体系的构建过程中，对那些客观的、具体的，可以直接度量的内容，如 GDP 增长速度、固定资产投资额等，以定量分析为主；而对那些主观的、模糊和抽象的，难以直接用某个或某几个指标进行衡量的内容，则坚持定性和定量分析结合的原则，即采用定性方法对该指标内涵进行分析，采用内涵一致或接近的相关、相近指标来进行代替，而后再通过一系列定量方法对该指标进行信度、效度以及鉴别力的检验。只有将定量分析与定性分析运用好，才能在一定程度上保证指标体系的完整性与科学性。

第二节　指标体系的综合评价方法

综合评价方法也叫多指标综合评价法，它是用比较系统的、规范的方法对多个指标进行同时系统评价的方法，它不是一种方法，而是一种方法体系，是一套综合多指标的有效方法。全面评估的方法包括主观思想和客观事实，选择哪种方法取决于所研究的情况，也就是根据实际指标数据情况来选择。该方法具有以下特点：第一，在评价过程中，不是一个指标接一个指标完成，而是采用一些特殊的方法，对多个指标的评价同时完成；第二，在综合评价过程中，根据其重要性进行加权，使评价更加科学。所以，在综合评价中，关键的环节主要包括：一是指标值的选取，二是权数的确定，三是方法的适用性。采用综合评价法时，应把握好以上三个方面的可行性和科学性。对于综合评价方法的选择，学者们通常采用以下几种方法：简单线性加权法、层次分析法、主成分分析法、模糊综合评价法、TOPSIS 模型法、熵值法以及 BP 神经网络综合评价法。

一、简单线性加权法

简单线性加权法是将原来解释同一个系统的多个不同类型的指标变成指数形式，使这些不同类型的指标具有可比性，之后再将原有全部数据进行简单加总或者加权加总的一种综合评价法。对于不同类型指标变成指数的计算方法包括简单平均法与赋权法两种。在这些方法中，简单平均法是用简单算术平均的方法计算不同类型的指标；赋权法是根据不同类型的指标对目标系统的影响程度给予不同的权重，然后再将不同的权重加到总类指标中（朱燕青，2020；徐晓敏，2008）。简单线性加权法的优点是计算简便，且包含所有原始数据，但缺点是常采用主观加权，人为造成的色彩浓重、可观性差、计算量大，而且该方法不能反映某些指标的显著影响，最终会导致评价结果失真，同时，简单线性加权法要求各类型指标必须相互独立，同时各指标对综合得分的贡献也必须相互独立，这对指标选择的要求过高，难以实现。

二、层次分析法

层次分析法（AHP）就是把复杂的多目标决策问题作为一个系统来处理，再将系统内部的目标分解到多个目标或准则中，再分解到多个层次的多指标中，用定性指标—模糊量化方法计算层次单排序和总排序，以此作为多指标、多方案优化决策的系统方法。AHP方法是将决策问题按照总目标、各层目标、评价准则直至具体备投方案的顺序，分解成不同的层次，然后利用求解判断矩阵特征向量的方法，求出每层各元素对上一层某元素的优先权重，最后通过加权和的方法递归得到每一层各备选方案对总目标的最终权重，这个最终权重的最高者就是最优方案。AHP的具体操作步骤如下：

（1）划分层次，建立层次结构模型。依据各个指标之间的关系，将各指标按不同属性从高到低划分为若干层次，各层次内的诸因素从属于上一层次或对上一层次有影响，同时又受下一层次的影响。上一层是目标层，通常只有1个因子，下一层是方案层或对象层，中间可能有一层或多层，通常是准则层或指标层。划分层次，建立结构模型。建立结构模型是AHP方法的关键步骤，结构模型建立的好坏直接影响到指标体系综合评分的科学性。

（2）构造成对比较矩阵。在确定各层次各因素之间的权重时，如果只是定性的结果，则常常不容易被别人接受，因此，萨蒂等（Saaty et al.，1971）提出了一种统一矩阵方法，即不将所有因素综合起来进行比较，而是将结构模型中每一层的各项指标按 1～9 比例的标度进行两两比较，每个指标的得分依据其对上一层指标的重要程度进行评定，此时采用相对尺度，以求尽可能减少各种性质不同的诸因素的比较难度，从而提高准确性，重复此操作直到获得所有指标的重要程度得分为止。

（3）计算权向量并进行一致性检验。在构建的对比矩阵中，计算特征向量和特征值，用一致性指标、随机一致性指标和一致性比率做一致性检验。判断矩阵中每一个指标的权重，如果检验通过，就归一化了该指标对应特征值的特征向量；如果检验不通过，就需要重新构造成对比矩阵。

（4）计算综合评价得分。将各个指标的权重和其指标值相乘后加总得出综合评价的最终得分。

三、主成分分析法

主成分分析（PCA）是通过线性变换，将具有一定相关性的多个原始指标集合重新组合为一个新的相互无关的综合指标集合，以取代原有的指标集合。主成分分析法是多元统计分析中降维和分析评价的重要方法，是一种多变量统计分析方法，在数理统计中有着广泛的应用（林海明等，2013）。该方法在进行线性变换时，需要以保持所有变量的总方差不变为前提，最经典的做法是用选取的第一个综合指标，即第一主成分的方差来表达，方差越大，表示选取的第一主成分包含的信息越多。当第二大方差变量作为第二个变量并满足与第一个变量无关的条件时，以线性变换后得到的第二个变量为第二主成分，以此类推，将剩下的指标全部作线性变换，直到得到所有主成分为止。

主成分分析以最少的信息丢失为前提，将原来众多的指标变量综合成较少的综合指标，其主要特点是：第一，主成分远低于原变量；第二，主成分能反映原变量的大部分信息；第三，由主成分分析得到的新的综合指标之间没有相关性；第四，主成分具有命名解释性。总而言之，主成分分析法就是研究如何用最小的信息量把大量的原始变量集中到一小部分因子上，并使因子具有一定的命名解释力的多元统计分析方法。主成分分析法的具体操作步骤如下：（1）对原始数据进行标准化处理；（2）计算协方差矩阵；（3）计算协方差矩阵的特征值及相应的正交化单位特征向量；（4）选择主成分；（5）计算主成分得分。

四、模糊综合评价法

模糊综合评价法是一种以模糊数学为基础的综合评价方法，它根据模糊性数学的隶属度理论，将定性评价转化为定量评价，即利用模糊性数学对受多种因素制约的事物或对象进行整体评价。模糊综合评价法的显著特点是：第一，相互比较。该方法以优化后的评价因子值为基准，评价值为1；剩余的评价因子值根据优化后的评价因子值确定。第二，可以根据各种评价因素的特点，确定评价值与各评价因素之间的函数关系。总体而言，该方法结果清晰、系统，能够很好地解决模糊和难于量化的问题，适用于求解各种不确定问题。模糊综合评价法的具体操作步骤如下所示。

（1）模糊综合评价指标体系的构建。模糊综合评价指标体系的构建是进行综合评价的基础，评价指标选择是否恰当，直接影响综合评价的准确性。开展评价指标体系的构建，应广泛涉猎与本评价指标体系有关的行业资料或法律法规。

（2）指标进行权重赋值。各项指标的权重大小是模糊综合评价法的基础，一般可以通过专家经验法或者 AHP 层次分析法设置指标的权重系数。

（3）构建评价矩阵。根据指标体系的具体特点与性质，建立一个适合的隶属函数，并通过隶属函数计算每个指标的隶属度，并以此构建指标的评价矩阵（李晓楠，2020）。

（4）评价矩阵和权重的合成。用每个指标的权重乘以评价矩阵中相应的该指标的评价值并对各项指标的得分进行合成，最后得到总的评价总分，并对结果向量进行解释。

五、TOPSIS 模型法

TOPSIS 模型法是根据有限个评价对象与理想化目标的接近程度进行排序的方法，是在现有的对象中进行相对优劣的评价，是理想目标相似度的一种顺序选择技术，在多目标决策分析中应用效果较好。利用归一化后的数据标准化矩阵，在多个目标中找到最优目标和最劣目标（分别用理想解和反理想解来表示），并分别计算各个评价目标与理想解和反理想解之间的距离，得到各目标与理想解之间的贴近度，并按理想解接近度的大小对其进行排序，以此作为评价目标优劣的依据。贴进度的取值范围为0～1，该值越接近1，说明对应的评价指标越接近最佳水平，即越接近理想解；而该值越接近0，说明对应的评价指标越接近最劣水平，即越接近反理想解。TOPSIS 模型法对指标数据没有特殊要求，可用于小样本数据或多指标大样本数据，使用灵活、简便。同时，该方法能最大限度地利用原始数据反映各模型间的差异，得到可信度较高的结果（朱燕青，2020）。TOPSIS 模型法的具体操作步骤如下所示。

（1）对各项指标数据进行标准化处理；（2）计算标准化矩阵；（3）计算各评价单元与指标最优值和最劣值之间的距离；（4）计算各分析指标与理想解的贴近度。

六、熵值法

熵值法是一种用于评价某一指标离散度的数学方法。信息理论中的熵是对不确定性的度量，信息量越大，不确定性越小，熵也越小；反之，信息量越小，不确定性越大，熵也越大。基于这个特点，可以通过计算熵值的大小来判断某一指标的离散度，如果某一指标离散度越大，则对综合评价的影响越大。熵值法的基本原理是：根据各指标的离散度来计算各指标的权重，然后将各指标的权重与指标值相乘，得到各指标的综合评分。熵值法的具体操作步骤如下所示。

（1）指标的标准化处理；（2）计算每项指标的比重；（3）计算每项指标的熵值；（4）计算每项指标的变异系数；（5）计算各项指标的权重；（6）计算每个主体的综合评价得分。

七、BP 神经网络综合评价法

BP 神经网络综合评价法是一种交互式的评价方法，它既避免了人工计算权重的不精确性，又避免了求解相关系数的复杂性，还可以综合评价数量较大、指标较多的实例，它可以根据用户的期望输出不断地调整指标的权重，直至用户满意。所以，一般而言，人工神经网络评价法得到的结果更符合实际情况。BP 神经网络是一种典型的多层前向神经网络，它由输入层、隐含层和输出层组成，层与层之间采用全连接方式，同层节点之间没有相互连接，而输入层节点只进行信号的输入，输出层节点则进行线性加权，隐含层节点则负责最主要的信息处理（李晓楠，2020）。采用 BP 神经网络综合评价方法，具体实施步骤如下所示。

（1）数据标准化。对原始的指标数据进行标准化处理以完全消除量纲，从而避免指标间的不可比性，再将标准化处理过的数据作为 BP 神经网络模型的输入信息进行输入。

（2）确定参数。首先，对 BP 网络的具体层数进行确定，一般由一个输入层、一个隐含层和一个输出层三个层构成；其次，对输出层的节点数进行设定。

（3）初始化神经网络节点的权值和网络阈值。生成 0~1 的若干个随机数，再利用生成的随机数对神经网络节点的权值和网络阈值进行初始化。

（4）输入。将事先标准化处理后的指标数据作为输入信息输入网络，同时对所期望的输出值进行设定。

（5）获取权重。首先，对各层节点的输出数据进行计算；其次，对各个层节点的误差进行计算。若发现计算结果与现实情况的偏差较大，则需要再进行反向传播，对神经网络节点的权值和网络阈值的权重进行修正。

（6）计算综合评价得分。基于神经网络训练最终得到的指标权重与相应的指标值，对最终的综合评价结果进行汇总计算。

第三节　指标体系的构建思路

一、中国国民经济"双循环"新发展格局评价指标体系的构建思路

指标体系构建的思路主要是指在指标体系构建的过程中，针对具体研究对象和研究目的，指标选取与设计、指标体系层级设置、指标权重确定的思维和方式，旨在保证指标体系构建与应用的实用性、可操作性和科学性。由于中国国民经济"双循环"新发展格局评价指标体系是用

来评估不同区域不同省份间的发展水平，因而在指标体系构建的思路上，要抓住能反映"双循环"新发展格局的指标。具体来说，在第一章详细介绍了"双循环"新发展格局的深层逻辑，即发力供给侧和需求侧，提高国内经济供给质量，挖掘消费潜力，在畅通国内经济循环的基础上，进一步构建完善的供应链、产业链体系，建设国内完善统一的大市场。同时，充分运用国内国际两个市场、两种资源统筹处理好国内发展与对外开放的关系，促进更高水平的对外开放，实现国内国际"双循环"。构建"双循环"的重点在于：一条主线；两种手段；三链同构；四化叠加；五大要素。而从构建"双循环"新发展格局的基本内涵看，加快构建国内国际"双循环"相互促进的新发展格局，是满足人民对美好生活的向往；是消费升级换代的迫切需要；是能够全面体现"创新、协调、绿色、开放、共享"的新发展理念。"双循环"新发展格局中"以国内大循环为主体"，要求我们把经济高质量发展的立足点主要放在国内，"国内国际'双循环'相互促进"则要求我们在发展好内循环的同时更要主动引领、积极参与更高层次和水平的国际交流与合作。

第一，以扩大内需为主要手段。扩大内需战略不是盲目地刺激需求，而是满足人民群众个性化、多样化、不断升级的有效需求，是有合理回报的投资、有收入依托的消费、有信用约束的需求，是可持续的需求。内需是由国内投资需求和消费需求组成的。从扩大投资需求来看，就是要加大产品创新和工艺创新力度，提升供给质量，适应新一轮科技革命和产业变革大趋势，加快人工智能、生物制造、绿色低碳、量子计算等前沿技术研发和应用推广，不断开发出满足人民群众美好生活需要的新产品和新服务。在对外依赖度高、短期难以有外部替代来源、可能会出现断供断链的领域，要通过技术升级加快补齐短板、建链强链，为满足人民群众需要提供坚实保障，坚决维护国家安全。从扩大消费需求来看，要为消费需求的扩容升级提供内生动力。要持续增加居民可支配收入，深入挖掘巨大的消费市场潜力，不断提高教育、医疗、社会保障、住房等领域的保障能力和水平，加快推进以人为本的新型城镇化进程，全面推进乡村振兴，着力推动农村消费，培育和壮大新的消费增长点。居民收入的来源在于生产活动，各种生产要素所有者通过在生产活动中的贡献获取收入。供给侧结构性改革就是要提高生产活动的全要素生产率，让劳动力、资本、技术、数据等要素协同配置、分工合作，最大限度地发挥作用，提高要素所有者的收入水平，优化收入分配的结构，以此提升消费需求。同时，政府要把更多的资金投入高新技术产业和基础研究开发上，加大对新基建等重点领域的支持力度。加强中西部地区基础设施建设，发挥东部和西部地区的优势互补，高质量地重建我国的价值链。

第二，创新驱动，引领国内大循环。应大力提高自主创新能力，尽快突破核心技术，实现产业升级并畅通内循环。首先，要加强基础研究，提高原始创新能力。基础研究是科技创新的源头，是科技自立自强的根本前提。要不断强化基础研究前瞻性、战略性的顶层设计，建立多渠道、多元化的投入机制，为基础研究的发展送去"及时雨"。要全面梳理高技术制造业重点产业链在共性核心技术和关键零部件上的"卡脖子"问题，坚持以问题为导向，汇聚政府、企业、高校和科研机构等各方优质资源，合力开展产业关键共性技术、前沿引领技术和颠覆性技术攻关，掌握一批拥有自主知识产权的核心技术，实现更多从"0"到"1"的突破。要聚焦原始创新、鼓励自由探索，营造勇于创新、敢于担当的良好科研环境，激发基础研究的创新活力。其次，要增强创新意识，提升高技术制造业创新引领能力。创新是突破关键核心技术的第一驱动力。企业是科技创新的主体，企业强，产业才能强。2023年4月召开的中央全面深化改革委员会会议指出，强化企业科技创新主体地位，是深化科技体制改革、推动实现高水平科技自立自强的关键举措。要加大企业创新激励力度，落实好各项创新激励政策，激发企业创新的积极性。鼓励企业加大技术创新的投入，全力强化基础性、原创性技术研发，不断增强自主创新能力。大力推进企业数智化转型，推广先进适用技术，建立"灯塔工厂"，并以此为标杆，通过以点带链、以链带面做好企业的数智化转型指导工作，助力企业实现创新发展。再次，要加快核心技术攻关，大力发展数字经济、智能制造、生命健康、新材料等战略性新兴产业，加强基础设施和应用创新，促进创新驱动型经济发展，形成更多新的增长点、增长极。最后，通过提升技术进步对成熟行业的技术溢出效应，用新一代信息技术改造传统行业，使整个产业链向数字化、网络化、智能化方向转型升级。

第三，加速形成国内国际"双循环"相互促进的新发展格局。积极引导内外循环的深度互动与联动发展，有效利用国际国内两个市场、两种资源，打通内外循环。鼓励外资企业继续深耕中国市场，通过不断扩大内需，加快推动产业转型升级，支持外资企业稳健"出海"开拓国外市场，促进国内国际产业链与创新链的深度融合。我们应该积极推进更高水平对外开放，进一步扩大市场准入，创造更加公平的市场环境，在更高水平上引进外资。此外，要加快推进贸易创新发展，提升出口质量，扩大进口，促进经常项目和国际收支基本平衡。大力推进"一带一路"建设，积极参与全球经济治理，加快形成全方位、多层次、宽领域的全面开放新格局，为"双循环"发展注入不竭动力（张明，2020）。

因此，本书基于"双循环"新发展格局的深层逻辑与基本内涵，将从经济活力、经济结构与发展质量三个维度构建中国国民经济"双循环"新发展格局评价指标体系。

（1）经济活力。

经济活力主要考察中国经济在国内大循环与国内国际"双循环"中的运行状况，在经济活力层面，本书提出了3个二级指标，分别为供需循环活力、创新活力及对外开放活力。这3个二级指标分别代表了"双循环"新发展格局内涵把扩大内需作为主要抓手、以创新驱动引领国内大循环与加快形成内外互促的"双循环"。从构建"双循环"新发展格局的深层逻辑看，经济高质量发展是构建"双循环"新发展格局的最终目的，只有通过供给侧结构性改革与需求侧改革才能使得经济高质量发展，供需平衡、创新驱动发展战略与扩大对外开放是激发经济活力的基本途径，也是实现构建"双循环"新发展格局的基本途径。

（2）经济结构。

经济结构主要考察的是我国经济发展模式是否合理，这关乎我国发展全局，也是我国经济高质量发展中的必要一环，在经济结构层面，本书提出了两个二级指标，分别是产业结构与区域结构。这两个二级指标分别代表了"双循环"新发展格局内涵的两个方面：加大对高新技术产业与基础研发，高质量重构我国产业链与价值链；加快推进以人为中心的新型城镇化，全面推进乡村振兴，培育和壮大新的消费增长点。从构建"双循环"新发展格局的深层逻辑看，构建"双循环"新发展格局就是为了进一步构建完善的供应链、产业链体系，建设国内完善统一的大市场。产业结构合理、区域结构发展均衡是实现国家安全、经济高质量发展必不可少的一个环节，因此经济结构这一级指标主要衡量的是产业结构是否合理、区域结构是否均衡。

（3）发展质量。

发展质量主要考察的是经济发展的水平，包括国家政策实施的效果，在发展质量层面，本书提出了3个二级指标，分别为绿色发展、人民生活及金融安全。这3个二级指标分别代表了"双循环"新发展格局内涵的三个方面：我国经济绿色发展状况、人民生活状况以及我国金融环境安全与否。

中国国民经济"双循环"新发展格局指标体系的构建思路如图4-2所示。

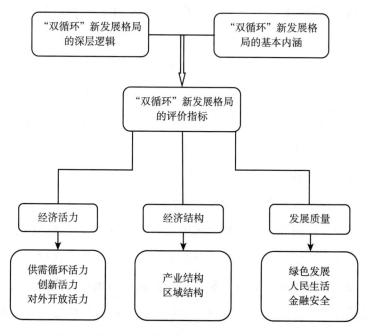

图 4 - 2　评价指标体系构建思路

二、中国国民经济"双循环"新发展格局评价指标体系的构建框架

基于上文提出的"双循环"新发展格局评价指标体系构建思路图，本书从经济活力、经济结构与发展质量这 3 个一级指标出发分别构建供需循环活力、创新活力、对外开放活力、产业结构、区域结构、绿色发展、人民生活、金融安全这 8 个二级子指标。

具体如图 4 - 3 所示。

在经济活力（A）这一维度上包括供需循环活力、创新活力和对外开放活力。其中供需循环活力这一二级指标包括的三级指标有 GDP 增长速度（A_{101}）、新动能产业增加值占比（A_{102}）、居民消费贡献率（A_{103}）、社会消费品零售总额增速（A_{104}）；创新活力这一二级指标包括的三级指标

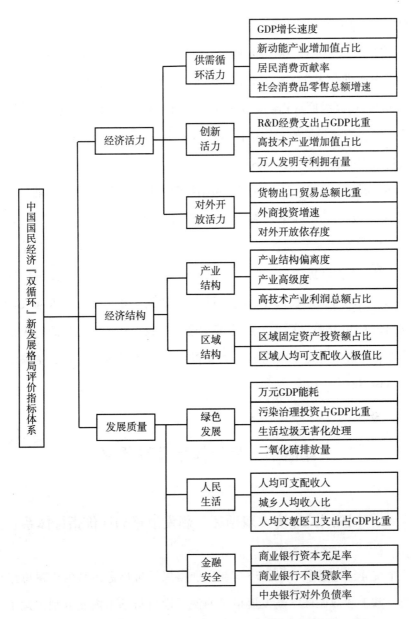

图4-3 中国国民经济"双循环"新发展格局评价指标体系框架

有R&D经费支出占GDP比重（A_{105}）、高技术产业增加值占比（A_{106}）、万人发明专利拥有量（A_{107}）；对外开放活力这一二级指标包括的三级指标有货物出口占贸易总额比重（A_{108}）、外商投资增速（A_{109}）、对外开放

143

依存度（A_{110}）。

在经济结构（B）这一维度上包括产业结构与区域结构这两个二级指标。其中产业结构这一二级指标包括的三级指标有产业结构偏离度（B_{101}）、产业高级度（B_{102}）、高技术产业利润总额占比（B_{103}）；区域结构这一二级指标包括的三级指标有区域固定资产投资额占比（B_{104}）、区域人均可支配收入极值比（B_{105}）。

在发展质量（C）这一维度上包括绿色发展、人民生活及金融安全这3个二级指标。其中绿色发展这一二级指标包括的三级指标有万元GDP能耗（C_{101}）、污染治理投资占GDP比重（C_{102}）、生活垃圾无害化处理（C_{103}）、二氧化硫排放量（C_{104}）；人民生活这一二级指标主要包括的三级指标有人均可支配收入（C_{105}）、城乡人均收入比（C_{106}）、人均文教医卫支出占GDP比重（C_{107}）；金融安全这一二级指标主要包括的三级指标有商业银行资本充足率（C_{108}）、商业银行不良贷款率（C_{109}）、中央银行对外负债率（C_{110}）。

第四节　指标体系及其释义

一、中国国民经济"双循环"新发展格局评价指标体系

上文详细论述了"双循环"新发展格局评价指标体系的构建思路与框架，基于"双循环"新发展格局的深层逻辑与基本内涵分别构建了全国层面与区域层面的评价指标体系。

首先，在全国层面上，"双循环"新发展格局评价指标由经济活力、经济结构与发展质量3个一级指标，供需循环活力、创新活力、对外开放活力、产业结构、区域结构、绿色发展、人民生活及金融安全8个二

级指标组成，GDP 增长速度、新动能产业增加值占比、居民消费贡献率、社会消费品零售总额增速、R&D 经费支出占 GDP 比重、高技术产业增加值占比、万人发明专利拥有量、货物出口贸易总额比重、外商投资增速、对外开放依存度、产业结构偏离度、产业高级度、高技术产业利润总额占比、区域固定资产投资额占比、区域人均可支配收入极值比、万元GDP 能耗、污染治理投资占 GDP 比重、生活垃圾无害化处理、二氧化硫排放量、人均可支配收入、城乡人均收入比、人均文教医卫支出占 GDP比重、商业银行资本充足率、商业银行不良贷款率、中央银行对外负债率 25 个三级指标构成（见表 4 - 1）。

表 4 - 1　　　中国国民经济"双循环"新发展格局评价指标体系

一级指标	二级指标	三级指标	计算公式	指标性质
经济活力	供需循环活力	GDP 增长速度	报告期 GDP/基期 GDP - 1	正向
		新动能产业增加值占比	新动能产业增加值/GDP	正向
		居民消费贡献率	居民最终消费/GDP	正向
		社会消费品零售总额增速	报告期社会消费品零售总额/基期社会消费品零售总额 - 1	正向
	创新活力	R&D 经费支出占 GDP 比重	R&D 经费支出/GDP	正向
		高技术产业增加值占比	高技术产业增加值/GDP	正向
		万人发明专利拥有量	万人发明专利拥有量	正向
	对外开放活力	货物出口贸易总额比重	报告期货物出口贸易额/GDP（全国层面）货物出口贸易额/全国货物出口贸易额（区域层面）	正向
		外商投资增速	报告期外商投资额/基期外商投资额 - 1	正向
		对外开放依存度	进出口总额/GDP	正向

一级指标	二级指标	三级指标	计算公式	指标性质
经济结构	产业结构	产业结构偏离度	某产业计算期 GDP 比重/同期该产业从业人员比重 – 1	逆向
		产业高级度	第三产业产值/第二产业产值	正向
		高技术产业利润总额占比	高技术产业利润总额/GDP	正向
	区域结构	区域固定资产投资额占比	报告期内生产总值增长量/上一期固定资产投资完成额	正向
		区域人均可支配收入极值比	最高收入区域人均可支配收入/最低收入区域人均可支配收入	逆向
发展质量	绿色发展	万元 GDP 能耗	能源消耗总量（吨标准煤）/GDP（万元）	逆向
		污染治理投资占 GDP 比重	污染治理投资总额/GDP	正向
		生活垃圾无害化处理	生活垃圾无害化处理量/生活垃圾产生量	正向
		二氧化硫排放量	每年二氧化硫排放的总量	逆向
	人民生活	人均可支配收入	居民可支配收入/年末人口总数	正向
		城乡人均收入比	城镇居民人均可支配收入/农村居民人均纯收入	逆向
		人均文教医卫支出占 GDP 比重	人均文教医卫支出/GDP	正向
	金融安全	商业银行资本充足率	商业银行资本总额/风险加权资产总额	正向
		商业银行不良贷款率	商业银行不良贷款总额/总贷款额	逆向
		中央银行对外负债率	年末外债余额/当年 GDP	逆向

其次，在区域层面上，"双循环"新发展格局评价指标也包括经济活力、经济结构与发展质量3个一级指标，但一级指标发展质量下属的二级指标仅包括绿色发展和人民生活，本书是将上述全国层面评价指标体系中的金融安全这一二级指标以及所包含的三级指标去除。如此处理的原因在于：一是金融支持区域重大战略，对构建"双循环"新发展格局至关重要，而区域金融体系的发展受我国中央相关机构的监管，我国为避免全国性的金融危机，会适时对区域金融体系出现的危机采取应对措施。二是金融作为引导国家经济资源配置的机制，是一个纵横交错且持续循环的立体动态系统。当前全球经济复苏相对缓慢，我国面临着三大外部风险：一是国际金融市场出现的脱离实体经济基本面，波动幅度在不断地加大；二是在全球流动性高度宽松的背景下，跨境资本流动方向易变、波动也在加大；三是疫情对经济的冲击前所未有，低收入国家债务风险还会进一步的上升，可能会进一步地影响全球经济复苏的进程，对此，我国重点是要坚持国内优先的原则，继续做好自己的工作。故从全国层面来看，金融安全是构建"双循环"新发展格局不可或缺的一环（李晓楠，2020）。"十四五"期间要形成以国内大循环为主体、国内国际"双循环"相互促进的新发展格局，就必须解决"双循环"中存在的"堵点""痛点"，保障金融安全，以促进国内大循环畅通，提高经济效率。此外，区域层面的指标体系包括22个三级指标，即不包括金融安全中的商业银行资本充足率、商业银行不良贷款率、中央银行对外负债率3个三级指标。

二、中国国民经济"双循环"新发展格局评价指标释义

（一）经济活力

1. 供需循环活力

（1）GDP 增长速度。

国内生产总值（GDP）是衡量一个国家或地区经济发展水平的核心

指标，反映了一个国家或地区的综合经济实力和国际竞争力，是最全面的指标。国内生产总值的增长反映了一个国家或地区经济总量的发展变化。一方面，我国已经进入了一个高质量的发展阶段，不能简单地以GDP 增长速度论英雄，更不能为了追求经济增长而忽视质量效益和生态环境方面的影响，淡化 GDP 增长的具体目标，而是把重点放在增长的质量上，引导各方把工作重点转移到推动高质量发展、调整优化经济结构等方面；另一方面，我们仍然是世界上最大的发展中国家，发展仍然是解决一切问题的基础和关键，所以 GDP 增长指标对于衡量一个国家经济总量发展状况还是很有必要的。

（2）新动能产业增加值占比。

新动能产业增加值占比是一个国家或地区在一定时期内新动能产业增加值与 GDP 的比值，这一指标主要评价 GDP 结构优化情况和经济发展方向。当前世界处于新一轮科技革命和产业变革的历史交汇点，新动能产业，特别是数字经济产业，作为一场由信息技术、通信网络不断创新且相互叠加形成的经济新形态，已经成为新时期培育经济增长新动能、提升传统动能的重要途径。在构建"双循环"新发展格局中，新动能产业是形成新格局的重要载体，其以产业、资本、数字、人力、空间实现要素转变，从而实现通过产业生态的重构带动商业模式的重构，为供需循环提供活力。

（3）居民消费贡献率。

居民消费贡献率是指某一国家或地区在某一时期内，居民的最终消费支出总额占 GDP 的比例，也就是消费需求占国内生产总值的比例，它反映了一个国家或地区的消费水平和消费结构，展现了拉动经济增长的三大需求中消费所起的作用大小。居民消费贡献率的合理确定，既有利于提高居民消费水平，促进消费结构优化升级，又有利于促进国民经济良性循环，构建"双循环"新发展格局。

（4）社会消费品零售总额增速。

社会消费品零售总额是指企业（单位）向个人或社会团体销售的非生产和非经营用途的实物商品的金额，以及提供餐饮服务产生的收入金额，其中包括网上实物商品零售额。社会消费品零售总额的增长速度可以比较直观地反映出一个经济主体国内消费总需求的变化。从某种意义上说，社会消费品零售总额的增长反映了国内需求，其增长速度为正说明国内需求对经济的贡献在持续恢复，并不断上升，这对构建"双循环"新发展格局是十分有利的。释放中国超大市场规模的潜力不仅可以扩大国内需求的基本战略基点，而且有利于世界经济整体复苏。

2. 创新活力

（1）R&D 经费支出占 GDP 比重。

R&D 经费支出是指实际用于基础研究、应用研究和试验开发三类活动的经费，包括人员劳务费、原始材料费、固定资产购建费、管理费等用于实际研究和试验发展的支出。R&D 经费支出是指某一时期一个国家或地区研究与开发活动的规模以及科技创新活动的活跃程度。R&D 经费占 GDP 的比重反映了一个国家或地区对科技创新活动的经费投入强度，一般而言，指标越大，经济主体的创新活力越强。在一定程度上，这一指标是整个科学技术的源头，是所有技术问题的总机关，其水平决定了一个国家或地区科技创新的底蕴和后劲，不竭的创新活力是一个国家或地区实现科技自立自强的前提和根基。

（2）高技术产业增加值占比。

高技术产业增加值占比是指一个国家或地区在一定时期内高技术产业增加值与 GDP 的比值。高技术产业发展态势较为良好，对其他产业的引领作用较大，它是推动构建"双循环"的新动能。这一指标不仅反映了经济发展的创新能力和实际成效，还在一定程度上反映了该经济主体的国际竞争力。

（3）万人发明专利拥有量。

万人发明专利拥有量是指每万人拥有的经国内外知识产权管理部门批准的有效发明专利的数量，反映了一个国家或地区自主创新能力和创新成果产出的变化。这一指标是一种无形的知识财产，可通过工业生产和制造转化为显性财富，并可衡量一个国家或地区的科研产出质量和市场应用水平，体现出知识产权的创造、运用、保护和管理能力，为创新活力的激发提供有力支持。

3. 对外开放活力

（1）货物出口贸易总额比重。

货物出口贸易总额是指一个国家或地区在一定时期内实际出口的货物全部价值总金额。货物出口贸易总额比重反映了该经济主体在这一时期内的对外贸易规模。在区域层面，货物出口贸易总额比重反映了该地区的外贸规模或对国际市场的开放程度。对外贸易联系着国内经济和世界经济，对外贸易规模的不断扩大有助于形成全方位、多层次、宽领域的全面开放新格局。一般而言，越是发达国家，货物出口所占比例就越低。在国际贸易中，发展中国家的出口产品主要是农牧渔业产品、手工业产品、劳动密集型产品和资源类产品，因为这些产品附加值较低，且多处于弱势地位；发达国家的主要出口产品是高科技产品、复杂机械产品、高附加值产品以及专利技术转让和商标许可转让等，这些产品占主导地位。

（2）外商投资增速。

外国投资者是指外国的公司、企业、其他经济组织或者个人按照中国法律的规定，在中国进行的直接投资。外商投资在促进经济可持续发展、扩大对外贸易、优化产业结构、增加社会就业、培育市场主体、完善市场机制等方面发挥着积极作用，是我国对外开放基本国策和开放型经济新体制的重要组成部分。激发对外开放活力的过程中，应完善外商投资管理制度，持续提升外商投资便利度，吸引更多优质外部要素资源促进国内大循环。外商投资增速这一指标反映了经济主体在构建"双循环"新发展格局中的开放性以及吸引外资的程度变化。

（3）对外开放依存度。

对外开放依存度是指一个国家或地区国内市场对外开放的程度，用来反映该经济主体参与国际分工的程度，主要通过进出口总额与 GDP 的比值来计算。过高的对外开放依存度说明该经济主体对国外市场的依赖程度高，而过低的对外开放依存度说明该经济主体与国外市场的融合程度较差，不能较好参与国际分工。"双循环"新发展格局不是封闭的"内循环"，而是在做大国内市场的同时，进一步扩大开放，中国在对外开放基础上推动了内循环，内循环的增强也将支撑中国进一步扩大开放，二者不可割裂，更非相互矛盾和对立。当今世界关起门来是没有出路的，中国将进一步主动扩大对外开放，把内需市场做大，为外资、外国产品和服务带来更多机遇，这不仅是中国自身发展的需要，也是有利于世界发展的举措。

（二）经济结构

1. 产业结构

（1）产业结构偏离度。

产业结构偏离度是指各产业增加值的比重与相应的劳动力比重的差异程度。结构偏离度是指各产业的增加值比重和就业比重之比与 1 的差。该指标值越接近于零，表示该经济主体的产业结构与就业结构高度一致，在总量上达到均衡状态，两者之间越协调。产业结构偏离度的计算公式为：

$$V = \sqrt{\sum_{i=1}^{3} \left(\frac{p_i}{l_i} - 1 \right)^2} \qquad (4-1)$$

其中，V 表示产业结构偏离度；$p_i = \dfrac{Y_i}{\sum Y_i}$ 表示第 i 次产业增加值占三次

产业总增加值的比重；$l_i = \dfrac{L_i}{\sum L_i}$ 表示第 i 次产业的就业人数占三次产业总

就业人数的比重。

（2）产业高级度。

产业高级度是指一个国家或地区的产业现代化程度，一般用该经济主体的第三产业增加值与第二产业增加值的比值计算。构建"双循环"新发展格局在一定程度上依赖产业结构的转换升级，产业结构升级包括产业结构高级化和合理化的过程，而"双循环"新发展格局的构建又对产业结构的变动具有促进作用。该指标反映了此经济主体产业结构的现代化程度，指标值越大，说明其具有的比较优势和竞争优势越大，产业可持续发展能力和国际竞争力越强。

（3）高技术产业利润总额占比。

高技术产业利润总额占比是指一个国家或地区在一定时期内高技术产业利润总额与 GDP 的比值，反映该经济主体的高技术产业的发展情况以及对构建"双循环"的推动作用。高技术产业是用当代尖端技术（主要指信息技术、生物工程和新材料等领域）生产高技术产品的产业群，其研究开发投入高，研究开发人员比重大。作为国民经济的重要组成部分，高技术产业是维护国家安全、增强一国国际竞争力的重要力量，大力推进高技术产业发展将有助于该经济主体更好地适应内外部发展环境的复杂变化，积极构建新的竞争优势。

2. 区域结构

（1）区域固定资产投资额占比。

区域固定资产投资额占比是指一个国家或地区某一区域内经济主体的固定资产投资收益情况，反映单位固定资产投资所增加的生产总值数

量。增加固定资产投资，有利于完善城市基础设施，增进产业发展后劲，提升城市环境，健全城市功能，其所呈现的增长态势有助于提振市场对中国经济表现的信心。区域固定资产投资额占比通过报告期内该区域生产总值增长量与上一期固定资产投资完成额的比值计算，在一定程度上反映区域投资结构是否优化以及未来的发展动力。

（2）区域人均可支配收入极值比。

区域人均可支配收入极值比反映区域之间的收入分配不均等的情况，凸显出不平衡发展的问题，主要通过最高收入区域人均可支配收入与最低收入区域人均可支配收入之比来计算。我国自改革开放以来取得了一系列突出成绩，虽然区域发展水平和内部平衡程度都实现了阶段性提高，但发展不平衡不充分仍然是中国经济社会发展面临的长期问题，城乡区域发展和收入分配差距依然较大，且经济领域的平衡发展差距最为显著。此指标是一个逆向指标，指标越大，区域之间的收入分配不均等越严重，它在一定程度上反映了区域结构的优化程度。

（三）发展质量

1. 绿色发展

（1）万元 GDP 能耗。

万元 GDP 能耗反映了一个国家或地区在一定时期内的生产经营活动所消耗能源的效率情况，即每生产一万元的商品或服务所消耗的能源数量，一般来说，用该经济主体在一段时期内的能源消耗总量与 GDP 的比值计算。节能降耗是推进生态文明建设、推动高质量发展的重要抓手，通常第三产业，即服务业对能源消耗需求较小，第三产业快速发展，万元 GDP 能耗下降，符合绿色发展的要求，这意味着优化经济结构的同时，提高了经济发展质量。该指标体现经济结构和能源利用效率的变化，是一个逆向指标。即万元 GDP 能耗越大表示能源利用效率越低，反之亦然。

（2）污染治理投资占 GDP 比重。

污染治理投资是指一个国家或地区在一个时期内的经济活动中对生态环境造成污染的防治投资力度，主要是由经济主体污染治理投资总额与 GDP 的比值计算。绿色是生命的底色，追求经济高质量发展，污染治理是重要的一环，强化环境保护主体责任意识从源头杜绝污染，提高污染治理投资是污染治理的基本保障。该指标反映经济主体对环境保护的重视程度。

（3）生活垃圾无害化处理。

生活垃圾无害化处理是指一个国家或地区在某一时期内为防止生活垃圾对生态环境造成污染而对其进行的无害化处理，使其不再污染环境，而且可以利用，变废为宝。生活垃圾对身体健康、环境质量、资产价值等带来的负面影响是构建"双循环"新发展格局的无形阻碍，也是长期发展中的痛点。实行环保的处理方式，真正实现生活垃圾处理的无害化、减量化、资源化，关系到广大人民群众的生活环境，关系到节约使用资源，这也是社会文明水平的一个重要体现。该指标反映经济主体的生活环境污染防治程度以及治理程度。

（4）二氧化硫排放量。

二氧化硫排放量即一个国家或地区在一段时期内因生产经营活动产生、排入大气中的二氧化硫总量。由于二氧化硫会对经济建设和人民生命安全造成极大的危害，从源头抓起、调整能源结构、优化能源质量、提高能源利用率、减少燃煤产生的二氧化硫至关重要，推动绿色发展是未来能够持续良好发展的必经之路。该指标反映经济主体的生产经营活动对大气环境的污染程度与绿色生产情况，进一步对其环保技术的发展提出了更高的要求，需要其在满足低排放、低能耗的同时，兼顾经济性和效率。故该指标是逆向指标，二氧化硫排放量数值越大，表示对大气的污染程度越大，反之亦然。

2. 人民生活

（1）人均可支配收入。

人均可支配收入是指一个国家或地区在一定时期内居民可用于最终消费支出和储蓄的综合，即居民可用于自由支配的收入。改革开放以来，居民收入水平得到极大提高，就业类型不断丰富，收入渠道不断拓宽，收入结构逐渐多元，收入增加稳固了消费底线，同时推动消费不断转型升级，当前，复工复产有序推进，经济社会发展持续好转，居民收支水平也持续恢复，有利于刺激消费，扩大内需。本书通过报告期居民可支配收入与报告期末的常住人口数的比值计算居民可支配收入，这一指标被视为消费开支的最重要的决定因素，反映一个国家或地区生活水平的变化情况。

（2）城乡人均收入比。

城乡人均收入比通过一个国家或地区在一段时期内的城镇居民人均可支配收入与农村居民的人均纯收入的比值计算而来。构建"双循环"新发展格局的过程中，我国致力于破解发展不平衡不充分问题、推动共同富裕，注重包括城乡协调在内的整体发展的统筹和协调，区域、物质文明和精神文明协调发展均为"发展要点"。同时，通常人均可支配收入差距最大的区域存在于东部与西部之间，故中国区域协调的问题不能简单归结为南北问题，因为南方、北方发展主要是发展速度问题，而东部、西部则反映的是居民人均可支配收入的问题。城乡人均收入比衡量一个国家或地区城乡收入差距，是一个逆向指标，城乡人均收入比越大，表明该经济主体社会发展越不均衡，城乡发展水平差距越大，反之亦然。

（3）人均文教医卫支出占 GDP 比重。

人均文教医卫支出占 GDP 比重反映一个国家或地区政府的财政支出用于保障居民文化、教育、卫生、医疗需要的水平，主要通过人均文化教育卫生医疗财政支出与 GDP 相比得出。不断满足人民对美好生活的需要，需要文教医卫的保障，这是构建"双循环"新发展格局的起点和目标。我国始终把最广大人民根本利益放在心上，把高质量发展同满足人民美好生活需要紧密结合起来，观大势、谋全局，以高质量发展统揽全局，筑牢发展之基，激活发展动能，增进民生福祉。

3. 金融安全

（1）商业银行资本充足率。

商业银行资本充足率反映一个国家或地区在存款人和债权人的资产遭到损失之前，该银行能以自有资本承担损失的程度，可以通过商业银行的资本总额对其风险加权资产的比率来计算。该指标反映了该经济主体的商业银行和金融体系抗击金融风险的能力。

（2）商业银行不良贷款率。

商业银行不良贷款率是指一个国家或地区贷出的不能收回的款项，不良贷款率是指商业银行不良贷款占总贷款余额的比重。商业银行不良贷款率反映商业银行和金融体系运行的潜在风险程度，是评价商业银行信贷资产安全状况的重要指标之一。该指标是一个逆向指标，不良贷款率越高，无法收回的贷款占总贷款的比例越大；不良贷款率低，即无法收回的贷款占总贷款的比例越小。

（3）中央银行对外负债率。

中央银行对外负债率是指一个国家或地区在一段时期内中央银行向国外所借的款项总和，主要是通过年末外债余额与其当期的 GDP 的比值来计算。作为一国之行，中央银行的属性已经不仅仅是储蓄银行这么简单，在经济延续复苏的态势下，央行为稳杠杆、避免更大的结构性扭曲，通过与市场交易对手进行有价证券和外汇交易，实现货币政策调控目标。中央银行对外负债率反映了该经济主体经济发展对外债的依赖程度以及因对外负债而引致的潜在金融风险，故该指标是一个逆向指标，过高的对外负债率不利于提高金融体系的韧性和稳健性，在构建"双循环"新发展格局中发挥着消极的作用。

本书认为这套"双循环"新发展格局评价指标体系具有以下几个特点：①比较好地体现了"双循环"新发展格局的内涵，特别是紧紧围绕扩大内需、推进产业结构升级这些重要支柱，依据推动经济高质量发展这条主线来设计评价指标。②虽然指标数量不多，但比较全面，涉及了国内大循环、国际"双循环"的各个方面。既有社会消费品零售总额增速、污染治理投资占 GDP 比重这样微观层面的评价指标，也有 GDP 增长速度等宏观层面指标；既有新动能产业增加值占比、生活垃圾无害化处理等正向指标，也有二氧化硫排放量、商业银行不良贷款率等逆向指标；既有居民消费贡献率、产业高级度等反映国内大循环的指标，也有外商投资增速、对外开放依存度等反映国际"双循环"的指标。并且它们都是结果指标，因而能够比较全面、客观地反映"双循环"新发展格局构建的状况（李金昌等，2019）。③所构建的"双循环"新发展格局评价指标体系没有重复性指标，每个指标的含义都具有不可替代性，并且各个指标之间又具有内在联系性，可以相互补充，更全面地解释"双循环"新发展格局。④各个指标的数据可以较为容易地获得，在第二小节也较为全面地介绍了指标评价方法，完成综合评价的工作量不大。

三、结论

本书基于构建"双循环"新发展格局的深层逻辑以及内涵的理解，在参考经济高质量发展评价指标体系的基础上，构建了由经济活力、经济结构、发展质量三个方面共 25 项指标构成的"双循环"新发展格局评价指标体系。尽管本书尽可能全面、细致地探讨指标的选择，但难免会有指标选取不恰当、不全面之处，只愿可以起到抛砖引玉的作用。同时，本书由于重点在于说明"双循环"新发展格局提出的背景，所要达到的目的、在构建"双循环"新发展格局中存在的堵点、痛点，以及疏通这些堵点所要采取的措施，所以根据数据逐项确定各指标的基准值以及相应的权重，本书暂不加以讨论。

第五章

制约因素与动力因素

经过 40 多年的改革开放，我国已具备了建立以国内大循环为主体、国内国际"双循环"相互促进的新发展格局的许多优势和动力因素，但仍有一些制约因素。

第一节　制约因素

一、制约国内循环可持续发展的因素

（一）消费需求乏力，国内循环尚未有效形成

我国相对贫困问题突出、收入差距过大以及中等收入群体消费率和人数占比低是消费拉动不足的主要原因。2020 年 5 月 28 日，时任总理李克强在十三届全国人大三次会议闭幕后举行的一次新闻发布会上透露，2020 年我国人均年可支配收入为 3 万元，但有 6 亿中低收入人群每月可支配收入仅为 1000 元左右，大量低收入人群严重制约了国内需求。尽管我国拥有世界上最大的中等收入群体，约 4 亿人口，但是我国中等收入群体消费率不高，消费需求有待进一步释放。①

由于我国是城乡二元经济结构，考察我国当前相对贫困的状况，需要分别从农村和城镇入手。20 世纪 90 年代，在家庭承包经营解决了农民的温饱问题，夯实了国民经济发展的基础之后，农业、农村发展遇到了瓶颈。农业的基础地位受到挑战，农村剩余劳动力的压力加大，农民负担加重、收入增长缓慢，农村公共支出和社会事业的发展远远滞后于城市。农村广大的、潜在的市场仍然难以成为现实的市场，启动内需仍步

---

① 王炬鹏. 中低收入及以下人群 6 亿，中央"大动作"保民生！［EB/OL］. 中国新闻网，2020 – 05 – 29.

履维艰。在计划经济体制下形成的城乡二元经济、社会结构变革迟缓，城乡资源配置存在着诸多弊端。收入结构的不合理问题越来越突出，廉价劳动力在参与生产过程中，缺乏足够的报酬和闲暇时间流入消费的主体人群中。在城乡功能体系中，乡村主要保障食物生产，为工业化、城镇化供应资源要素，以及为农民工在城乡"可进可退"提供回旋空间，进而扮演着劳动力蓄水池和社会稳定器角色，城乡之间的经济联系不强、融合循环存在诸多堵点。进入高质量发展阶段，构建新发展格局的关键在于畅通经济循环，而城乡经济循环畅通具有基础性作用。如果不从根本上破除城乡二元结构，打通城乡间的循环，国内经济大循环就很难真正畅通起来。构建城乡经济良性循环，客观上要求乡村从过去的产品供给和资源要素供应角色，向新消费空间、文化传承、生态建设、要素优化配置的综合载体转变。适应新时代乡村功能的变化，需要充分发挥乡村作为消费市场和要素市场的重要作用。乡村作为消费市场，其作用不仅体现为消费规模扩张对总体消费增长的贡献，也在于其本身就是一个与城市不同的差异化消费场域，对城乡产业转型升级和经济循环具有不同的牵引作用。特别是在数字经济条件下，城乡消费梯级差异呈现逐渐拉平趋势，乡村消费市场衍生出不同特点和模式，已经不再是城市过剩或过时产品的销售场所。乡村作为要素市场，对优化农业部门要素配置和改善城乡要素交换关系具有重要作用，前者有利于推动农业效率变革以及工农业部门之间劳动生产率的收敛，后者对改善城乡资源配置效率、提高全要素生产率具有重要作用。

然而由于物价水平的不断上涨，以及高额的房供消耗掉了自身大量收入，我国城镇地区贫困人口面临着巨大的生活压力。城镇地区无法像农村地区那样拥有可以耕种的土地，无法自主生产粮食等生活必需品，城镇贫困直接表现为收入的不足。此外，中等收入群体对我国经济社会发展有着重要的影响。一方面，中等收入群体是消费升级的主力军，是拉动内需、促进经济转型的重要力量。他们有较强的消费能力和消费意愿，对高品质、高附加值、高科技含量的商品和服务有较大需求，对文化教育、医疗健康、旅游休闲、养老保障等领域有较高期待。他们的消费结构和消费方式也更加多元化、个性化、绿色化，有利于推动供给侧结构性改革，促进产业升级和创新发展。另一方面，中等收入群体是社会稳定的压舱石，是维护社会公平正义的重要基础。他们有较高的教育水平和文化素养，有较强的法治意识和社会责任感，有较广泛的社会参与和公共服务需求，对社会治理和民主政治有较高期待。他们是社会各阶层之间沟通协调的桥梁和纽带，是社会各种利益之间调节平衡的缓冲器和稳定器。在过去的 20 多年中，随着我国经济的高速发展和居民收入水平的不断提高，中等收入群体的规模在不断扩大，该群体的比例从 2002 年的 1.55% 增加到 2023 年的 29% 左右，居民收入分布逐渐向"橄榄型"发展。① 虽然我国中等收入群体的绝对规模很大，但是这并不等同于我们拥有巨大规模的消费市场。我国的中等收入群体主要是工薪阶层，收入来源以所从事职业或兼职取得的劳动报酬为主，无论城镇还是农村家庭，工资性收入都是中等收入群体最主要的收入来源。我国中等收入群体空间分布不平衡，其区域分布与经济发展水平大体一致，约有 60% 中等收入群体分布在东部地区，而中西部地区仅占 40%。从城乡分布看，城镇中等收入群体比重约是农村中等收入群体比重的 2.88 倍。在城镇内部，一线城市和二线城市中等收入者比重分别为 71.4% 和 62.7%，远远高于城镇平均水平。一定程度上可以说，我国一线城市中等收入者比重已经接近欧美发达国家，而广大农村地区的中等收入群体比重还保持在较低水平。与发达国家相比，我国中等收入群体比重仍明显偏低。2019 年，我国中等收入群体比重为 22.9%，而西欧的英德法、北欧的挪威、

---

① 资料来源：国家统计局官网。

北美的加拿大的中等收入群体比重都在 70% 左右。虽然美国的中等收入群体比重略低为 55.9%，但高收入群体占到 30.5%。2022 年，我国居民人均可支配收入 36883 元，居民人均消费支出 24538 元。①

新冠疫情发生之前，我国居民部门消费率为 38% 左右，远低于欧美等发达国家或地区水平，也低于一般发展中国家平均水平。OECD 成员国的居民部门消费率平均水平为 59.9%，世界平均水平为 57.7%，较我国分别高了 21.2 个和 19 个百分点。② 居民消费率取决于两个因素：一是消费倾向，二是国民收入中居民可支配收入的比重。在 2001 ~ 2020 年的 20 年间，中国居民收入占比平均只有 61%，而美国是 76%；中国居民消费倾向是 63%，而美国是 92%。③ 从 2012 年之后，中国居民收入占比基本没有变化，2019 年的数据甚至还低于 2012 年。这意味着，随着人们收入的提高以及从低收入群体上升到中等收入群体，他们收入中更高比例的部分会被储蓄起来，而不是用于当期消费。这反映出我国的社会保障体系还没有完善，再加上高房价、高意外支出等因素，中等收入群体对未来的预期缺乏稳定性，他们会将相当大一部分收入储蓄起来，以备不时之需，而实际用于消费的比例却不高。中等收入群体的消费拉动作用没有充分体现，这明显不利于扩大内需，新的需求增长动力亟待形成。

"双循环"要长期依赖内需以消耗产能来保证经济的持续增长，唯有居民有意愿、有能力消费，企业才会不断地更新迭代实现产业转型升级，生产出满足社会需求的高质量产品，全社会的平均工资水平才有望提升，使生产—消费—再生产的内循环链条畅通，因此如何提高居民收入、扩大中等收入群体成为有效刺激消费、拉动内需进而畅通国内循环面临的主要问题。

---

① 张亮，王炳文. 持续扩大中等收入群体 ［EB/OL］. 求是网，2022 - 04 - 12.

② 代晓霞. 中国居民消费率逐年下降，需调整收入分配制度 ［EB/OL］. 中国新闻网，2013 - 01 - 14.

③ 殷剑峰. 为什么中国人不消费？［EB/OL］. 新浪网，2023 - 01 - 10.

（二）供给结构体系调整任重道远

1. 去产能任务依然艰巨

虽然我国自实施供给侧结构性改革以来，取得了很好的成绩，但也应该看到，我国的供给侧结构性改革中仍存在着不少的矛盾和问题，尤其是制造业的产能过剩问题。虽然钢铁、煤炭等行业产能过剩得到缓解，但是除了在传统的重化工业和轻工业方面，在许多装备制造业和新兴战略性产业产能过剩问题仍然比较突出，如工程机械、船舶、多晶硅、光伏等。目前，我国的产能过剩实质上是低端制造的过剩，一些高端设备、关键基础部件和零部件严重依赖进口。与此同时，在医疗、教育、住房、社会保障等一些中高端领域，基本公共服务产品整体供给不足的问题更加突出。无论是在传统产业还是在高新技术产业，我们都是从全球价值链低端加入国际分工，因而陷入了"出口低附加值的低端产品并进口高附加值的高端产品"的"贸易陷阱"。低端产品供过于求，高端产品供不应求，不能满足居民需求变化的趋势，这导致了大量的消费外流。

2. 实体经济与金融、房地产结构性失衡

近几年来，我国实体经济持续萎缩，虚拟经济发展过度，脱实向虚的态势将扭曲产业结构。需求结构和收入分配结构的不合理，导致了资源配置的不均衡，给整个宏观经济运行带来不利影响。我国部分产业呈现加速"外迁"的趋势。据统计，我国制造业增加值占 GDP 比重从 2010 年的 31.6% 下降到 2022 年的 27.7%，占比持续下降，经济发展面临"空心化""过早去工业化"的风险。① 而与此同时，实体经济循环与金融循环结合不紧密，实体企业融资难、融资贵问题比较突出。金融、房地产发展速度加快。2022 年我国金融业增加值占 GDP 的比重达到 7.9%，

---

① 资料来源：国家统计局官网。

房地产尽管占比只达到 7%，但其对经济增长的间接带动作用较大。房地产投资的增长速度一直高于平均水平，在疫情之前的 2017～2019 年，房地产开发投资年均增长 8.8%，分别比固定资产投资和制造业投资增速高出 2.6 个和 3.0 个百分点。[①] 大量的债券、股票、信托等金融产品流入房地产领域，不仅造成了较大的风险隐患，而且在一定程度上挤压了实体经济的发展空间。房地产属于实体经济，但在实体经济结构性失衡的过程中，由于缺乏投资机会，加上土地、财税、金融政策不配套，城镇化有关政策和规划不到位，致使大量资金涌入房地产市场，投机需求旺盛，带动一线和热点二线城市房地产价格大幅上涨。房地产高收益进一步诱使资金脱实向虚，导致经济增长、财政收入、银行利润越来越依赖于"房地产繁荣"，并推高实体经济成本，使回报率不高的实体经济雪上加霜。房地产企业频发的泡沫风险，正是这种长期隐患的集中爆发。

3. 去杠杆仍要下大力气

2022 年，我国宏观杠杆率共上升了 10.4 个百分点，从 2021 年末的 262.8% 升至 273.2%，非金融部门宏观杠杆率为 293.78%，不仅高于新兴经济体的平均水平，而且还超过了一些发达经济体。[②] 此外，政府部门杠杆率上升了 3.6 个百分点，从 2021 年末的 46.8% 增长至 50.4%。[③] 总体来说，我国的杠杆率处于主要经济体的前列。部分杠杆率虽低于国际平均水平，但也明显高于新兴经济体的平均水平。宏观杠杆率是一国非金融实体部门债务规模与国内生产总值（GDP）的比例，其高低代表着一国的总体债务水平。宏观杠杆率越高，意味着债务压力越大。同时，非金融实体部门包括居民、非金融企业与政府，各部门杠杆率代表其承受的债务压力。如果杠杆率过高，容易积累金融风险，因此稳杠杆、防

---

① 资料来源：国家统计局官网。
②③ 金观平. 宏观杠杆率稳定为政策留足空间［EB/OL］. 中评网，2023－02－21.

风险是我国需要面对的重要问题。这就需要在积极的财政政策和稳健的货币政策加大实施力度的同时，注重保持宏观杠杆率基本稳定，在稳增长和防风险之间找到平衡点。截至 2022 年末，我国政府积累了约 60 万亿元的显性债务（中央国债约 25 万亿元，地方政府债务约 35 万亿元）。与政府关联密切的地方城投有息债务余额也有近 60 万亿元，按照 IMF 的估算比例（将 2/3 的城投债务视为政府隐性债务），其中有 40 万亿元可视为政府隐性债务。所以，加总来看，中国政府的广义负债余额在 40 余年间增长到了 100 万亿元量级，这自然会引发关于债务风险的担忧。①

4. 成本高，短板多

成本高企是当前中国企业经营发展面临的主要困难，主要集中表现在人工成本快速上升、社保税费负担过重、能源原材料成本上升、融资难融资贵等方面，这严重挤占了企业用于创新和科研投入的资金，大大降低了企业自主创新的积极性。尽管近年来我国采取了许多降成本的措施，但是企业普遍反映成效不足。2015 年以来，我国补短板工作取得积极成效，但实践中仍然存在一些问题。例如，工作目标较为分散，扶贫、生态、基础设施等领域补短板需要进一步聚焦，以求提高财政资金投入效率。又如，目前补短板对硬短板重视多，对软短板重视不够等。

（三）市场现代化水平较低，治理能力有待提高

我国当前经济体制中还存在阻碍国内大循环效率提高的因素，主要表现在公平竞争环境的缺乏和要素的自由流动。就公平竞争而言，还存在着政策上偏向大企业、高科技企业和国有企业的情况，而对小企业、非技术密集型企业、民营企业则存在政策歧视，这不利于后者通过公平竞争获得竞争优势。就要素流动而言，仍然存在着一些阻碍要素自由流

---

① CEEM. 全球宏观经济季度报告 [EB/OL]. 财经，2023 – 05 – 09.

动的因素，使要素的潜在价值不能充分发挥，影响经济发展效率的提高。因此，我们要切实落实党的二十大报告提出的加快完善社会主义市场经济体制的要求，改革相关制度的不合理之处，不断完善相关制度，为国内大循环的效率提升创造有利条件。

相对于发达国家，我国的现代市场体系建设还很薄弱。其中，要素配置市场化程度亟待扩大，要素自由流动和有效配置还存在较大的体制和机制障碍，一些领域内由市场决定资源配置的作用发挥不够，难以为形成强大的国内市场提供强有力的支持。与此同时，国内市场，尤其是服务市场的开放度还有待提高。在某些领域，市场准入、人员流动、监管透明度等方面存在着不合理的限制，对国际先进规则的开放程度有待提高，标准、资质等与国际接轨程度较低，制约了与国际市场的全方位、高水平对接，制约了国际要素资源的有效利用，也给加强国内大循环带来了不利影响。

此外，我国市场治理的现代化水平有待提高。第一，相关法律法规还不健全。有些法规不适应新业态、新模式发展的需要，或在实施过程中存在配套法规不健全、与其他法规不协调等问题，使其未能发挥应有的作用。第二，现行标准体系存在缺陷，部分行业市场自主制定、快速反应需求的标准有效供给不足，还有的行业标准没有适应发展需要及时修订，标准实施者参与意愿不强。第三，制度机制和监管方式有待创新；部分新兴服务市场的监管体制机制改革有待深化，特别是应该利用区块链等新兴技术加强事中事后监管，推进社会共治。

（四）产业链供应链尚未打通

1. 中美三大产业对比

在对中美农业发展对比分析的研究中，倪瑜（2018）认为，在农业产业链上，相比美国标准合法化运行的成熟农业电子商务以及"大生产大流通"的物流模式，中国的电子商务正在推陈出新，在标准化与现代冷链物流方面存在较大差距；在农产品深加工上，与美国发达的农产品加工业相比，我国农产品深加工能力弱、附加值不高（我国的加工增值比为1：1.8，但美国为1：3.8）。在聚焦于中美制造业发展差距对比的研究中，彭晖（2018）提出，中国的制造业生产率整体偏弱，增长潜力优于美国；出口能力虽强于美国，但出口产品以中低端制造产品为主，出口整体利润率低，且受贸易保护主义抬头影响，中美出口差距在不断减小。与此同时，处于成长期的中国制造业波动性较大，稳定性不够。在综合评价中国服务业在全球价值链上的分工与贸易地位上，赵璐（2017）提出，从显示性比较优势指数来分析，中国服务业总体上处于竞争劣势地位，而美国则具有竞争优势，美国服务业总体在全球价值链上占据更高的地位，具有更强的话语权和更高的控制权。

2. 我国三大产业中重点产业链的堵点

我国在第一产业中面临竞争力不足的问题。尽管我国农业历史源远流长，但是我国的农业产业链发展较欧美其他国家起步较晚。整体产业化进程进展缓慢，产业链机制不健全，农业组织化程度不高，企业规模不大，农业基础设施严重不足，社会化服务体系不健全，农业产业链的建立和运行面临诸多问题。首先，在小农经济下，散农需要花费更多资金购买农业生产资料，如化肥、种子等。由于其缺乏专业技术水平，投资也存在盲目性。其次，农业产品作为人类生活的必需品，其质量问题直接关系到整个社会的健康和谐发展，而我国农业产品质量环境监管力度不够。在销售端，产业链中的各环节沟通能力差。我国农业产业链普遍是"企业＋农户"的运行模式，但二者所掌握的组织化和市场信息化程度却严重不对称，产业链价值错位，利润是中间小，两头大，处于产业链中间的小农户处于无利可图的境地。这无疑给仅仅存在单纯买卖关系的企业和农户带来了信任和沟通的障碍，同时也势必会加大企业生产经营的困难和农户种养的风险。同时，我国农业产品品牌能力不强，在国内国际"双循环"背景下，我们不仅要扩大内需，还要增加出口，因此我们必须增加农产品在国际上的品牌竞争力。以巴西和美国的农业产业链来作对比，美国是世界上农业产业链最发达的国家之一。无论从政策、生产、渠道、销售，还是品牌，美国农业产业链都已深入实现了智能化、数据化、服务精准化水平。从美国农业发展来看，农业生产向少数大规模农场集中，有利于土地集中，推进了城市化进程，扩大了农业经营规模和农产品市场需求，为农业区域集群发展提供了条件。同时我们也要看到，其实现在中国农村已经出现了少数家庭承包村庄大面积集体土地的现象，比如，我所在村庄的土地基本由一家承包，统一种植，统一收割，这样机器使用率提升，大大减少了人工雇佣和低效劳作时间，降低了成本。

金砖国家之一的巴西，作为发展中国家，其农业发展更令人吃惊。除去其他政策、地理和技术方面的原因，巴西的品牌农业推广的确值得我们学习。在发展中国家，巴西拥有最先进的农业品牌推广项目。除了推广咖啡外，巴西还针对牛肉、水果、鸡肉和葡萄酒推出了一系列推广计划，并向其他发展中国家出口许多农产品。我们要因地制宜，加大投入产业链产品加工环节的品牌开发，作为农业发展的统领，集中资源优势发展一批在世界范围内有知名度的特色产业，使之成为国家产业名片，从而不断扩大中国农业的知名度和美誉度。更重要的是，要向美国和巴西学习，高度重视农业，并有决心将农业打造成优势产业，成为国家名片。

在第二产业方面，缺乏高端类产品。我国是制造业大国，但仍不是制造业强国，在高科技创新、高精尖产品创新方面仍不及发达国家水平。与此同时，一些关键原材料尚未实现自主供应，仍然大量依赖进口。一些高端的基础部件和元器件、专用的生产设备和生产线、专用的检测系统等，仍然落后于国际水平，还需要依靠进口。晶片和开发平台、工业设计软件和产品设计软件的关键环节仍然是由国外控制的。举例来说，华为被美国限制使用美国芯片，这对华为造成了巨大打击。而且在销售端，虽然我们拥有广大市场，但是国产品牌在欧美一些国家的认可度不高。行业内仍存在着用户歧视国产主机企业、国产零部件企业的现象。即便国内不少产品已具备生产能力和技术水平，但用户仍以各种借口拒绝使用。

在第三产业方面，以移动互联网为代表的新兴产业面临创新度不足的问题。移动互联网产业链主要包括：移动运营商、移动终端厂商、服务供应商和用户。国内移动运营商借助其在移动通信领域的技术和用户优势，占据了移动互联网产业链的主导地位，一方面，为产业链的其他环节提供了服务和收费平台；另一方面，它直面用户，及时反映用户的需求，掌握与用户沟通的渠道，为产业链的其他环节提供信息反馈，从而对整个产业链的发展起到了至关重要的作用。但运营商缺乏互联网应用和内容开发经验，提供的互联网服务缺乏用户互动，内容缺乏个性化。在移动互联网时代，电信运营商要改变传统的移动通信业务，从用户需求出发，成为专业的服务提供商，这是产业链整合创新的必然趋势。产品同质化越来越严重，除一些商品外，大部分品牌效果不强，中国商品仍有着低廉质量差的标签。有些关键技术未能掌握，受人辖制，有时不能成为行业革新技术引导者，便会丧失市场份额。

3. 我国产业链现代化面临的挑战

近几年来，随着我国经济的发展，人工、土地、物流等成本也在不断攀升，低端制造业正在不断向综合成本低的越南、印度等国家迁移，在该领域我国面临着被这些国家替代的威胁。同时，我国制造业的综合成本也在不断逼近美国、德国等发达国家的水平，这使这些发达国家开始推动制造业回流。不少处于产业链下游的代工企业开始向本土国家回归，同时也会带动上游企业跟着迁移，这种趋势务必会破坏我国产业链的完整性，而且很可能使我国产业丧失竞争优势，因此对我国产业的发展来说是一项重大的挑战。

"木桶理论"同样适用于产业链创新，产业链水平提升一旦存在短板，协调创新不足势必会制约产业链整体水平的提升。目前，我国企业生态圈存在"孤岛现象"，碎片化问题突出，企业间尚未形成相互协同、彼此联动、互利共生的产业创新生态体系，不少领域产业链上下游的企业之间未能形成紧密的合作关系，各企业之间缺少动力进行协同研发，科技创新较为分散，反而更倾向于在产业和工业方面进行独立创新，这使各个企业在技术创新方面交流合作不足。虽然我国已经建立了140多家产业技术创新联盟，但是多数联盟的状态不够活跃，合作交流不足，仍是各自为战，联盟发挥的作用有限。另外，我国产业链、创新链、资金链、人才链之间缺乏紧密的联系，产业链水平的提高缺乏技术、人才、资金等支撑。

近几年来，我国的营商环境不断改善，但是体制机制问题依然存在，制约了产业链各环节主体的发展活力和创造力。在尚未发育完全的要素市场上，许多中小微企业想要公平地使用各类资源要素，这是相当困难的。虽然我国已经建立起"四梁八柱"的产权保护制度，但是不少制度落实困难而且执行力度明显不足。市场缺乏公平，一些民营企业进入市场比较困难，一些地方性规定有碍市场统一和公平竞争。在我国，还没有形成一个完善的科技管理体制和政策体系，既不能充分调动创新人才的积极性，又不能充分调动市场主体的创造力。

（五）人才有效流动受阻

人才是具有高素质的人力资源，对于一个地区、行业或领域的发展而言有着十分重要的作用，构建国内国际"双循环"相互促进新发展格局的关键是人才。人才的流动则是社会分工不断发展与完善的必然现象，建立自由开放、结构合理的人才政策体系是实现国内大循环的前提条件。

但从促进人才自由流动和良性循环的角度分析，我国在人才流动过程中还存在一些问题和不足，阻碍人才流动的 "樊篱" 依然存在。

1. 户籍管理制度束缚人才流动

在国内一些地区户籍管理制度对于促进合理的人才流动、实现国家人力资源以及物资的合理分配有着限制作用。由于户籍管理制度所带来的城乡分割、区域分割使人才流动受到阻碍，尽管部分地区出台了居住证、积分制落户等管理措施，但往往带有很强烈的导向性，如果不是正常的工作转移，人才户口便不会发生迁移，而且户口迁移整体流程也十分复杂。在这种制度下，人才在流动的过程中，一些关键核心技术领域的成长型、创新型人才难以获得落户和就业创业的机会。虽然我国针对紧缺人才的配套政策体系正在不断的优化和改革，城乡户口之间的差异正在逐渐消失，但是在一段时间内户籍管理制度对人才流动所产生的影响仍是难以避免的。

2. 人才引进机制不成熟造成人才资源浪费

为促进地方经济社会快速发展，我国各大城市相继出台了力度空前的人才吸引政策，但由于各地人才政策存在一定的差异，缺乏统筹协调机制，导致各地在人才评价标准、职称评定、职业资格等方面存在不兼容性，各地之间难以相互认可，各地之间服务水平差距较大，在子女教育、就业保障、医疗卫生等民生领域政策衔接力度不够。同时，由于缺乏成熟专业化的运行机制，没有建立可信度高的信息对接平台，用人单位对急需的人才信息不能及时准确地掌握，人才引进后 "水土不服" 现象普遍存在，不能充分发挥人才的价值，最终造成人才资源的浪费。

3. 人才流动缺乏法治保障

人才在流动的过程中会涉及很多方面的问题，需要采取相应的措施进行规范。当前我国在人才流动方面相关法律法规的设计仍处于完善的过程中，部分人才流动问题的界定不够清晰，容易导致争议的发生，对于人才的发展也会造成一定的阻碍。例如，对于知识产权以及商业机密的保护方面，相关的人才流动法律法规界定就较为模糊，使国家与单位组织在人才流动的过程中均会面临一定的风险，可能产生各种纠纷。因此，如何营造一个良好的人才流动发展环境，畅通灵活的人才引进渠道，完善与高端人才相关的政策体系，已经成为构建国内国际"双循环"相互促进新的发展格局中亟待解决的问题。

（六）现代交通和物流体系存在短板

交通运输业和物流业作为流通系统的重要支撑条件和组成部分，有效地串联了生产环节和消费环节，对于促进资源要素跨国界、跨地区的流动，保障和拉动国民经济循环运行，具有基础性、先导性的作用。为适应新的发展阶段要求，以构建现代流通体系为重点，以战略性、系统性地规划建设现代综合交通运输体系和现代物流体系为重点，按照新发展理念和高质量发展要求，解决现代综合交通运输体系建设中存在的问题，促进国民经济良性循环，提高资源要素流动效率，构建以国内大循环为主体，国内国际"双循环"相互促进的新发展格局。然而，我国现代交通物流体系建设所取得的成就与构建新发展格局的要求还存在一定的差距。

1. 综合交通网络"硬"设施空间布局不合理，交通运输组织管理模式"软"支撑能力不足

改革开放以来，尤其是加入 WTO 后，融入国际大循环，我国形成了市场与资源"两头在外""世界加工制造基地"的发展格局。所以，我国的交通运输网络布局是以更好地服务于"外向型经济"为重点，以沿海地区港口交通运输网络和部分连接重要腹地的交通运输网络建设为重心。此后，随着西部大开发、中部崛起、东北振兴等国家战略的实施，我国中西部和东北地区的交通运输网络建设不断加强。但是，从整体上看，

我国综合交通运输网络的布局、结构和功能还不完善，部分骨干通道运力有限，通道间各种运输方式衔接不畅，发展不协调，结构性矛盾突出。尤其在西部地区、农村地区和边境地区，这些地区的综合客运枢纽、专业货运物流设施不足，交通运输发展滞后。

目前，我国已基本形成了以"十纵十横区域综合运输大通道"为主骨架的超大型交通基础设施网络，但未能有效地发挥出高质量、高水平、高效率的交通运输组织与服务效能。其主要原因在于我国交通行业组织管理模式比较传统，智能交通系统集成应用不足，现代交通行业组织结构不健全，综合运输效率、效益和服务水平较低。我国运输大市场一体化高标准体系尚未形成，国际互联互通规则标准与运行机制等方面衔接不够充分，供应链安全与稳定性的支撑水平有待提高。

2. 物流成本与国民经济循环发展联动机制不畅

当前，我国物流网络格局与交通网络格局一样，存在布局不合理、网络结构不完善等问题。我国物流是建立在东部领先、出口导向的产业布局基础上的。但在以国内大循环为主体，国内国际"双循环"相互促进的新发展格局构建中，特别是区域协调发展战略、主体功能区战略和新型城市化战略的实施，将使中西部地区加快承接东部产业转移，同时以城市群为主要载体的内陆市场的消费将得到扩张，进而带动内陆地区物流需求规模和沿海港口集疏运半径的扩大。相比于沿海地区，内陆地区的物流基础设施和服务网络相对薄弱，陆路运输距离较远，这将导致未来整个社会物流成本的上升。

我国目前的物流网络建设面临着外部成本内部化所带来的经济循环成本过高、运行不畅等问题。流通和物流领域内，外部成本和内部成本没有形成有效的循环、分割和对冲机制，导致整个社会物流成本居高不下。全社会承担起了诸如因公路物流过载造成的道路、桥梁损坏等损失，减少了基础设施的使用寿命，增加了各种维修费用，并威胁到司机和其他交通参与者的生命财产安全。同时，我国物流领域的专业化程度不高，化工品、危险货物运输都存在着不规范行为，给社会福利造成相当大的损害，外部成本上升。今后，随着我国物流领域逐步走向规范化、法治化，这些外部成本将逐渐内部化，并直接导致物流成本上升。按物流行业的盈利水平来看，物流成本上涨的幅度很难被物流企业消化，其中大部分会转嫁给制造业、商贸流通等企业，增加实体经济运行压力，影响国民经济循环。

（七）科技创新动力不足

随着我国科学技术的不断发展进步，在一些前沿的科技创新领域，我国已经进入并跑甚至领跑的阶段。但客观地讲，当前我国科技创新发展还存在着一些问题和不足，科技创新水平与发达国家相比还存在一定的差距，不适应"双循环"新发展格局和高质量发展的要求，如创新政策体系的整体效能不高、"卡脖子"关键核心技术有待突破、区域创新发展不平衡凸显等。

1. 科技创新政策体系尚不完善，整体创新效率不高

构建"双循环"新发展格局，需要有整体性、系统性、协调性和联动性的科技创新政策体系供给，才能够统筹国内国际两个市场，激发全社会创新活力，联通全球创新活动。但目前我国促进科技创新的体制机制尚不完善，导致创新体系整体效率不高，科技创新能力不强，关键核心技术对外依赖度高。科技创新人才要素自由流动存在制度性壁垒，科研成果、专利技术等转化机制不顺畅，科技创新与产业应用脱节，创新成果中能够真正实现较好社会价值的相对较少。科技创新资源分散、重复、低效的问题没有从根本上得到解决。

2. 关键核心技术受制于人

过去，中国在"外循环"主导发展格局下，我国企业逐渐形成了以外向型为主的开放式创新模式，主要通过技术引进、技术外部转让等方式实现商业技术信息的捕获与创新。因此，企业在以开放式创新为主导的创新模式下，长期忽视自身的内生创新能力建设，整体上处于全球产业链、价值链的中低端，关键核心技术受制于人。目前，"卡脖子"的关键核心技术主要集中在信息技术、高端制造、新材料等领域。例如，2018 年，华为与中兴由于核心芯片的研发创新能力不足，缺乏必要的产业创新能力，其在嵌入全球价值链的过程中创新链与价值链不匹配，关键核心技术受制于人成为严重威胁国家经济安全的"命门"。

3. 区域创新发展不平衡

伴随着京津冀协同发展、长江经济带建设、粤港澳大湾区建设、长三角一体化发展等一系列国家战略的提出和实施，京津冀、长三角、珠三角等重点城市群的区域协同创新体系进一步优化，在区域间形成了要素互补、资源协同、人才集聚的区域创新格局。然而，当前我国区域创新系统发展的不平衡问题突出。东部地区的创新能力领跑全国，但是中西部地区的创新能力依然有待增强，尤其东北地区的区域创新体系建设进展缓慢，成为长期以来制约东北地区产业转型升级的障碍。从创新专利产出来看，区域城市群内不同城市之间的创新质量存在不平衡问题，专利产出在空间上集聚在少数几个城市，已经开始出现极化效应。与此同时，由于各地区依然基于不同标准和不同政策环境制定创新政策，在政策执行过程中，呈现出各自为政甚至出现争夺创新要素的现象。

二、制约国际循环可持续发展的因素

（一）贸易保护主义思潮抬头

近五年来，经济全球化面临着前所未有的挑战，以美国为首的"逆全球化"思潮以及各种贸易保护主义、排外情绪等愈演愈烈，从 2019 年日本、韩国发生半导体产业贸易争端，到 2020 年英国正式脱离欧盟，美国先后退出世界卫生组织（WHO）等多个国际组织和公约。根据全球贸易预警统计，全球各国政府对贸易的干预事件从 2015 年的 827 项增加到 2019 年的 1230 项。其中，对贸易形成伤害的干预事项从 593 项增加到 986 项；2020 年新冠疫情发生，干预事项大幅增加到 1905 项，对贸易形成伤害的干预事项增加到 1426 项。① 全球产业链、供应链遭受严重冲击，中国作为世界第一大贸易出口国受到了严重的影响。

作为全球第一大经济体的美国，从推进贸易自由化转变为以"美国优先"为原则的推动贸易保护主义者，使经济和贸易全球化受到严重冲击。首先，美国在 2017 年启动了 232 项贸易调查，并在 2018 年公布了相应措施，对从加拿大、墨西哥、中国等国家进口的钢铁和铝产品征收关税，设定进口配额。随后，美国贸易代表办公室（USTR）在 2018 年 3 月发布的 301 调查报告中，针对中国的知识产权问题提出了质疑，声称中国在吸引外国投资的时候，强迫美资企业进行技术转让，侵犯商业秘密等，但是却拿不出确凿的证据。此后中美爆发了一场激烈的关税战，美国贸易代表办公室在 2018 年 6 月 15 日发布了一份征税清单，对价值约 500 亿美元的中国输美商品征收 25% 的关税；9 月 17 日，美方对价值 2000 亿美元的商品征收额外 10% 的关税。2019 年 5 月 10 日，USTR 将 2000 亿美元中国输美商品的关税提高到 25%；8 月 14 日，美方再次宣布对另外 3000 亿美元进口商品征收 10% 关税；8 月 28 日，特朗普宣布，将输美商品在中国的加征税率从 10% 提高到 15%。即使中美在 2020 年 1 月达成第一阶段贸易协定，中方认真落实该协议，但美方却一再违反承诺，将从中国大陆进口的商品的平均关税率维持在较高水平，与之前相比不降反升。

---

① Simon J., Evenett, Johannes Fritz. CEPR 发布全球贸易预警报告讨论补贴与市场准入 [EB/OL]. WTO/FTA 咨询网，2021－11－10.

（二）全球疫情冲击，发达国家市场萎缩

新冠疫情对世界经济带来的巨大冲击，主要表现在以下几个方面。

一是世界经济深度衰退。国际货币基金组织（IMF）在其发表的《世界经济展望》报告中预测，2023 年，全球经济增速约为 2.8%，而未来 5 年的经济增速在 3% 左右，这是自 1990 年以来最慢的速度。[①] 部分国家，尤其是新兴市场国家，可能面临更严峻的复苏挑战。受制于世界经济的繁荣和活跃程度整体下降，即使各国采取的经济恢复政策在国内成效明显，也无法完全抵消外部需求萎缩对出口（乃至对整体 GDP）的影响。同时，各个国家或地区因解除封锁的时间点先后不一，也可能造成更多国家间"保持社交距离"。这很可能意味着国与国之间的关系延续疫情前就已出现的变化苗头，甚至走向重塑。

中长期来看，疫情持续已经为全球经济带来了不可逆的改变。这些变化包括远程办公人数的增加、线上服务需求的快速增长。很多公司已经在技术上进行了大量投资，以适应疫情带来的挑战。企业对新技术的大量投资，意味着未来将有更多与维护这种技术相关的工作岗位，但也有可能导致面对面交流的行业岗位减少。其中一些行业可能正在转向"自动化、无接触模式"，这一趋势已经在就业数据中得到了体现，旅游、休闲和酒店等依赖公众互动的行业复苏速度较慢。此外，疫情的持续还将加剧不同经济体的复苏进程分化、不同行业和企业的恢复程度分化、不同阶层和群体的贫富分化，同时导致部分人群教育受限、永久退出劳动力市场，进而影响人力资本积累和劳动力供应，给全球长期经济增长带来较大影响。

二是全球贸易急剧萎缩。新冠疫情暴发期间，许多行业停摆，工厂

---

① IMF. 世界经济展望［EB/OL］. 国际货币基金组织，2023 – 10 – 10.

停产，货物运输不畅，加之一些国家奉行的单边主义和贸易保护主义，全球贸易往来的活跃度大幅下降。据世界贸易组织（WTO）于2020年9月发布的《2020贸易和发展报告》的相关数据显示，第一季度全球货物贸易量同比下降3%；第二季度更是历史性地下滑，全球货物贸易量环比下降14.3%；第三季度全球货物贸易量环比增长11.6%，尽管有所反弹，但与前一年同期相比却下降了5.6%。到2020年，全球商品贸易比上年减少了1/5，全球外国直接投资（FDI）比上年减少了40%。同时，各国社交隔离措施对服务业打击很大，全球服务贸易萎缩严重。世界贸易组织相关数据显示，2020年全球服务业贸易额比上年下降30%，这是自2008年国际金融危机以来的最大降幅。[①] 其中，旅游业、交通运输业等领域首当其冲，受冲击最为严重，金融服务基本保持稳定，计算机服务领域逆势增长。国际货币基金组织在2023年的一项新研究中表示，国际合作和商业往来的减少可能导致全球经济萎缩，对低收入国家的伤害尤其大。该报告列举了政府政策正在逆转全球经济一体化进程的几种方式，如对贸易、移民和跨境资本流动的限制。报告作者将这一过程称为地缘经济分裂，并表示在长期内这个过程可能拉低全球GDP至多7%。报告同时指出，如果技术共享也受到限制，一些经济体遭受的损失将更大，幅度可能达到8%～12%，主要为低收入和新兴经济体。这可能会使近几十年来的经济全球化功亏一篑。WTO在2023年4月发布的《全球贸易展望和统计报告》中称，2023年全球贸易增长仍将低于平均水平，预计受俄乌冲突、居高不下的通胀、紧缩的货币政策和金融市场不确定性的影响，继2022年增长2.7%之后，2023年全球商品贸易量预计将增长1.7%。[②] 来自牛津经济研究院的报告指出，2023年的总体贸易前景依然疲弱——而且也存在长期风险。虽然随着货运成本下降、能源价格（尤

---

① UNCTAD. 2020贸易和发展报告 [EB/OL]. 联合国贸易和发展会议，2021－03－18.
② WTO. 全球贸易展望和统计 [EB/OL]. 世界贸易组织，2024－04－10.

其是天然气价格）从峰值回落、服务贸易强劲复苏，供应链状况已经基本恢复正常，但疫情的一些影响仍然可见，包括汽车和航空航天贸易的持续疲软。此外，疫情驱动的电子和半导体繁荣现在已经让位给芯片，这对亚洲出口商的负面影响尤为严重。

三是全球外国直接投资（FDI）锐减。直接投资反映的是中长期的投资意愿，投资者更看重一国经济的长期发展前景以及一些基础性优势。新冠疫情加大了世界经济金融的波动性，对于全球的 FDI 影响较大。2020 年，新冠疫情暴发制约了经济活动，全球 FDI 锐减。根据联合国贸发会议（UNCTAD）发布的《全球投资趋势监测》报告的数据，到 2020 年，全球 FDI 流量同比下降 42% 至 8590 亿美元，比 2009 年全球金融危机后的低谷时期还要低 30%，其中欧美下降幅度最大，而中国和东南亚国家的 FDI 比其他国家更有韧性，总体上趋于稳定。外商直接投资下降主要集中在发达国家，同比下降 69% 至 2290 亿美元，为 25 年来最低。①2021 年，随着世界经济复苏带动了 FDI 低位反弹、快速增长。2022 年，全球经济复苏放缓，FDI 增长势头减弱，向疫情前水平回归。疫情对全球FDI 流动产生了中期和长期的影响，从较长期来看，跨国企业会重新思考公司经营活动的地理和行业分布，调整其海外经营的地理位置，缩短其供应链以及供应商和客户之间的距离，保护自身免受供应链中断的影响。

全球主要经济体失业率陡增，全球经济衰退滑向大萧条的风险和可能性都将急剧增加。在高度一体化的全球体系中任何一国或地区都很难独善其身，国际供应链的上下游已经将国内国际两大循环紧密地联系在一起。在未来短期内，发达经济体消费市场的自我恢复将是一个较为漫长的过程，实现世界经济复苏困难重重，国际大循环的经济金融不确定性倍增。

---

① UNCTAD. 全球投资趋势监测报告［EB/OL］. 联合国贸易会，2021 - 01 - 24.

（三）全球产业链的断裂和"去中国化"重构

2008 年全球金融海啸过后，贸易保护主义、民粹主义重新抬头。从 2016 年英国脱欧、特朗普入主白宫，再到 2018 年中美贸易战、全球供应链重组，直至新冠疫情、俄乌冲突，去全球化思潮讨论与争辩甚嚣尘上。根据市场调研公司益普索的调查报告，自 2019 年以来支持全球化的比例正在快速下降。尤其 2020 年新冠疫情席卷全球之后，民粹主义、种族歧视、文化冲突、意识形态对抗等问题日益凸显，一些国家的工作重心不是放在对抗疫情、拯救人民生命健康上，而是放在逃避责任上，以"甩锅"的方式转移国内矛盾，将疫情政治化、民粹化，掀起了一股反全球化逆流，全球产业链遭受重大挫折，造成严重的贸易崩溃。

后疫情时期，仍有可能会出现导致全球化倒退、产业链崩溃的全球大危机。从短期来看，发达经济体经济停摆将造成中国进出口产业链断裂；从中长期来看，发达国家的制造业回流和再工业化则可能动摇现有的产品分工体系。美国是全球最大的经济体，通过持续产业外流，不断地将纺织、服装、家具、钢铁、化工、电子等产业转移出去。但美国在享受产业承接国低综合成本时，也遭受了产业空心化的威胁，一旦创新不足，新兴产业很难发展起来，进口远远大于出口，随之而来的是产生贸易逆差、国际收支逆差和财政赤字。虽然美国拥有很多强势产业，如金融业、医疗业、服务业、教育业等，但美国拥有 3 亿多人口，光靠这些产业是不够的，比如，美国五大湖附近的铁锈地带、以底特律为代表的汽车城等，这些地区原来是美国的制造业中心，随着传统产业转移，新产业支撑不足，导致这些地区经济不断凋敝，大量人口失业、城市破败。近年来，特别是在"反全球化"的支持者特朗普入主白宫后，"逆全球化"思潮在美国盛行，有些美国产品不再到中国生产，而是直接在美国生产、北美销售，形成制造业回归。美国政府还制定了许多优惠政策，促进本土企业回归。

中国凭借劳动力丰富且廉价、资源丰富、环境成本低等优势，承接了发达经济体的劳动密集型的中低端产业，实现了经济的快速增长。然而，随着中国经济的不断发展和人民收入水平的提高，低综合成本比较优势逐渐消失。同时，土地、电力等各种资源的原材料成本和各种资源的价格都在大幅上升，同时环境成本也在上升。当成本上升时，我们的比较优势消失了，这就要求我们进行产业升级。无法在成本上升的情况下实现产业升级，将导致比较优势的锁定和低成本的依赖，最终可能陷入"中等收入陷阱"。所谓"中等收入陷阱"，即在收入达到中等和中上等水平之后，由于产业升级乏力，增长停滞，对外经济依存度上升，难以让我国从中等收入国家进入高收入国家行列。

西部大开发、东北振兴、中部崛起、东部现代化等战略的提出，使中国经济和产业不断发展进步，再加上中国为了避免"中等收入陷阱"不断促进经济的转型升级，发展战略性新兴产业，使经济从中低端向中高端迈进，从世界经济的边缘逐渐走向世界经济的中心，美国地位受到威胁，中国与美国的矛盾日益加深。二战后，全球经贸规则都是由美国主导建立的，但是自从中国加入世界贸易组织后，经济迅速发展，还提出了"一带一路"倡议，联合世界几十个国家共同发展，这实际上动了美国的"奶酪"，打破了以美国为主导的全球经贸规则和全球经贸秩序，所以美国对中国经济的打压也在不断加强。

在奥巴马时代，美国对中国的打压就已经开始了。美国认为，中国的强势崛起造成了亚太力量对比的失衡，为了实现亚太秩序的再平衡，抑制中国的崛起，奥巴马时代提出了"亚太再平衡"战略。在经济上，美国建立了一系列排斥中国的国际经济组织与机制，如跨太平洋伙伴关系协定（TPP）、跨大西洋贸易与投资伙伴协定（TTIP）、国际服务贸易协定（TISA）等。奥巴马时代在战略和经济上对中国的打压已经对中国产生了巨大的冲击。

自特朗普执政以后，对华政策更加强硬、更加不讲道理。特朗普打着"让美国再次伟大""美国优先"的旗号，走向了无理性、无规则可言的孤立主义，先后退出TPP、巴黎气候协定、世界卫生组织。之后还对世界各国加以关税相威胁，对中国发动一轮又一轮贸易战等。虽然中美在2020年1月签订了第一阶段的贸易协定，本以为世界经济形势会稳定下来，但是新冠疫情暴发以后，美国将国内的疫情大流行归咎于中国，中美矛盾进一步升级，美国在贸易、金融、科技、文化、教育、政治、外交、意识形态、军事战略各方面全面和中国对抗，单方面挑起摩擦和冲突。美国对华为、中兴等高科技企业，以及腾讯、阿里、抖音（TikTok）等新兴企业进行打压，把北京理工大学等18所中国高校列为实体清单，目的是打压中国科技产业，与中国脱钩断链。

拜登政府执政以后，"中国威胁论"并没有结束。美国一些政客将打压中国视为头等大事：在政治层面，利用"民主""人权""安全"等标签炮制谎言抹黑中国；在经济层面，违背市场经济规律，大搞对华"脱钩断链"；在科技层面，不择手段地对中国半导体等尖端产业进行围堵封锁。2022年10月，美国商务部升级了半导体等领域对华的出口管制措施。2023年2月，美国将与半导体相关的对华出口管制扩大到日本和荷兰的企业。此后，欧洲、日本、澳大利亚等发达国家紧随美国的步伐，同时在经济和政治上抑制和抵触中国。所以在可以预见的未来，无论是在政治外交、国际战略还是在经济、科技各方面，中国都不可能再与西方国家保持密切的交流合作关系，不可能依靠与发达国家的贸易循环推动经济发展，不可能指望从发达国家获得经济转型升级的动能。因此，未来中国经济以国内大循环为主体将是必然选择，这就是"双循环"战略提出的国际背景。

（四）国内国际循环间高效衔接存在梗阻点

近年来，习近平总书记多次强调，要推动形成以国内大循环为主体、国内国际"双循环"相互促进的新发展格局。这是党中央立足国际国内大势变化，着眼中华民族伟大复兴战略全局和世界百年未有之大变局"两个大局"作出的重大战略部署。这一战略部署对我国在日趋复杂的国际国内环境中，准确识变、科学应变、主动求变，善于积势蓄势谋势，在危机中育新机，于变局中开新局，具有重大意义。总的来看，因受新冠疫情全球大流行冲击，世界经济严重衰退，贸易和投资大幅萎缩，全球产业链供应链面临断裂风险，叠加逆全球化、贸易保护主义等影响，这让我们在国内国际"双循环"的发展中仍存在不少梗阻。如何通过改革、开放、创新多管齐下发力，打通这些痛点堵点，是我们加快构建新发展格局的重要任务。

第一，国际合作的挑战增加。当疫情持续蔓延，重要经济体重新启动和应对疫情之间仍存在着很深的矛盾时，国内国际供应链、产业链的联系就受到了阻碍。

第二，保护落后产能。这两种循环之间需要高度的市场一体化结构，而基于社会因素、利益群体等原因所形成的对落后产能的客观保护，必然会形成一种低效益、高消耗、大规模的落后产能，这必然会与技术创新和国内消费导向的国内循环相矛盾，从而成为国内外循环之间的梗阻点。

第三，垄断企业和垄断行业持续存在。由于垄断企业和行业在市场中具有绝对优势，必然形成贸易保护和技术封锁，垄断市场对价格进行控制，在一定程度上阻碍了技术的交流与进步。

第四，国民经济循环仍不畅。生产、流通、分配、消费是经济活动一个完整的循环系统，目前我国在四个环节中都存在不同程度的梗阻，影响了国民经济的顺畅运行。在生产环节，供给体系的质量和效率与需求结构仍不匹配，低端供给过剩和中高端产能不足并存，难以满足消费者多样化、优质化的消费需求。在流通环节，目前我国流通体系现代化程度仍然不高，还存在不少堵点亟待打通，社会物流总费用占国内生产总值的比率远高于发达国家。特别是受疫情影响，国内外物流受阻，物流费用上升，加重了企业原本就高企的成本。在分配和消费环节，我国收入分配领域还存在许多亟待调整的地方，居民消费率远低于同等收入国家和世界平均水平。

第五，产业链供应链循环面临堵滞风险。产业链供应链跨国分工合作是经济全球化的结果和现代经济的重要特征。产业链环环相扣，一个环节阻滞，上下游企业都无法运转。近年来，一些发达国家加大对中国高科技企业的围堵和打压，要求本国在华企业迁回本国和迁出中国。同时，受疫情影响，来自欧美的生产和需求都在减少，这些都给国内产业链供应链带来一定影响。

第六，生产要素高效流动尚不够顺畅。目前，我国统一开放、竞争有序的市场体系尚未完全形成，特别是要素市场改革滞后，使资本、土地、劳动、技术、知识、数据等生产要素流动不畅，不利于经济高效循环运行。一方面，土地、劳动力、资本等传统要素市场发育不完善，要素流动存在体制机制障碍，影响了要素资源的市场化配置。另一方面，技术、数据等新型要素市场规则建设滞后或缺乏，要素产权不清晰、市场化交易机制不健全，数字孤岛现象较为突出，难以满足经济高质量发展需要。

第二节　动力因素

改革开放40多年来，我国已经具备构建以国内大循环为主体、国内国际"双循环"相互促进的新发展格局的诸多优势和有利条件。进入新时代，中国经济稳中向好、亮点频出，以高端制造、消费升级、数字升级等方面为引领的经济发展模式，在市场化的浪潮中不断推陈出新、转型升级，塑造出中国经济的五大新动能。五大新动能既相互独立，又互为依托，进化出一个又一个色彩纷呈的经济样态，指引着中国经济这艘巨轮乘风破浪。

一、新动能之一：消费升级

一直以来，消费都是我国经济高质量增长的重要动力。消费增长是推动形成强大国内市场的重要引擎，因此促进消费升级至关重要。国家"十四五"规划指出，要"顺应消费升级趋势，提升传统消费，培育新型消费，适当增加公共消费"。根据世界银行的定义，我国目前已经进入中高收入水平国家，拥有全球最大的中等收入群体，正处在由投资主导型向消费主导型转变阶段，多样化、多元化和多层次的消费新增长点不断涌现，人们对美好生活的向往越发强烈，正在经历"从无到有"向"从有到好"转变的消费升级。应以消费升级作为实现人民美好生活愿望的重要抓手，进一步激发消费潜力，提升消费质量，激活我国潜在的巨大消费市场，助推畅通国内大循环。

消费升级将重新定义中国制造，新消费将促进新的供给和企业转型升级，互联网、大数据、物联网、人工智能与实体经济深度融合，丰富消费的品类，做大消费的市场，开创消费新模式。

首先，新消费品类不断涌现助推大都市高消费人群提升生活品质。根据 2022 年天猫"双十一"成交额数据显示，服饰鞋包等产品成交金额增速总体呈现下降趋势，医药健康、美容护理、室内装饰、书籍影像、数码产品成为成交金额增速最快的五大行业，大众消费进入更加品质化的新阶段。与此同时，技术革新促进了生活电器的高频创新，越来越关注舒适度的新兴家电爆款不断涌现，家庭"三小件"从取暖器等基础生活电器向扫地机器人、空气净化器、吸尘器等品质生活电器转变。

移动互联网技术的发展，便利了人们对服务消费的购买，我国服务消费所占比重不断上升。在疫情前的 2013 ~ 2018 年，我国居民服务性消费支出占消费总支出的比重上升 3.4 个百分点。[①] 增长速度名列前 3 位的分别是医疗保健消费支出，交通运输和通信消费支出，教育、文化和娱乐消费支出，其增长速度水平远远高于总消费支出的增长速度。2017 年我国国内旅游人数达到 50 亿人次，是 1994 年的 10 倍。与 1994 年相比，全国旅游支出总额增加了 45 倍，达到 4.6 万亿元。[②] 北京、上海等大都市已经成为引领一、二线城市消费升级的主力军，其商品消费支出增长基本达到饱和。移动互联网技术将服务转变为可方便购买的品类，共享经济、各类到家服务快速发展，消费者切实感受到了服务效率和品质的提升。

其次，新生代消费群体的崛起，三、四线城市和农村消费市场成为消费增长的新引擎。新一代"90 后""00 后"消费群体的购买力不断增强，特别是中低线城市的"年轻购物达人"成为消费增长的新引擎；银发消费群体消费热情高涨，表现出享乐主义、智能化生活的特征，其消费决策具有社会依赖性。此外，还涌现出了一批"精研型消费者"，如时时追求物有所值的"精明买家"，更注重品质的"品味中产"，展现出居民消费日益升级的显著趋势。三、四线城市及农村收入和需求在"互联网 +"的影响下，双双得到提升，产业和消费闭环正在逐渐形成。农村人均消费支出增速在 2013 ~ 2015 年高于城镇。2018 年农村人均消费增长 10.7%，大大高于全国 GDP 增长 4.1 个百分点，高于城镇人均消费增长 3.9 个百分点。[③]京东数据显示，三、四线城市对奢侈品消费的贡献远远低于一、二线城市，但其奢侈品销售增速却遥遥领先。

再次，三、四线城市和农村凭借平台经济实现消费的提升。我国三、四线城市及农村网民数量快速增长，在低线城市及农村市场崛起的过程

---

①③　资料来源：国家统计局官网。

②　资料来源：中华人民共和国文化和旅游部官网。

中，抖音、拼多多等各类平台为这类地区增加了商品的选择空间，更是为农产品的销售提供了可靠的平台，推动农村收入的增长。

最后，内容电商等新消费模式为消费增长引流开辟新渠道。自 2016 年，快手、蘑菇街、淘宝等平台上线直播功能，直播电商产业链开始搭建起来，并在 2017～2018 年迎来快速拓展，期间各平台基建逐步完善；2019～2020 年，直播电商平台百花齐放，加速构建闭环式路径，平台电商运营趋向精细化发展；2021 年至今，在疫情的催化下，直播电商迎来爆发式增长，进入全民直播的时代。自 2017 年起，天猫移动端完成的订单数量已占到所有订单数量的九成，移动消费在中国已经成为新常态。直播带货已经成为电商新的引流方式，商家为消费者搭建的新消费场景，巧妙地把休闲娱乐与购物相融合。根据《2022 淘宝直播年度新消费趋势报告》数据显示，2021 年末直播电商人群破 4.64 亿人，占中国网民的44.9%。[①] 直播电商是逐步常态化、持续增长的万亿级市场。除了人数规模的不断增长外，受疫情持续影响以及 5G、AI、MR 技术发展等多方面的影响，线上直播电商成为人们越发"常态化"的购物方式。在舆情方面，除了越发多元的直播电商品类与场景外，多样的主播类型、短视频与直播相结合的模式等亦为当代消费者所热议。

各类消费平台逐渐成熟，再加上工厂改造，实现了"从工厂到消费者"的模式，各种电商平台纷纷推出了新的生产平台，如阿里巴巴的犀牛智造、京东的京喜、网易严选等。新型制造平台的超级供应链为经营者省去了产品制造、生产等环节，品牌商所需操心的事情越来越少，这也为培育一批本土小而美的原创和特色新生品牌提供了温床。天猫数据显示，2022 年天猫上一共产生了 50000 个成交量达百万级的新品，相当于平均每天就有 136 个百万级新品诞生，破千万和破亿新品的成交达成时

---

① 李婕. 中国电商直播用户规模超四点六亿——跨境电商，主推稳外贸促消费［EB/OL］. 人民日报，2022－11－24.

间平均缩短 9 天，同时，有 500 个品牌的新品销售总额破亿元。冰雪运动、功能性老年服饰、智能化家居日用、保健产品等 100 多个品类，不仅用户规模超过百万人，而且增速超过 100%，成为快速增长的细分赛道。越来越多品牌把新品首发的阵地从线下转移到线上，以激活品牌与消费者之间的"沟通和链接"。2022 年一些行业内的新品呈现三位数同比增长。例如，在摩托车装备类目，新品供给增长超过 500%；在预制菜类目，新品增长超过 300%；在收纳整理类目，新品增长了 230%，儿童玩具和宠物用品的新品也都翻倍增长。① 与此同时，传统的非遗工艺也在通过各大电商平台重新焕发生机。拼多多推出"新品牌计划"，扶持国内中小微制造企业，通过提供研发建议、大数据支持、流量倾斜等方式，培育出新品牌。

二、新动能之二：供给结构升级

党的十八大以来，围绕推动高质量发展，党中央作出了一系列重大战略部署，我国经济实力实现历史性跃升。其中，一项重要举措就是深入推进供给侧结构性改革。推进供给侧结构性改革，是在全面分析国内经济阶段性特征的基础上调整经济结构、转变经济发展方式的治本良方，是培育增长新动力、形成先发新优势、实现创新引领发展的必然要求。回望新时代 10 年，我国始终坚持以供给侧结构性改革为主线，采取改革的办法，运用市场化、法治化手段，推进结构调整和创新驱动发展，持续扩大有效供给。供给侧结构性改革极大地解放和发展了社会生产力，提高了供给结构对需求变化的适应性和灵活性，确保了我国经济运行保持在合理区间，增强了国内外各方面对我国经济发展的信心，为我国经

---

① 王烨捷. 2022 年天猫平台日均诞生 136 个成交量达百万级的新产品［EB/OL］. 中国青年报，2023 – 03 – 31.

济高质量发展奠定了坚实基础。

一是积极推动存量调整和增量优化，有效缓解一些领域长期积累的结构性矛盾，市场供求关系更加平衡协调。新时代以来，我国深入推进"三去一降一补"，将"巩固、增强、提升、畅通"八字方针落到实处，更多运用市场机制实现优胜劣汰，市场供需匹配度明显增强。各地加大对低端落后产能的淘汰力度，钢铁、煤炭、煤电、水泥等行业去产能成效显著，高耗能产业大幅减产。2016～2018年，钢铁和煤炭分别压减淘汰落后产能1.5亿吨和8.1亿吨，煤电淘汰关停落后机组2000万千瓦以上，均提前完成"十三五"时期的去产能目标任务。① 此外，以人为核心的新型城镇化向纵深发展，"房住不炒"得到坚定贯彻落实，住房租赁市场不断发展壮大；国有企业积极稳妥推进混合所有制改革，有效防范化解重大金融风险。此外，国家瞄准经济社会发展的关键领域和薄弱环节，精准发力补短板，加大基础设施、脱贫攻坚、民生建设、生态环保等领域的投入力度，既激发有效需求，又创造有效供给，增强了经济发展后劲。

二是积极培育壮大新动能、改造提升传统动能，经济结构持续优化，产业链供应链韧性和安全水平明显提升。党的十八大以来，国家深入实施创新驱动发展战略，运用"加减乘除法"推动经济结构调整，培育壮大新兴产业，产业价值链向中高端迈进，制造业基础更加稳固。近年来，航空航天、电子通信、新能源、新材料等产业发展迅猛，充电桩、光伏电池、移动通信基站设备等新能源、新动能产品蓬勃发展，高铁、核电等重大装备竞争力居世界前列；高技术制造业和装备制造业持续增长，2022年高技术制造业增加值对规模以上工业增长的贡献率达32.4%；数字经济广泛渗透，现代服务业与先进制造业、现代农业融合步伐加快，

---

① 武力."十三五"时期我国经济社会发展成就显著［EB/OL］.新华网，2020－10－29.

个性化定制生产、协同研发制造、工业互联网等快速兴起，产业数字化、智能化、绿色化水平持续提升，2021 年我国数字经济规模占 GDP 比重达39.8%；加快推进科技自立自强，实施产业基础再造工程，一些关键核心技术实现突破，产业体系更加自主可控和安全可靠。①

三是积极为市场主体纾困解难，市场主体大量涌现、活力迸发。新时代以来，国家深入推进"放管服"改革，把减税降费作为深化供给侧结构性改革的一项重要举措，清理并规范行政事业性收费，阶段性降低企业"五险一金"缴费比例，扩大减半征收企业所得税优惠范围、提高科技型中小企业研发费用税前加计扣除比例、实施增值税留抵退税等，切实减轻了企业负担。据统计，2016～2021 年我国累计新增减税降费超8.6 万亿元。② 此外，国家持续优化营商环境，深化工商登记制度改革，大幅放宽市场准入政策，大众创业万众创新步伐加快，高质量发展的微观基础进一步夯实。截至 2022 年底，全国登记在册市场主体数量从 2012年底的 5500 万户增加至 1.69 亿户，全国登记在册个体工商户超 1.1 亿户，带动就业近 3 亿人。③

实践证明，在"双循环"新发展格局的构建过程中，仍需坚持供给侧结构性改革这一战略方向，使生产、分配、流通、消费更多地依靠国内市场，提高供给体系对国内需求的适应性，促进国民经济循环的通畅。

改革开放 40 余年来，中国利用全球化不断发展的有利环境，不断培育和升级制造业发展的优势，实现了成本优势—速度优势—规模优势的叠加升级，实现了制造业的跨越式发展，这让中国成为全球重要的制造业中心和供应链枢纽。但是同时我们也要清醒地认识到，中国制造在核

---

① 汪文正. 2022 年，全国规上工业增加值同比增长 3.6%——工业经济回稳向好［EB/OL］. 中国政府网，2023-05-30.

② 王震. 财政部："十三五"以来我国累计新增减税降费超 8.6 万亿元［EB/OL］. 人民网，2022-02-22.

③ 魏玉坤，周圆. 2022 年我国 GDP 突破 120 万亿元［EB/OL］. 新华网，2023-01-18.

心技术、高端装备、信息化等方面还面临诸多挑战,"脱实向虚"对制造业发展的负面影响依然突出。

消费型内需升级并非无本之木,而是需要先导性供给升级来支撑。第一,依靠新供给创造新需求,缓解消费意愿不足;第二,通过新供给创造新就业,弥补消费能力不足。供给升级将启动新一轮消费升级,并以升级后的内需市场为基础,完成下一轮供给升级,从而开启国民经济良性循环。根据中国的实际国情,以供给侧结构性改革为主线,未来的供给升级预期将包括两个重要环节,依次传导。一是基础要素供给的升级。一方面,对内坚持改革攻坚,加快五大要素(土地、劳动力、资本、技术、数据)市场化配置,打破城乡二元经济结构,推进国有企业改革,全面提高国内要素配置的效率和质量;另一方面,积极扩大对外开放,通过"一带一路"和人民币国际化,推进国际产能合作和金融合作,促进国内两个市场、两种资源的合理利用。二是商品服务供给的升级。要抓住全球价值链重塑的机遇,把国内价值链延伸为"研发设计→品牌营销→加工制造"这一富有深度的产业链;要抓住服务贸易回流的机遇,推动传统服务贸易向内发展,满足国内服务消费的新需求,加速新兴服务贸易向外生长,与全球体系建立新的联系。

三、新动能之三:绿色经济

2020年9月22日,中国国家主席习近平在第七十五届联合国大会一般性辩论上发表重要讲话强调:"应对气候变化《巴黎协定》代表了全球绿色低碳转型的大方向,是保护地球家园需要采取的最低限度行动,各国必须迈出决定性步伐"。① 中国将提高国家自主贡献力度,采取更加有

---

① 习近平. 第七十五届联合国大会一般性辩论上的讲话 [EB/OL]. 央广网,2020 - 09 - 22.

力的政策和措施，二氧化碳排放力争于 2030 年前达到峰值，努力争取
2060 年前实现碳中和。这是中国首次向全球明确实现碳中和的时间点，
也是迄今为止各国做出的最大减少全球变暖预期的气候承诺。绿色发展
作为新发展理念的重要内容，正在成为我国经济发展的新动能。

党的二十大报告提出，"推动绿色发展，促进人与自然和谐共生"
"尊重自然、顺应自然、保护自然，是全面建设社会主义现代化国家的内
在要求。必须牢固树立和践行绿水青山就是金山银山的理念，站在人与
自然和谐共生的高度谋划发展"。① 绿色发展是关系我国发展全局的重要
理念，是突破资源环境瓶颈制约、转变发展方式、实现可持续发展、高
质量发展的必然选择。绿色发展理念体现了我们党对经济社会发展规律
认识的深化，对于建设美丽中国、全面建设社会主义现代化国家具有重
大的理论意义和现实意义。

绿色发展理念是对马克思主义生态观的继承和发展。绿色发展理念
是习近平生态文明思想的重要内容，深化了马克思主义生态观关于人与
自然关系的观点，打开了人类生存发展命题的认识视野，使马克思主义
生态观在新时代绿色发展实践中彰显出强大的理论力量。马克思认为，
自然界对于人类而言具有客观实在性，与人类存在着双向互动性，人类
必须尊重自然、顺应自然、保护自然。绿色发展理念从马克思主义出发，
为新时代推进经济社会发展拉起了"生态红线"，使实现可持续发展成为
经济社会建设的内在要求。只有坚持绿色发展理念，才能保障生态环境
的健康，真正满足人民日益增长的优美生态环境需要和后代子孙的永久
性发展需要。绿色发展理念是马克思主义生态观的时代阐释，进一步深
化了对新阶段我国经济社会发展规律的认识，标志着我们党对共产党执
政规律、社会主义建设规律、人类社会发展规律的认识达到了新高度。

---

① 王兴栋．"一"文带你看二十大报告［EB/OL］．中国共产党新闻网，2022 - 10 - 17.

　　绿色低碳发展是一场广泛而深刻的经济社会系统性变革。中国特色社会主义进入新时代，随着我国社会主要矛盾的变化，人们对于良好生态产品的需求越来越迫切，必须不断提升生态环境质量。推进发展方式绿色转型有利于破解资源环境约束、实现可持续发展、推动经济结构转型升级，不断满足人民群众日益增长的优美生态环境需求。必须坚持绿色循环低碳方向，通过优化产业结构，走科技先导型、资源节约型、生态保护型的发展之路，走出一条绿色文明发展的新路。

　　绿色发展是实现经济高质量发展的必然要求。当前，我国经济正由高速增长阶段向高质量发展阶段转变，转变经济发展方式是实现高质量发展的必然选择。绿色发展既蕴含着巨大的发展机遇和潜力，同时也将倒逼经济社会体系全面转型升级，进而推动形成绿色低碳产业结构、生产方式、生活方式、空间格局等，推动实现人与自然和谐共生的高质量发展。因此，必须坚持绿色发展的目标导向，更加自觉地推动绿色发展、循环发展、低碳发展，构建科技含量高、资源消耗低、环境污染少的绿色产业结构，形成经济社会发展新的增长点。

　　绿色经济不仅局限于环境保护，它还包括一个完整的绿色经济体系，包括绿色消费、绿色生产、绿色流通和绿色金融。在过去，我们常常将绿色发展和经济增长的关系看作不相容甚至对立的关系，而现在，我们应该转变观念，使之成为相互包容、相互促进的关系。绿色经济不仅是对传统发展模式的补充，而且更具有活力和竞争力，更符合可持续发展的要求，因此，在培育绿色发展新动能时应充分考虑产业发展模式的"绿色化"。

　　一是农业的绿色转型发展。党的十九大报告提出，推动农业的绿色转型，就是要以实施乡村振兴战略为总抓手，以绿色发展为导向，加快推进农业发展转型升级，推进农业供给侧结构性改革，加快培育农业农村发展新动能，补齐农业农村短板，确保粮食及主要农产品有效供给安全、农产品质量安全和农产品产地资源环境安全。推动农业绿色转型发展，既有利于解决我国水土资源遭受严重污染的问题，又有利于提高水土资源的产出率，为全面推进农村生态文明建设奠定基础。

二是工业的绿色转型发展。应充分利用信息化手段，加大绿色投资力度，推进产业结构的生态化改造和升级，实现产业结构的绿色转型升级，实现传统产业低投入、低消耗、低排放、高产出、可持续发展的绿色发展模式。

三是服务业的绿色发展。发展现代服务业，事关中国经济绿色发展的前景，也是加快绿色发展的内在要求，对转变产业结构和转变发展方式来说，实现经济社会可持续发展具有重要意义。面对经济发展新常态，必须在保持工业平稳较快增长的同时，大力培育和发展绿色金融、绿色物流、绿色旅游、大数据产业、节能环保服务业等绿色发展新动能，为推动经济增长提供新引擎，助力新旧动能转换。

此外，走生态优先、绿色低碳的高质量发展之路，还应以下三个方面作为着力点。

第一，坚持结构调整推动绿色低碳发展。加快对传统产业的绿色赋能，大力推动产业绿色化、绿色产业化，增强主导产业引领带动作用，加速推动产业迈向中高端领域。加快产业结构调整优化力度，控制高能耗、高排放项目，既踩住能耗"双控"的"刹车"，又加大绿色低碳转型发展的"油门"。瞄准低碳产业技术发展趋势，着力构建绿色技术体系，加快布局未来低碳产业，持续推动绿色低碳产业蓬勃发展。稳步调整能源开发和利用结构，推动形成能源生产清洁主导、能源使用电能主导的绿色低碳发展格局。推动互联网、大数据、人工智能、第五代移动通信（5G）等新兴技术与绿色低碳产业深度融合，建设绿色制造体系和服务体系。加快推进绿色农业发展，建立绿色低碳循环的农业产业体系。发展循环经济，推动可再生资源清洁回收、规模化利用和集聚化发展。

第二，创新驱动绿色低碳高质量发展。"十四五"时期，我国生态文明建设进入了以降碳为重点战略方向、推动减污降碳协同增效、促进经济社会发展全面绿色转型、实现生态环境质量改善由量变到质变的关键时期。实现碳达峰碳中和要突出强调创新驱动绿色发展的重要性。科技创新作为一个创造性、风险性、收益性并存的活动，其成果转化与应用均离不开现代信息网络、数字技术、数字知识等数字经济要素的底层支撑。科技创新是走向碳中和的最终解决方案。在实现第二个百年奋斗目标的征程中，通过创新驱动和绿色驱动，中国一定会在实现社会主义现代化建设目标的同时实现"双碳"目标，为人类应对气候变化、构建人与自然生命共同体作出巨大贡献，把一个清洁美丽的世界留给子孙后代。

第三，坚持处理好保护和发展的关系，推动绿色低碳发展。推动绿色低碳发展，要综合考虑生态环境保护、减少温室气体排放对推动经济社会高质量发展的作用和影响，平衡好生态环境保护与经济社会发展的关系。切实统筹好发展与减污降碳的关系，把握好减碳节奏，避免蜂拥而上的运动式"减碳"，避免不考虑自身发展水平和能力而采取脱离实际的减碳行为，同时要防止只喊口号、不见行动、不见效果的表面减碳行为。

"十四五"规划纲要指出，全面推行循环经济理念，构建多层次资源高效循环利用体系。深入推进园区循环化改造，补齐和延伸产业链，推进能源资源梯级利用、废物循环利用和污染物集中处置。因此，必须优化能源结构，推进能源供给革命，发展新能源和节能环保产业。开发、储存和输送清洁能源的技术不断取得突破，因此被称为"第五能源"的节能技术也有望取得重大进展，新能源的使用效率将显著提高，为经济增添新活力、新动能。

四、新动能之四：数字经济加速发展

（一）数字经济发展刻不容缓

党的二十大报告提出，要大力发展数字经济，促进数字经济和实体经济深度融合，打造具有国际竞争力的数字产业集群。面对全球数字经济浪潮，各地积极打造数字产业集群，推动经济可持续和高质量发展、加快构建新发展格局，人工智能、大数据、电子信息等一批数字产业集群实现了从无到有、从小到大、从弱到强的转变。纵观历史，近现代社会的每一次重大变革，都与科学技术的创新突破紧密相关：蒸汽机技术成就了第一次工业革命，开启了人类社会的现代化历程；电气技术的发展又开启了第二次工业革命，推动了西方国家的现代化。当前，新一轮数字技术革命正在加速兴起，这是加快推进中国式现代化需要把握的关键机遇。发展数字经济是我国把握新一轮科技革命和产业变革新机遇的战略选择，是助力实现中华民族伟大复兴、推进中国式现代化的重要议题。在此大背景下，有必要深入理解数字技术对于中国式现代化的重要意义，准确把握数字经济发展在推进中国式现代化过程中的重要地位，在数字技术创新、数字社会和数字政府建设、数字生态体系构建等方面全面推动我国数字经济发展，以数字经济发展赋能中国式现代化的加速推进。

全面发展数字经济契合国家发展的战略需求，是助力我国建设成为社会主义现代化强国的重要一环，与推进和拓展中国式现代化紧密相关。

首先，发展数字经济有助于推进中国式科技现代化并赋能中国式新型工业化，也是加快建设成为社会主义现代化强国的重要支撑。数字经济的底层核心技术包括半导体、信息通信技术、智能硬件等，代表着科学技术的发展前沿。近年来，以人工智能、云计算、大数据、区块链技术等为代表的前沿数字技术，正通过工程化和产业化的方式，全面融合渗透到传统产业中，推动传统农业、工业和服务业向高端化、智能化与网络化转型。此外，数字经济也有助于优化甚至重构市场结构和生态，催生新产业、新业态和新模式，显著提高全要素生产率，同时能够通过降低信息摩擦的方式提升市场效率，为经济增长提供新动能。

其次，发展数字经济有助于赋能中国式产业现代化，是推动高质量发展的重要战略部署。现阶段，我国面临的外部环境严峻复杂，必须加快构建以国内大循环为主体、国内国际"双循环"相互促进的新发展格局。数字技术可以推动产业链上下游企业的整合，有利于生产要素和资源的快速流动和高水平融合，帮助市场主体重构组织模式，突破地理空间限制，畅通国内外经济循环。

再次，数字经济也有助于拉动国内消费，形成国内大循环。在需求端，数字技术的应用能够降低消费者的购物成本，提高匹配效率；在生产端，则有助于助力企业采取个性化定制及柔性化生产，提高供给侧质量。它催生的直播经济、远程办公、在线医疗等新模式新业态，又培养了消费者的新消费习惯，围绕互联网实现的生产和生活需求将逐渐增加，数字经济的巨大发展潜力还将进一步释放。

最后，发展数字经济有助于扎实推进共同富裕，是走好中国式现代化道路的重要举措。数字技术具有促进协调发展和共享发展的潜能，它打破了地理区域空间的限制，更有利于区域的协调发展。例如，农村电商的发展缓解了高质量农产品供需双方的信息不对称，有助于助力乡村振兴。数字技术还可以帮助线上线下产业打通，让传统行业、中小企业等相对弱势的经济主体在发展过程中不掉队。

（二）数字经济助力社会生活

疫情期间，数字技术、数字产业和数字服务在新冠疫情的防治中发挥着重要作用，展示出更广泛的应用前景和发展潜力。而在后疫情时代，新一代数字相关技术将继续为数字产业赋能加力，提供更多的数字产品和服务。

在疫情期间，数字技术不仅在疫情防控中发挥了作用，在社会生活中也发挥了重要作用。在疫情防控中，智能医疗机器人在医院中的应用，大大降低了交叉感染的风险；智能化的医疗影像分析技术提高了诊断的速度和准确率；远程医疗为专家的远程会诊创造了条件，解决了我国疫区专家资源不均匀和安全性的问题。同时，数字技术在保障社会正常运转方面也发挥了非常重要的作用。在线教育、无接触配送、零售电商等都得益于我国数字技术的发展。

（三）数字经济方兴未艾

随着中国数字经济的发展，中国正在从"追赶者"变身为"超越者"，涌现出了诸多本土新业态、新模式。数字技术赋能传统制造业，企业具备开拓新发展道路的强劲动能，国际竞争力日趋增强。中国数字经济企业逐渐具备全球化视野和过硬实力。

1. 电子商务市场规模持续引领全球，互联网领域活力十足

截至 2022 年底，中国移动互联网用户达到 14.53 亿人，占全球网民总数的 32.2%。与之相比，美国网民数量增长缓慢，平均每年增长 2.6%。2022 年全国网上零售额 13.79 万亿元，同比增长 4%。其中，实物商品网上零售额 11.96 万亿元，同比增长 6.2%，继续领跑全球电子商务市场规模，服务能力和应用水平进一步提高。[①] 庞大的市场规模催生了一大批互联网和相关服务企业，中国正在逐渐成为全球第二大互联网"独角兽"企业聚集地。2021 年，我国数字经济规模达到 45.5 万亿元，

---

① 资料来源：国家统计局官网。

占 GDP 比重达到 39.8%，同比名义增长 16.2%，高于同期 GDP 名义增速 3.4%。[①] 截至 2022 年 12 月，我国规模以上互联网企业业务收入额达到 14590 亿元，我国上市的互联网企业总市值为 10.3 万亿元。截至 2022 年底，全球市值最高的 30 家互联网企业中，我国有 11 家企业上榜，仅次于美国的 16 家。[②]

2. 新技术、新领域不断涌现，产品和服务日趋多元

随着技术的迭代，新技术、新领域不断涌现，数字新生活不断丰富。云计算、大数据、物联网、人工智能、区块链、AR、VR 等技术创新与产业化进程加速推进。本地生活、教育、医疗、办公等领域加快数字化应用，让需求变得旺盛。产品和服务对变化的需求快速做出反应，不断推出新的产品来满足需求、引领需求。新型经济、新型业态、新型模式不断涌现，数字经济发展空间更加广阔。

3. 数字要素聚沙成塔，赋能国家治理现代化

近年来，全球大数据存储量保持高速增长，其中，中国平均年增长速度比全球快 3%，是全球数据增长最快的国家。[③] 据预测，中国到 2025 年有望成为全球最大的"数据库"。我国大数据产业逐步标准化、规范化，加上对区块链等新技术赋能，各类数据之间将建立紧密的逻辑联系，数据价值将得到进一步挖掘。大数据等数字技术成为政府服务的有力辅助，推动了国家社会治理体系和治理能力现代化变革。

"数字政府"建设加速落地。新冠疫情更是加速了社会治理数字化进程，强化了公共治理的"数字化思维"。在"新基建"浪潮的推动下，5G、城市物联网、数据库中心等基础设施加速部署升级，"一网通办"

---

① 王镜榕. 凝聚数字经济澎湃发展新势能——数字经济发展部际联席会议制度建立 [EB/OL]. 中宏网，2022 - 07 - 29.

② 刘守英. 推动数字经济与实体经济深度融合 [EB/OL]. 中国经济形势报告网，2023 - 04 - 02.

③ 资料来源：《IDC：2025 年中国将拥有全球最大的数据圈》白皮书。

"一码通行"方便了社会治理，线上认证、不见面审批的方式更为普及。与此同时，社会组织与企业开展扶贫项目，电商公司、电商平台为贫困用户享受教育、医疗、金融等各方面公共服务提供机会。利用数字技术实现精准分析、精准服务和精准施策，精准定位人民群众的需求，更好地满足人民群众对美好生活的向往。

（四）数字经济发展方向

数字化已经成为现代化发展的战略新引擎，是推动实现中国式现代化的新动能。《中华人民共和国国民经济和社会发展第十四个五年规划和2035年远景目标纲要》更是为未来的数字化发展指明了发展思路，还提出了具体四个方面的抓手，包括打造数字经济新优势、加快数字社会建设步伐、提高数字政府建设水平以及营造良好数字生态。下一步，需要在以下几个方面精准发力，以数字经济发展赋能中国式现代化的加速推进。

第一，以数字技术创新赋能经济高质量发展。随着人工智能、大数据、云计算等重大颠覆性技术不断突破，新模式、新业态不断涌现。数字技术已经成为实现数字产业化和产业数字化的重要推动力，有必要建立并持续完善协同创新体系，将高校、科研院所及企业的创新资源有机整合，全面推进数字技术创新成果产业化。此外，以加快实现中国式新型工业化为目标，要整合前沿数字技术与新兴工业技术，并鼓励企业将其深度应用于从研发到生产再到服务的工业全流程，加快发展现代产业体系。与此同时，大力推进专业化、定制化的产业数据服务，驱动数字技术、数据要素和应用场景的深度交融。形成以数据驱动为核心，综合运用人工智能、机器学习、边缘计算等新一代数字技术，推动中国式工业化的数字化转型升级，通过促进数字经济与实体经济深度融合，推动我国经济高质量发展。

第二，以数字社会建设赋能中国式新型城镇化。党的二十大报告提出要"推进以人为核心的新型城镇化",数字经济是推动新型城镇化高质量发展的全新动能。数字社会建设是面向公共服务和社会治理的全面实践转型。当前,我国数字社会建设总体仍有进步空间,建议积极创新数字解决方案,全面推进数字社会建设。以数字化技术指导社会服务模式创新,推动公共服务均等化,早日消除日益凸显的各类"数字鸿沟",加快缓解人群间、地区间数字化发展不平衡的问题等。

第三,以数字政府建设赋能政府治理现代化。数字政府建设有助于提升政府的决策能力,增强决策的精准性和科学性。数字政府还能够为政府的公共服务治理赋能,助力实现公共服务的精准供给。此外,数字政府还能在市场监管、社会治理乃至环境保护等领域全面赋能,引导政府全方位现代化转型。展望未来,应当坚持将数字政府建设作为政府治理现代化转型的主要载体,推进"互联网+政务服务"在各级各地政府机构中的应用,同时主动探索适合数字经济发展的市场服务体系,努力建设成为治理现代化的"有为政府"。

第四,以数字生态体系构建支撑中国式现代化全面推进。良好的数字生态体系能够加速推进数据要素价值化,充分释放数据价值,提升数据要素赋能作用,还能够推动数字产业链协同,全面提升我国数字经济企业竞争实力,为我国数字经济企业国际化、推动构建全球数字命运共同体提供支持。"十四五"规划中也曾明确提出要"构建数字规则体系,营造开放、健康、安全的数字生态"。未来应当下大力气加快建设并不断优化完善数字生态体系,推动我国数字经济做强做优做大,助力中国式现代化的早日实现。

五、新动能之五:国际定位升级

世界经济全球化以来,全球各地区的经济与产业连接日益紧密。为了利用好有利的外部条件实现发展，中国以顺应经济全球化潮流为战略出发点实行了改革开放。40 多年来，世界经济的外部环境都是由西方发达经济体所决定的，中国只能去适应它、接受它，而无法去改变它，中国正是在这样巨大的挑战和压力下一步步走过来的。在综合国力日益增强的今天，中国在世界上的地位也在发生着巨大的变化，并日益发挥着重要作用。如今，中国正越来越接近世界舞台的中心，这意味着中国本身就是国际环境的决定因素之一，中国的每一步发展都会影响和改变国际格局。

在当今国际格局中，中国的影响力、塑造力和感召力逐渐显现出来。中国的发展为世界带来了机遇，经济规模在世界上的比重越来越大。"一带一路"倡议的提出，寻求的是参与国共同发展，逐步缩小南北发展差距，这就是中国的影响力。我国在全球治理各领域中的作用和影响不断提升，如应对气候变化、改革国际货币体系等，对世界经济发展具有举足轻重的作用，这就是中国的塑造力量。近几年来，中国的主张得到了世界的响应，如中国创办亚投行，世界各国广泛参与；中国提出建设"一带一路"倡议，得到世界各国的普遍认同；人类命运共同体的理念深入人心等，这就是中国的感召力所在。

2020 年，一场突如其来的疫情使世界经济遭受重创，整个中国的经济和社会发展受到干扰，但在中国政府的正确领导下，仅用 2 个月的时间就及时控制住了疫情，向世界释放了一个积极的信号——中国强大的综合国力。尽管在控制住疫情之后，中国经济仍处于复苏阶段，但中国政府和民间组织竭尽全力帮助他国抗击疫情，彰显了大国担当。中国在抗疫过程中积极向世界各国提供医疗物资，包括口罩、防护服、化验试剂等，派出专业医务人员赴疫情严重地区进行支援，并提供资金上的援助。中国政府还承诺，新冠疫苗将以全球公共产品的形式在全世界使用。作为世界上最大的发展中国家，中国积极参与对发展中国家的援助，以促进世界经济的发展。在疫情暴发后，中国更自觉地承担了大国责任，第一时间向发展中国家提供必要的抗疫援助。经过这一次新冠疫情的考验，在国际社会新秩序的建设中，已经融入了人类命运共同体的和平发展理念，中国正在成为国际新秩序的引领者和维护者。

面对疫情冲击，中国坚持对外开放基本国策不动摇，在吸引配置全球资源要素、提升贸易投资合作质量的同时，稳步扩大规则、规制、管理、标准等制度型开放，为我国经济复苏注入强大动能，也为世界经济发展注入更多正能量和确定性。坚持经济全球化正确方向，积极构建面向全球的高标准自贸区网络，推动加强国际宏观政策协调，在扩大开放中与世界各国共享发展机遇。秉持人类命运共同体理念，提出全球发展倡议、全球安全倡议，积极推动全球减贫、粮食安全、气候变化等领域合作，展现大国责任担当。始终坚持守望相助、和衷共济，积极推进国际抗疫合作，发起新中国成立以来最大规模的全球紧急人道主义行动，向多个国家提供物资援助、医疗支持、疫苗援助和合作，为全球团结抗疫作出巨大贡献。

随着中国国际地位的提升和东西方壁垒的消失，加上 2020 年中国疫情及早得到控制以及经济的"V"型反弹，世界的资金、资源、技术和人才乃至市场，都从过去集中在西方发达国家的中心地带，向更加广阔的边缘扩散，向中国集中。跨国企业对中国投资的信心在此次疫情暴发后明显增强，外迁意愿大幅下降，更多国际优质要素、商品和服务将进入中国内部，推动国内国际循环相互促进。中国要抓住机遇，利用生产要素的全球重新配置，实现自身的快速发展。

新时代的中国坚持走和平发展道路，推动建设新型国际关系，为国际关系健康发展注入正能量。立足于人类前途命运的宏大视野，中国提出构建人类命运共同体的重要理念，成为中国与世界深刻关联互动的鲜明标识。中国开创性提出建设相互尊重、公平正义、合作共赢的新型国际关系，开辟结伴而不结盟、对话而不对抗的国与国交往新路。中国积极探索并大力推动构建总体稳定、均衡发展的大国关系框架，秉持亲诚惠容理念和与邻为善、以邻为伴的周边外交方针理念以深化同周边国家的关系，秉持正确义利观和真实亲诚理念去加强同广大发展中国家的团结合作，同110多个国家和地区组织建立不同形式的伙伴关系，形成全方位、多层次、立体化的全球伙伴关系网络。不断扩大的"朋友圈"，标注了中国与世界互动的新高度。

新时代的中国坚定不移奉行互利共赢的开放战略，为世界共同发展增添新动力。从北京亚太经合组织领导人非正式会议作出启动亚太自贸区进程的重大决定，勾画建设亚太互联互通网络的新蓝图，到二十国集团领导人杭州峰会达成28份具体成果文件，首次把发展问题置于全球宏观政策框架的突出位置，首次制定落实联合国2030年可持续发展议程行动计划，首次采取集体行动支持非洲和最不发达国家工业化，树立起新的"全球标杆"，再到连续举办四届中国国际进口博览会，宣布一系列扩大开放新举措，持续引领全球开放合作之风，中国特色大国外交持续推动开放合作，为建设共同繁荣的世界作出重要贡献。10年来，中国积极推动共建"一带一路"高质量发展，推动创设亚洲基础设施投资银行、新开发银行，设立丝路基金，推动《区域全面经济伙伴关系协定》生效实施……国际人士指出，中国积极推动与各国共同发展，为全球发展事业开辟更加光明的未来。

新时代的中国高举真正的多边主义旗帜，积极参与全球治理体系改革和建设。作为最大的发展中国家和联合国安理会常任理事国，中国坚定维护国际关系基本准则，推动国际关系民主化，旗帜鲜明反对霸权主义和强权政治，维护国际公平正义。中国提出构建人类卫生健康共同体，为共同守护人类生命健康提供遵循；中国以前所未有的雄心和行动应对气候变化、维护生物多样性，推动共建全球生态文明，共同构建人与自然生命共同体；中国提出并推动落实全球发展倡议，倡导构建全球发展共同体，推动全球发展迈向平衡协调包容新阶段；中国提出全球安全倡议，致力于携手各方破解全球安全治理难题，展现如何构建人类命运共同体理念在安全领域的生动实践。联合国秘书长古特雷斯赞赏中方长期以来在支持多边主义、推动国际合作与可持续发展等方面发挥的关键作用，表示同中国的伙伴关系是联合国和多边主义的重要支柱。

第六章

中国特色国民经济"双循环"
　　新发展格局的构建路径

第一节　基本原则

一、坚持以精准经济学为理论基础，以发展经济学为指导

对于"双循环"新发展格局的深刻内涵，我国诸多学者已经进行了阐述，其背后的理论基础也已经清晰明了，新发展格局就是一揽子宏微观政策框架的体现。经济循环实质意义上是指各种经济生产要素之间如同"蛛网"一样相互连通，紧密联系在一起，相互渗透、相互作用的一种对称平衡关系。从经济学的宏观、中观、微观的三个层次分别来看，它被赋予了不同的含义，分别是：经济结构中的供需之间的平衡，产业链的各环节之间、产业链与产业链之间的平衡，社会再生产之间的平衡。新发展格局主要处理的问题包括国家主体与经济全球化关系、国内与国际两个市场关系、经济增长与经济高质量发展的关系。构建新发展格局既有内循环理论也有外循环理论，内循环理论以马克思的消费理论、萨伊法则、马尔萨斯的有效需求理论、凯恩斯的有效需求不足理论、卡莱茨基创新性的需求理论、大国经济发展理论、罗斯托经济成长周期论为主，外循环理论以从国际分工理论、以技术为着力点阐释技术差距理论、产品生命周期理论和研究开发要素理论、由相似需求或结构而引致的国际贸易理论为主，这些理论为我国"双循环"新发展格局提供了坚实的理论基础，其本质是精准经济学的层次含义。精准经济学是通过认识经济深层本质、把握经济深层发展规律、建立经济深层对称结构，构建精准经济模式，准确预测经济发展趋向、精准达到预期经济目标、使经济效益最大化与经济可持续发展的经济学，其注重战略分析与定性分析，为以信息对称为核心机制的5G、互联网、云计算、物联网技术为大数据

的精确运行、资源的精准对接、实现资源优化配置和经济高质量发展提供了技术基础，是经济高质量发展的理论指导（陈世清，2020）。新发展格局将旧模式——供给与消费的一般均衡、以 GDP 测度经济发展的单维度经济结构，转变为新模式——多维度衡量经济发展与社会发展的立体经济结构，而新模式下的"双循环"新发展格局，是发展的核心，也是发展经济学的核心，这就要求"双循环"新发展格局的构建要坚持以精准经济学为理论基础，以发展经济学为指导，搭建起促进我国经济高质量发展与人民生活水平提高的通道。

二、坚持以内循环为"心脏"，内外循环互促

"双循环"新发展格局自提出以来，一度成为各学界研究的热点话题。"双循环"的提出是我国重大战略转变的核心体现，也是在时代背景催生下以及我国为实现伟大复兴的中国梦与应对"百年之大变局"的结果。我国从过去以"外循环"为主逐渐演变成为以"内循环"为主，内外循环互促的新发展格局是大国经济不断演变的选择。新发展格局是一个硬币的"两面"，不是一个对立的状态。根据马克思经济理论，社会再生产过程包括"生产—分配—交换—消费"四个环节，这四个环节相互影响、相互作用，周而复始，不断循环，共同决定了社会再生产的有序运行。在货币化经济社会，交换过程演化为商品流通。西方经济理论一般基于供给和需求关系探讨经济活动的开展和运行（刘昊等，2020）。随着大国经济成长，以扩大内需为战略基点是畅通国内大循环的核心要点。正如从经济学的解释上来说：扩大内需以后，就是形成以有效的供给来回应需求的一种经济循环，而现在直接将其表述在"内循环"这一概念上，实际上是更加强调原来的循环里基于本土的这一部分，从而有了这样一种合乎逻辑的认识和表述上的延伸（贾康，2021）。一直强调以内循

环为主体并不是代表了我国要将市场范围收缩,反而在某种意义上说是市场范围的扩张,内循环包含了更加强大的、更加顺畅的国内市场,还包含了更高级的内需体系,内循环是外循环的基石与支撑。

构建新发展格局要求的是开放的国内国际"双循环",不是封闭的国内单循环。我国经济已经深度融入世界经济,同全球很多国家的产业关联和相互依赖程度都比较高,内外需市场本身是相互依存、相互促进的。以国内大循环为主体,绝不是关起门来封闭运行,而是通过发挥内需潜力,使国内市场和国际市场更好联通,以国内大循环吸引全球资源要素,更好利用国内国际两个市场、两种资源,提高在全球配置资源能力,更好争取开放发展中的战略主动。要科学认识国内大循环和国内国际"双循环"的关系,建设更高水平开放型经济新体制,实施更大范围、更宽领域、更深层次的对外开放,塑造我国参与国际合作和竞争新优势,重视以国际循环提升国内大循环的效率和水平,提高我国生产要素质量和配置水平,推动我国产业转型升级。内循环要想得以实现,更大范围更宽领域更深入的对外开放所带来的推力是必然的,它是内循环强有力的外延,服务于内循环,内外循环的良性互动是"双循环"得以实现的必要前提。正如贾康学者所提出的:内循环与外循环的相互促进所形成的经济运行,植根于中国走向现代化、弥合二元经济进程中经济社会的"成长性",就是将有一轮一轮的开发来扩大城镇建成区,以接纳从农村进入城镇区域的原农村人口,一轮一轮的基础设施建设及其升级换代,一轮一轮的产业结构优化互动和产业升级,一轮一轮的人力资本培育不断释放巨量的需求并得到本土和外部所有可能的有效供给的回应,来支撑这个经济"双循环"(贾康,2021)。因此,新的发展格局必须坚持以内循环为强大的"心脏",内外循环互促的原则,切忌经济的内卷化。经济全球化让全球产业链变得"你中有我,我中有你",因此一个国家要发展,内外循环就犹如"鸟之两翼,车之双轮",二者是统一关系。

三、坚持需求侧管理与供给侧结构性改革相结合

改革开放以来，随着人口红利的退潮、"中等收入陷阱"的危机以及经济全球化等内外双重因素，我国经济进入新常态。2015 年，习近平总书记开始研究经济结构性改革和城市工作，最终在 2017 年党的十九大报告中正式指出深化供给侧结构性改革的概念与任务路线，主要是经济运行体制机制的改革，这是我国改革开放一脉相承的主线，解决的是结构性问题。随着时间线的推移，供给侧结构性改革的重点逐渐发生变化，2016 年，主要在于传统产业的去产能；2017 年，关键点在于金融领域的去杠杆；2018 年，切入点开始转变为补短板。

习近平总书记在中共中央政治局第二次集体学习时强调，要搞好统筹扩大内需和深化供给侧结构性改革，形成需求牵引供给、供给创造需求的更高水平动态平衡，实现国民经济良性循环。这对加快构建新发展格局提出了重要要求，也为推进当前经济工作指明了着力方向。当前经济运行面临的突出矛盾是总需求不足，必须大力实施扩大内需战略，采取更加有力的措施，使社会再生产实现良性循环。实施扩大内需战略与坚持深化供给侧结构性改革主线并不矛盾，二者具有内在一致性。推动经济高质量发展，要把实施扩大内需战略同深化供给侧结构性改革有机结合起来，以创新驱动、高质量供给引领和创造新需求，培育完整内需体系，形成更高水平供需动态平衡。

"需求侧管理"的内涵重点是从宏观经济调控角度对投资、消费和出口等需求侧的各个变量进行管理的日常活动，而宏观经济调控的目标是力求宏观经济的平稳运行和循环畅通，也就是说需求侧管理的要求是围绕需求侧的各个变量进行管理以保证经济循环畅通和经济平稳运行（黄群慧，2020）。在我国经济发展的问题中，除了供给侧方面的问题外，也

存在着有效需求不足的问题。在经济发展过程中，供给与需求是不可或缺的两面，供给侧是从生产端入手，是各经济要素的端点，需求侧是从消费端入手，是 "三驾马车" 的入口，两者之间形成一个紧密的网络，互为必要条件。2020 年 12 月，中共中央政治局会议召开，在分析研究 2021 年经济工作时提出，要扭住供给侧结构性改革，同时注重需求侧改革，打通堵点，补齐短板，贯通生产、分配、流通、消费各环节，形成需求牵引供给、供给创造需求的更高水平动态平衡，提升国民经济体系整体效能。① 因此，两者之间的关系是 "互补品"，而非 "替代品"，要相互作用，两端共同作用，才能打通整个 "双循环" 的各个堵点、断点。

习近平总书记在中共中央政治局第二次集体学习时强调："要搞好统筹扩大内需和深化供给侧结构性改革，形成需求牵引供给、供给创造需求的更高水平动态平衡，实现国民经济良性循环。"② 扩大内需和深化供给侧结构性改革应从消费和投资两个方面着力。

从消费方面看，要围绕建立和完善扩大居民消费的长效机制发力，更好发挥消费的基础性作用。一方面，通过深化供给侧结构性改革，使供给体系和供给质量能够顺应消费升级趋势，着力满足个性化、多样化、高品质消费需求，实现需求牵引供给；另一方面，供给侧结构性改革要从培育完整内需体系入手，高度重视实施就业优先战略和深化收入分配领域改革，提高居民收入水平。党的二十大报告提出，强化就业优先政策，构建初次分配、再分配、第三次分配协调配套的制度体系，努力提高居民收入在国民收入分配中的比重。这些改革方向和内容既是实施就业优先战略和深化收入分配制度改革的重要任务，也是完善内需体系、畅通国民经济循环的重要要求。

从投资方面看，要围绕完善扩大投资机制、拓展有效投资空间发力，

---

① 资料来源：新华网。

② 习近平在中共中央政治局第二次集体学习时强调 加快构建新发展格局 增强发展的安全性主动权 [EB/OL]. 新华网, 2023 - 02 - 01.

更好发挥投资的关键作用。居民最终消费是收入和就业的函数，而收入和就业的增长在一定意义上又取决于投资的增加。因此，消费和投资不能割裂开，构建新发展格局，需要协同发挥消费与投资对经济增长的支撑作用。人口规模巨大是我国的基本国情，我国 14 亿多人口整体迈进现代化社会，规模超过现有发达国家人口的总和，从人均角度看，我国现代化基础设施、民生等很多领域都还有较大提升空间，与发达国家相比总体投资缺口还很大。投资驱动经济增长的突出问题在于资本边际报酬递减以及容易出现过度投资对经济结构的扭曲等问题。因此，问题的关键不是要不要投资，而是如何提高投资的有效性。也就是说，扩大投资的关键在于形成完善的投资机制，使投资方向符合民生"补短板"、产业"促升级"要求，成为有合理回报的有效投资。为此，一方面，要通过供给侧结构性改革完善投融资体制机制，注重提升公共投资效率，加快建设高标准市场体系和更高水平开放型经济新体制，持续激发民间投资活力，吸引全球资源要素，打造市场化、法治化、国际化一流营商环境，让国企敢干、民企敢闯、外企敢投。另一方面，要善于把握有效投资的重点方向，扩大解决发展不平衡不充分问题的投资，包括增强创新能力、保护生态环境、改善民生等方面的投资，加快建设现代化基础设施体系和自主可控、安全可靠、竞争力强的现代化产业体系，尤其是要按照高质量发展的要求适度超前部署新型基础设施建设，扩大高技术产业和战略性新兴产业投资。

进入"十四五"期间后，"双循环"新发展格局构建的步伐会越来越快，框架会越来越完整，路线会越来越明晰，坚持需求侧管理与供给侧结构性改革相结合将是"十四五"时期我国经济社会发展的一项基本指导思想和应遵循的原则。

四、坚持可持续发展理念

党的十九大报告中指出我国社会主要矛盾发生了转变，人民已经不再满足"马斯洛"需求层次的最底层需求,对美好生活需求的内涵变得越来越丰富。习近平总书记在赴青海代表团审议中提到:坚持生态优先、推动高质量发展、创造高品质生活。摆在第一位的是"坚持生态优先"。① 近年来,以生态保护优先理念协调推进经济社会发展,已经培育形成了以生态经济、循环经济、数字经济和飞地经济等为引领的经济转型发展新格局。② 在构建"双循环"新发展格局背景下,做大做强国内市场,不仅要以供给侧结构性改革为主线,还要与需求侧管理相结合,走可持续发展道路。按照五大新发展理念要求,新发展格局重点在于高度开放大多数我们自己的行业和市场准入,进而使国内巨大的市场真正成为高开放度、安全性和流动性的市场,使全世界的生产性要素(包括人才、资本、金融)都愿意来到中国。经济全球化使众多发达国家建立起绿色壁垒,如果中国不时刻坚持五大新发展理念,那么市场将很难打开。我国已经对国际做出绿色承诺:力争在 2030 年达到碳排放峰值,2060年实现碳中和。③ 党的二十大报告全面系统总结了党的十八大以来我国生态文明建设取得的重大成就、发生的重大变革,深刻阐述了人与自然和谐共生是中国式现代化的重要特征,对"推动绿色发展,促进人与自然和谐共生"作出重大战略部署。报告科学擘画了我国生态文明建设未来五年的主要目标任务和到 2035 年的总体目标,即未来五年,城乡人居环境明显改善,美丽中国建设成效显著;到 2035 年,广泛形成绿色生产生活方式,碳排放达峰后稳中有降,生态环境根本好转,美丽中国目标基本实现。

从高质量发展的角度来看,发展经济学指出一味追求纯粹的经济增

① 习近平在参加青海代表团审议时强调 坚定不移走高质量发展之路 坚定不移增进民生福祉 [J]. 中国人力资源社会保障,2021 (3):6.

② 资料来源:光明网。

③ 习近平:中国力争碳排放 2030 年前达到峰值,努力争取 2060 年前实现碳中和 [J]. 今日制造与升级,2020 (9):10.

长已经不符合我国经济结构的发展要求，应提出更高的要求，"绿水青山就是金山银山"的发展，是符合生态环境文明发展的要求。从我国经济发展阶段转变的角度来看，它需要多个维度的创新：制度创新、技术创新、人才创新、产业创新等，而原有的旧的模式已经不能带来高质量的发展。现代产业经济学视角的"循环"是指从上游原材料供给、零部件等中间品生产、制成品加工制造到最终品消费的整个生产流程（黎峰，2021）。企业是产业的主体，在大环境背景下，我国要在全球产业链重构中占据主导位置，就要构建以大健康产业为中心的产业网，形成绿色产业链、供应链。绿色供应链是绿色的、创新的、高经济环境价值的，能够促进产业链、供应链以高质量发展的现代化水平向全球价值链中高端前进，能够依靠企业和政府的采购力量，产生市场机制的杠杆效应，推动企业减少环境污染和提高能效，提高整个供应链体系的环境治理效率，促进整个产业链条的绿色升级，提升产业链的竞争力（赵建军，2020）。因此，坚持可持续发展理念，以大健康产业为中心的原则，不但是内循环的良好指引，还是外循环的国际语言。

第二节　具体方向

一、以畅通国民经济循环为主构建新发展格局

"双循环"的提出是以"国内大循环"为主体的新发展格局，也是以国内市场为依托，打造出国际化的资源市场。作为发展中的大国，在2020年这个重要历史交汇期，中国实现第一个"一百年"目标的重要节点下，面临百年未有之大变局与突发的全球性新冠疫情，我国的经济依然保持破浪前行的状态，我国 GDP 总值再一次突破 100 万亿元，占世界

经济的比重预计达到 17% 左右。① 在过去的 20 多年内，我国经济总量规模扩大至 10 倍，成就举世瞩目，中国经济展现出强大韧性和活力，这也为我国新发展格局的构建打下了坚实的基础。以畅通国内大循环为主的新发展格局，毋庸置疑是坚持以扩大内需为战略基点。马克思主义政治经济学认为，开展物质资料生产活动需要具备两种资源：一是生产资料；二是使用生产资料的人，即劳动者，两种资源的结合就是生产方式。劳动力与生产资料的结合不是一个抽象的形式，而是要落实到具体的产业和空间载体上来，这就构成了产业经济循环、区域经济循环、城乡经济循环和国内外经济循环等具体的经济循环。以国内大循环为主体，就是要让劳动者和生产资料在国内进行进一步组合和搭配，构建更为强健、更为稳定和更为顺畅的产业经济循环、区域经济循环和城乡经济循环。②因此，我国各级政府、各个地区更要严格根据我国最高层指示，不折不扣将扩大内需作为战略基点进行决策部署。以供给侧结构性改革为主线，以需求侧管理为辅助，在供给侧方面，各生产要素融入生产环节，实现要素资源的自由流通，加快构建统一开放、竞争有序的现代化市场体系，升级创新链、产业链、供应链与价值链，打造创新引领、协同发展的现代化产业体系。在需求侧方面，消费者作为主体，要升级消费体系，扩大居民消费与新型消费。而作为中间环节之一的流通环节，要构建完整、顺畅、数字化的流通体系，实现物流、商流、信息流的及时便捷。作为中间环节的另一个分配环节，要建立和完善体现效率、促进公平的收入分配体系，缩小城乡差距，将乡村振兴紧紧融入新格局建设中。通过"两侧四环节"助力畅通国民经济循环，同时从整个"大圈"角度来看，要处理好金融与实体之间的关系，进行区域一体化的建设，而政府在这

---

① 陈炜伟，王雨萧. 里程碑！中国经济总量跃上百万亿元 ［EB/OL］. 新华网，2021 – 01 – 18.

② 周绍东. 以畅通国民经济循环为主构建新发展格局 ［EB/OL］. 光明网，2020 – 10 – 20.

个过程中也要起到一定程度的指导作用，进行政策指引的同时也要做好财政的保障，最终全方位助力畅通国民经济循环，并以构建新发展格局为最主要目标。

二、以科技创新催生新发展动能

创新是引领发展的第一动力，科技是第一生产力。党的十九届五中全会指出，"坚持创新在我国现代化建设全局中的核心地位，把科技自立自强作为国家发展的战略支撑，面向世界科技前沿、面向经济主战场、面向国家重大需求、面向人民生命健康，深入实施科教兴国战略、人才强国战略、创新驱动发展战略，完善国家创新体系，加快建设科技强国"。[①] 因此，"十四五"时期，我国经济社会发展要以推动高质量发展为主题，加快构建新发展格局，更加需要以科技创新催生新发展动能。

科技创新是推动高质量发展的重要支撑。建设现代化经济体系，推动质量变革、效率变革、动力变革，都离不开科技创新的支撑。科技创新可以改变资源的组合方式，提高资源的利用效率，放大生产要素的效用；可以建立起新技术、新产品、新服务等新优势，提高产业、产品的竞争力；可以实现绿色发展，实现产业的升级和经济的可持续发展；可以推出更多涉及民生的科技创新成果，更好地满足人民对美好生活的向往等。实践证明，以大数据、云计算、物联网、人工智能等为代表的信息技术，对提升资源配置效率、催生新的经济形态、推动高质量发展，能够发挥重要作用。

科技创新是构建新发展格局的关键之举。构建新发展格局要坚持供给侧结构性改革这个战略方向，扭住扩大内需这个战略基点，形成需求牵引

---

① 中共十九届五中全会在京举行 ［EB/OL］. 人民网，2020 - 10 - 23.

供给、供给创造需求的更高水平动态平衡。无论是畅通国内大循环，还是促进国内国际"双循环"，都离不开科技创新。大力推进科技创新及其他各方面创新，有利于加快推进数字经济、智能制造、生命健康、新材料等战略性新兴产业，形成新的增长点、增长极，有利于打通生产、分配、流通、消费等各个环节，逐步形成以国内大循环为主体、国内国际"双循环"相互促进的新发展格局，培育新形势下我国参与国际合作和竞争的新优势。

随着新一轮科技革命和产业变革深入发展，科技创新对于社会主义现代化强国建设的意义尤为突出，成为经济发展的新动能。在国内外双重时代背景下，国际经济环境的复杂趋势、国内经济发展面临的瓶颈、突发的新冠疫情加速了全球产业链、价值链的重构，此时"双循环"新发展格局的提出具有全局性、战略性的意义。面对以美国为首的发达经济体对中国进行核心技术的"卡脖子"，中美两个超级大国开始进行科技博弈。数字经济时代，新一轮技术革命与产业变革的到来，新基建成为大国博弈胜负的关键抓手，也是中国在全球产业链重构过程中占据绝对优势的基石。自新发展格局提出以来，我国党中央领导一直强调科技创新的重要性，想要发展我国经济社会与提升人民生活福利，第一生产力—科学技术比任何时候都更重要。"十四五"时期与长远规划对加快科技创新提出了迫切要求，实现高质量发展，必须实现依靠创新驱动的内涵型增长，要求大力提升自主创新能力，尽快突破关键核心技术，这是处理好我国发展与安全的重大问题，也是形成以国内大循环为主体的关键，抓住了创新，就抓住了牵动经济社会发展全局的"牛鼻子"。① 党的十八大以来，我国在实施创新驱动发展战略上取得了显著成就，科技进步对经济增长的贡献率进一步提高，一些重大科技成果产业化取得突破，部分产业走在世界前列，持续提升我国经济发展的质量和效益。目前，大数据、人

---

① 赵玉洁．"十四五"矢志创新攀高峰［EB/OL］．光明网，2020－10－27．

工智能等的应用，为经济社会发展不断注入新活力。一方面，规模巨大的市场为科技创新提供了广阔的舞台，科技创新更加活跃，应用空间更加广阔；另一方面，科技创新带来的新技术、新产品、新应用、新产业等，也改变着人们的生产生活方式。同时，我们也要清醒地认识到，我国科技创新水平还不够高，与建设世界科技强国的要求相比，我国科技创新还存在一些薄弱环节和深层次问题，与世界发达经济体的科技创新贡献率相比，还存在着很大差距。因此，新发展格局的构建必须将科技创新作为关键抓手，全面挖掘科技创新的潜能，极大限度激发新动能。以上举措可以从多个方面入手：第一，科技资源的配置是科技成果研究的基础，合理有效地配置可以加大对基础研究的力度。第二，加大力度培养出一批具有国际水平的战略科技人才、科技领军人才和创新团队，人才是科技创新的源泉，完善人才流动机制。第三，积极推进各高校、各研究院的体制机制，积极推动各科技成果之间的共享与成果的转换，同时在一定程度上允许各高校与科研机构有自主权，以及给予更多财政上的支持，让科技人员有更多的创新激励。第四，营造良好的科技创新环境，在全国上下弘扬科学技术精神，完善知识产权的保护机制，打造出尊重知识、崇尚创新的浓厚氛围。

三、以深化改革激发新发展活力

"改革"这个词很熟悉，自党的十一届三中全会召开以来，中国迎来了新时期的改革开放，中国经济也逐渐得到了发展。邓小平提出改革开放的时候就提过：不改革开放，只能是死路一条。改革有困难，不改革会更困难。[①] 2020 年，面对突来的疫情大考，中国经济也是在全球率先实

---

① 温家宝："不改革开放只能是死路一条！"[J]. 云南教育（视界综合版），2012（2）：21.

现正增长，经济总量首次迈上 100 万亿元的新台阶，人均 GDP 连续两年超过 1 万美元，中国实现了第一个"百年"目标，基本全面建成小康社会。[①] 中国取得如此伟大的历史性成就，在背后起支撑作用的就是深化改革。改革作为解放和发展社会生产力、激发释放社会活力的核心，是构建"双循环"新发展格局过程中与实现 2035 年远景目标的根本动力。社会是不断发展的，调节社会关系和社会活动的体制机制随之不断完善，才能不断适应解放和发展社会生产力的要求。实践告诉我们，发展环境越是严峻复杂，越要坚定不移深化改革，健全各方面制度，完善治理体系，促进制度建设和治理效能更好转化融合，善于运用制度优势应对风险挑战冲击，要在发展的内部条件和外部环境发生深刻复杂变化的情况下，构建新发展格局、打造发展新优势、开创发展新局面，就必须以深化改革激发新发展活力。[②] 改革要深化、要全面、要持续，要紧紧围绕经济、政治、文化、社会、生态文明、党建六大改革主线，坚持和完善中国特色社会主义制度。改革要从企业和市场两个方面入手：企业作为经济活动的主体，因此必须深化企业改革，破除阻碍企业发展的体制机制，释放企业活力。市场作为经济活动的载体，良好的市场环境是一切经济主体活动的必要前提条件，因此深化市场经济改革亦是必不可少的。新发展格局重点在于循环起来，需要从全面深化体制机制改革的高度认识扩大内需，因此必须进行全面深化改革，充分激发社会创新创造活力，破除改革中的堵点。

四、以高水平对外开放打造国际合作与竞争新优势

改革、开放是我国两大基本国策，也是我国取得如此辉煌成就的

---

① 陈炜伟，申铖，邹多为. 2.3% 背后的中国经济答卷——从首破百万亿看经济大势 [J]. 中国产经，2021（3）：61－66.

② 彭心韫，杨光宇. 以深化改革激发新发展活力——论学习贯彻习近平总书记在经济社会领域专家座谈会上重要讲话 [EB/OL]. 人民网，2020－08－29.

"神来之笔"。一个大国经济要发展，对外开放是必需的，没有一个国家的经济是封闭发展的，经济全球化的趋势是不可阻挡的。应对内外挑战，把握发展主动权，必须用好改革开放法宝，以高水平开放促进深层次改革、推动高质量发展。

2022年中央经济工作会议和2023年政府工作报告均明确要"更大力度吸引和利用外资"，此后的中央政治局会议进一步提出"把吸引外商投资放在更加重要的位置"，明确要"稳住外贸外资基本盘"，释放出加大力度稳外贸稳外资的积极信号。党的二十大报告指出："坚持高水平对外开放，加快构建以国内大循环为主体、国内国际双循环相互促进的新发展格局。"①

在新一轮科技信息革命到来与产业变革背景下，"双循环"新发展格局的构建必将得到很大助力，外循环作为服务于内循环的重要部分，必须以高水平对外开放打造国际合作与竞争新优势。更高水平开放在理论内涵上主要有两大要点：一是坚持实施更大范围、更宽领域、更深层次对外开放；二是依托我国大市场优势，促进国际合作，实现互利共赢（张二震等，2021）。中国市场一直对国际资本具有足够的吸引力，疫情及早得到控制与经济的"V"型反弹也使更多跨国企业增强了扩大投资中国的意愿，更多国际优质要素、商品及服务将进入中国的内循环系统，并推动国内国际"双循环"的相互促进。在新发展趋势下，必须营造国际一流营商环境，在贸易通关、汇率清洁浮动、推进人民币国际化、资本账户开放、人民币数字化等各方面进一步深化改革，有序推动医疗、教育、会计、商业等服务业对外全面开放，便利商品及服务、资本、原料、人流、数据的内外循环，将更多国外优质资源、要素与中国科技发展、高质量消费紧密结合起来，为经济社会提供更多的发展动力、创造

---

① 张子麟. 加快构建以国内大循环为主体 国内国际双循环相互促进的新发展格局［N］. 中国改革报，2023 - 08 - 09（1）.

更多的发展机遇（朱民等，2012）。更高水平对外开放更要重视制度型开放，它是培育国际合作与竞争新优势的关键点。同时"一带一路"的多年经验，也给构建新发展格局打下了良好基础，自贸区的不断改革创新更是"点睛之笔"，将助力打造世界级的科技创新基地，构建"以内促外"的新竞争力，形成国际合作和竞争新优势。

五、以共建共治共享拓展社会发展新局面

马克思主义认为，社会发展的内在要求和最终体现是人的发展。拓展社会发展新局面，就要不断促进人的全面发展，实现人的现代化。对现代化的实现而言，重要的不仅是工业、农业、国防、科技等硬指标，还包括人的现代化这个软指标，习近平总书记指出"现代化的本质是人的现代化"。[①] 新发展格局除了要解决国内与国际两个市场关系、国家主体与经济全球化关系、经济增长与经济高质量发展的关系问题，还要解决经济增长与人民幸福美满生活需求的问题。而共治共享的社会发展局面，就是要以人为核心，全民参与，全民有责，人民是最大的受益者与评判者。随着我国进入高质量发展阶段加上互联网的飞速发展，人们的社会观念、社会心理、社会行为发生深刻变化。人们不再满足于有吃有穿，从物质到精神、从生存到发展，对生活品质有了更高层次的要求。"这既是改革开放发展进步的表现，也对公共服务、社会治理等提出了新的需求"。[②] 因此不能分割而治，我国要加大城乡一体化建设，加快推进新型城镇化建设，继续进行脱贫攻坚战，健全多层次社会保障体系，加大对社会保障财政管理的分配力度，借助城市群都市圈，进行区域一体

---

① 孙晨光. 以共建共治共享拓展社会发展新局面 [EB/OL]. 求是网，2020 – 11 – 06.

② 范逢春. 改革开放以来的社会治理创新：一个伟大进程 [EB/OL]. 人民网，2019 – 04 – 14.

化建设，以点带面，呈辐射式发散，完善就业相关机制，增加就业机会，同时政府要加强和创新社会治理，履行好保基本、兜底线职责，采取更多惠民生、暖民心举措，扎实推进共同富裕，促进社会和谐稳定，不断增强人民群众的获得感、幸福感、安全感。作为一切经济活动的起点，人民的活跃性非常关键，当社会和谐稳定，市场才不会紊乱，经济发展才能进行，因此必须以共建共治共享拓展社会发展新局面。

第三节　具体路径

"双循环"新发展格局的构建是《中华人民共和国国民经济和社会发展第十四个五年规划和2035年远景目标纲要》实现的重要抓手，具体实施路径主要在国内循环与国际循环两个大框架，以供给侧与需求侧两个方面为切入点，从供给侧的生产环节、需求侧的消费环节和中间环节——流通、分配共四个环节入手深度分析，在这个完整的"大环"下，对"双循环"新发展格局的"六大支柱"——需求升级、供给升级、金融供给侧结构性改革、宏观调控现代化、数字经济发展、国际定位升级进行详细阐述，具体如下。

一、以扩大内需为战略基点打造新型消费体系

供给体系不能有效适配和满足国内需求是当前我国经济循环面临的主要问题，而提振居民消费、进一步挖掘内需潜力是实现国内国际"双循环"健康发展的基础（邹新月，2021）。为了保障"双循环"顺畅推行，就必须以扩大内需为战略基点，健全消费体制机制，促进消费体系升级，打造新型消费体系。

（一）扩大中等收入群体，推动需求侧管理

新形势下，我国要达到高品质生活，成为高收入国家，机遇与挑战并存，最根本的就是发展成为市民化社会，而其中就要以大部分中等收入群体作为支撑。简单来说就是我国社会是以中等收入群体为主的橄榄型社会，这也是公认良好社会的体现。而作为人口大国与经济大国，我国中等收入群体数量仅达到总人数的30%，并且还存在着地域之间的差异，西部地区偏低。[①] 据统计，2010~2022年高收入家庭的边际消费倾向（MPC）较低，这是因为其储蓄和投资占比更高，低收入家庭的MPC更低，这反映了低收入家庭的收入不稳定性，因此会提高其预防性储蓄占比。与低收入群体不同的是，中等收入群体的消费有很大一部分用于生产性消费和人力资本提升方面，这必然会对社会发展起到很大的促进作用。中等收入群体还会通过消费渠道来促进就业和经济的发展。在改善收入分配方面，中等收入群体的扩大显然可以改善收入分配状况。[②] 因此，应扩大中等收入群体助力需求侧管理。

（二）拓展消费市场，将消费空间重点下移

目前，我国的消费市场主力主要是以城市为核心，且大多集中于一线城市，所以释放我国潜在消费潜力，就要将消费空间向下拓展到拥有5亿多人口的农村和二、三线城市。国家统计局数据显示，当前我国乡村人口占比达50.3%，然而截至2022年底，乡村社会消费品零售额为59285亿元，仅占全社会的13.5%，上升空间巨大（石建勋等，2021）。第一，农村消费水平、消费规模日益提升，但农村发展还存在着诸多短板，巨大的成长空间未被挖掘。首先，可以因地制宜，以乡镇

---

① 危颖. 精准施策扩大中等收入群体规模 [EB/OL]. 中国共产党新闻网，2021-12-20.
② 陈福中. 深化收入分配制度改革，助推共同富裕 [EB/OL]. 光明网，2021-08-27.

为单位，建立该区域综合的小型市场，优化服务，积极鼓励和支持电商业务，提供符合农村消费者个人偏好的需求性商品。其次，要以区县为领头，以乡镇为核心，以村为单位，积极引导电商等大型平台深入农村区域，提供便捷化、多样化的服务，改变农村地区缺乏多样化产品供给的现象。最后，完善农村地区监管机制，确保产品售后的问题，以及由于信息不对称导致价格欺诈的行为等现象，健全农村各级消费者的维权渠道。第二，除了一线城市外，二、三线城市也集中了绝大部分年轻消费者，受到消费示范效应的影响，释放出巨大消费潜力，消费格局将发生转变。因此，对二、三线城市的消费群体，要细化本土消费模式，将一线城市大量大型商贸企业以及电商主力下移到二、三线城市，满足消费者需求。

（三）找好"房住不炒，因城施策"的准确定位

"十四五"规划纲要提出，要完善住房市场体系和住房保障体系。站在"十四五"起点上，住房金融面对的关键词，既延续了"十三五"以来构筑楼市长效机制的重点举措，又有新时期对"房住不炒"定位的进一步细化和深化。在这样的大背景下，监管部门进一步强化了对住房金融领域的管理力度：建立银行业金融机构房地产贷款集中度管理制度，严查、防止消费贷、经营贷违规流入楼市。未来，银行业应严格按照监管部门要求自查，进一步优化和调整在该领域的业务布局，继续为百姓安居、优居提供金融助力。中国人民银行公布的数据显示，2022 年末，全国主要金融机构（含外资）房地产贷款余额为 53.2 万亿元，同比增长1.5%。其中，个人住房贷款余额为 38.8 万亿元，同比增长 1.2%；住房开发贷款余额为 9.5 万亿元，同比增长 2.1%。① 住房市场稳定是居民部

---

① 罗知之. 人民银行：2022 年末房地产贷款增速回落 房地产开发贷款增速提升［EB/OL］. 人民网，2023 – 02 – 03.

门稳杠杆的关键，我国居民杠杆率上升较快的几个时期都是与房地产市场相对活跃相对应的。我国在"十四五"期间，坚持"房子是用来住的、不是用来炒的"定位，坚持"因城施策、多策并举"，加快建立多主体供给、多渠道保障、租购并举的住房制度，让全体人民住有所居、职住平衡。具体表现为以下两个方面：第一，要加快培育和发展住房租赁市场，有效盘活存量住房资源，有力有序扩大城市租赁住房供给，完善长租房政策，逐步使租购住房在享受公共服务上具有同等权利。① 第二，要保证住房的有效供给，健全住房相关区域政策保障力度，帮助城市里低收入群体以及部分中等收入群体解决住房问题，减少放贷带来的挤压效应，释放年轻人更大的消费潜力。

（四）促进消费升级，发展新型消费的增长极

由于疫情突袭，加快了科技革命与产业变革的速度，数字经济迅速发展，线上消费迅速取代了线下消费，成为新型消费模式。随着以 5G、物联网、云计算等为代表的新基建布局，数字经济迎来了前所未有的机遇，网络经济成为主力。发展新型消费，应把握以下三点：第一，深化线上线下、商旅文体健多业态消费融合，创新多元化消费场景。大力提振消费，以高质量供给创造有效需求，需要积极创新拓展多元化消费场景，鼓励发展消费新技术新业态新模式，提高供给端和需求端的适配性，增强消费意愿，激发消费潜力，以消费增量带动消费新的增长极。第二，加速对新型消费模式设施的建设，线上消费模式必须以新技术与之配套，对网络环境要求很高，就要先以人员密集的商业圈、城市群等区域为重点打造出高效可靠的通信体系，同时利用数字化打造信息化都市。但也要联动新的消费空间，打造出高效、高质的整体化智慧型数字化城市，

---

① 赵展慧. 长租房让更多人安居乐业［EB/OL］. 人民网，2021－04－16.

促进消费升级，让新型消费模式成为新的增长极。第三，加大政策引导和推动力度。2024 年被商务部确定为"消费促进年"。3 月，国务院印发《推动大规模设备更新和消费品以旧换新行动方案》，要求实施设备更新、消费品以旧换新、回收循环利用、标准提升四大行动，并提出推动高质量耐用消费品更多进入居民生活的政策，这种促进消费升级的政策应该持续发力，打造新型消费体系。

（五）改善消费环境，让居民"敢"消费

新型消费模式正处于成长阶段，需要良好的消费环境。如今的经济社会环境在孕育各类新型消费并为其提供发展空间的同时，也存在着诸多阻碍这些新生事物成长的因素，旧有框架和传统体制机制无时无刻不在为其平添束缚（任保平等，2021）。同时让居民"敢"消费，好的消费环境也是必不可少的，减少消费者对风险厌恶的心理，有利于增加其对消费的预期。第一，健全新兴消费领域（电商直播、共享经济等）的体制机制，包括一系列的配套设施，如线上服务管理与监测体系、电子商务的信用体系制度等，为新型消费模式营造合理规范的发展环境，促进其健康快速的成长。第二，从硬件和软件两个方面着手，增加公共消费基础设施的投资，努力营造优良的数字消费环境，积极推广智慧家居、数字家电、智能汽车等新型信息消费产品。第三，持续优化营商环境，深入落实"放管服"政策，健全消费者维权机制，打造全渠道的商业氛围，让消费者便捷、安全地消费。

消费环境是影响国内消费增长的重要因素，产品和服务供给质量与人民群众的生活消费密切相关，直接影响消费者信心。近年来，我国消费环境持续优化，重要民生商品假冒伪劣违法行为得到有力遏制，"十三五"期间百城消费者满意度从 71.8 分提高到 79.3 分。[①] 必须看到，

---

①　吴秋余. 让更多居民能消费敢消费愿消费［EB/OL］. 人民网，2023 - 03 - 20.

随着消费升级步伐加快和消费场景日益丰富，消费者权益保护工作面临新形势、新特点、新挑战，直播带货、预付式消费、大数据动态定价等领域的问题和规则有待进一步解决和完善，农村地区山寨商品、"三无"产品等监管难度较大，需要社会各方形成合力，针对消费市场新变化，加快解决影响消费信心的突出问题，让消费者买得安心、用得放心。

（六）优先实施促就业战略

我国印发的《中华人民共和国国民经济和社会发展第十四个五年规划和2035年远景目标纲要》中第四十七章的内容——实施就业优先战略。就业是经济发展的头等大事，要想扩大中等收入群体，就业是关键，尤其是高校毕业生、退役军人、农民工等就业重点群体，是中等收入群体的"后备军"，也是扩大消费的巨大"潜力"。第一，支持吸纳就业能力强的服务业、中小微企业和劳动密集型企业发展，稳定拓展社区超市、便利店和社区服务岗位，建立促进创业带动就业、多渠道灵活就业机制，积极引导农村劳动力就业。[①] 第二，各省份政府要引导企业做好岗位计划规划，借助网络数据平台，将信息及时迅速的传递，推进优质网络招聘服务，多措并举的促就业。第三，对高校毕业生，扩大就业渠道与福利待遇，引导毕业生积极争取，同时积极鼓励创业，各高校要积极借助校园平台提高毕业生就业能力，并搭建企业与毕业生双向选择平台。深化户籍制度改革，健全农民工等重点群体就业特定扶持政策，增加其就业积极性，推进乡村振兴战略，加快新型城镇化建设进程，增加就业机会，进而增加其消费意愿。

---

① 国务院.国务院关于印发"十四五"就业促进规划的通知 [EB/OL].中国政府网，2021－08－27.

二、塑造高水平现代化社会主义市场体系

从流通环节看，内循环要求在最终产品的生产过程以及进入消费的环节前，生产要素流动和商品流通是顺畅的，要素和商品流动的成本不断降低，制度障碍和人为障碍不断得到消除，知识产权以及消费者权益得到有效保护（刘昊等，2020）。以欧盟共同市场发展历程为例：其在发展初期，就是贸易—实体经济一体化，逐步走向成熟化，发展为金融—货币一体化。在发展历程中，欧盟就将区域内的商品的自由流通、人员开放流动、服务的自由流动与资本要素自由流动等问题作为首要发展的方向，并通过一系列开放性政策联动流通体系等政策，实现开放有序、公平竞争的现代化市场。因此，完善现代化数字流通体系，塑造高水平现代化社会主义市场体系是打通内循环流通环节堵点、难点的重要依托。

（一）建设公平化、数字化、智能化、统一化的现代流通体系

新时代中国特色社会主义是马克思主义中国化的成果，马克思重要著作《资本论》中对流通环节在社会再生产过程中的地位与作用进行了深刻的阐述。我国在流通领域存在着诸多阻碍，使市场在各生产要素分配过程中无法发挥作用，只有尽快疏通流通环节的堵点、难点，才能实现要素自由流动，促进开放有序的统一市场。现代流通体系是指适应现代经济发展需要的流通实体系统和流通制度系统。主要包括三大体系：一是由现代流通主体、流通客体、流通载体和流通方式构成的流通运行体系；二是由流通基础设施、流通标准、信息监测服务、商品应急储备、市场应急调控等构成的保障体系；三是由流通管理体制、流通政策、流通法律法规、市场营商环境等构成的规制体系。① 构建现代流通体系，要

---

① 祝合良. 统筹推进现代流通体系建设［EB/OL］. 求是网，2020 - 12 - 21.

从这三个方面入手，结合数字智能，提升流通网络布局，完善流通的基础设施、提升主体竞争力、发展方式等。扩大无人配送、无人仓储、智能自提等前沿技术的应用，建设智能化、集约化、绿色化的现代流通体系，实现供应方、中间商、消费者、产品和服务、营销推广、物流配送、回收处理等的全流程数字化运营（刘尧飞等，2021）。

第一，丰富流通的模式。目前，我国消费模式正在发生转变，以"线上＋线下"双向的跨区域的新型消费模式迅速成长，这就要求流通模式的转变，让消费者能够及时方便地进行产品与资金的流通。要做好流通环节的"最后环节"——物流，要建立现代化的交通市场体系。按照网络化的方式进行布局，以航运中心为纽带，完善集疏运系统，推进城市群都市圈的交通一体化，打造一个综合立体交通枢纽，即包含铁路、公路、港口、机场的立体化的交通网络，实现区域间的互联互通，并体现服务一体化和管理智能化的要求（刘瑞等，2021）。同时完善交通体系"最后一公里"——农村，要将重点聚焦于农村，加快农村交通网络的建设，吸引电商物流下乡。第二，加快完善流通相关的基础设施。完善第三方物流的相关制度建设，并加大基础设施运行的模式，降低过程中的交易流通成本。借助大数据、人工智能、云计算、物联网、5G等数字化信息技术新基建的"浪潮"，加快城市与农村的流通基础设施建设，同时改革流通体制，完善相关法治建设，深化"放管服"改革。

（二）重塑优化区域发展新格局，要聚焦区域一体化

只有区域城乡融合均衡发展，东西、南北区域经济协调发展，国内大循环才有最大可能释放内需潜力。因此从区域协调发展的角度看，推动内循环体系建设还亟须缩小区域间的发展差距；未来在推动区域经济协调发展的过程中，要充分利用各地区优势互补的战略优势，为内循环提供新的发展动力。由此可见，双循环新发展格局需要努力使生产、分

配、流通、消费更多依托国内市场，提升供给体系对国内需求的适配性，形成需求牵引供给、供给创造需求的更高水平动态平衡，区域城乡融合均衡，东西、南北区域经济协调，培育新形势下我国参与国际合作和竞争的新优势（邹新月，2021）。第一，建立统一开放的数据市场。打破区域间的封锁与市场分割问题，清除各生产要素自由流动的隐性与显性壁垒。借助新基建的"东风"，将数据要素融入市场，挖掘出新市场，健全数字区域响应机制，大力发展平台经济，开启线上线下的发展模式。第二，依托国家"四大板块"与"五大战略"的总体布局，构建中国区域均衡发展新格局。要突出西部大开发、东北振兴、中部崛起和东部率先的四大板块区域战略和"一带一路"倡议、京津冀协同发展、长三角一体化、长江经济带建设以及粤港澳大湾区五大国家重大战略的示范先行作用，加强推进密切区域发展战略对接和交流合作，推进新型城镇建设与城乡融合战略，促进东西合作与南北互动，建设以城市群为依托的主体功能区，强化都市圈的增长极作用（戴翔，2021）。

（三）促进要素流动，构建高水平社会主义市场经济体制

就市场循环而言，它是整个社会流通顺畅的"血脉"。马克思主要通过考察货币资本循环、生产资本循环以及商品资本循环，来阐明市场循环的重要性。马克思指出，无论是在它们其中的哪一个阶段停顿下来，整个社会流通都会陷入瘫痪（蒋永穆，2021）。构建高水平现代市场体系，首先从根本上——体制机制来释放国内市场潜力，使国内市场规模优势转化为"双循环"的引擎。第一，激发各类市场主体活力，加快推进国有企业改革，推动国有经济布局优化和结构调整。在未来的"双循环"格局部署中，需进一步打破国有企业行业的进入壁垒，尤其是降低上游垄断性行业的进入门槛，降低由上游高壁垒行业导致的较高生产成本，去除国有、民营两部门存在的各种显性与隐性的要素流通障碍，在

下游竞争性行业深化混合所有制改革,积极引入民营股东以提高国企效率。国有资产管理体制应从以前"管人管事管企业"转为"管资本"(冯璐等,2021)。推动民营企业的集合和跨区域发展,并与国有企业联动,营造"三化"一流的营商环境,建设高标准市场体系,全面完善产权、市场准入、公平竞争等制度。营造支持民营经济发展的法治环境,对各类所有制企业平等对待,健全支持中小企业发展的制度。第二,健全要素市场化配置体制机制,积极推进新基建的进程,加快培育发展数据要素市场,建立数据资源清单管理机制等,改变商品和要素市场化改革不对称的局面,优化要素配置效率。第三,构建更加完善的要素市场化配置体制机制,加快建设城乡统一的建设用地市场,建立农村宅基地改革试点,深化户籍制度改革,建立规范、透明、开放、有活力、有韧性的资本市场,健全主要由市场决定价格的机制,最大限度减少政府对价格形成的不当干预,创新要素市场化配置方式。① 要素市场化配置改革是改革成败的关键,土地、劳动力、资本、技术、数据五大要素在资源配置中起到关键性作用,突破要素自由流动的体制机制障碍,实现资源配置方式的优化和创新。一方面,传统要素市场需要消除资源配置扭曲,使经济达到潜在生产可能性边界。传统生产要素改革的核心目标是把劳动力、土地、资本三种资源配置到生产率更高的地方,使国内形成一个统一的大市场。劳动力市场化配置改革主要是促进城乡之间的劳动力流动,以及推动人才的社会性流动,土地要素市场化配置改革的重点在集体经营性建设用地和农村宅基地"三权分置"改革,资本要素配置改革主要是深化改革资本市场,继续放开金融服务业市场准入,加快推进资本市场高水平开放。另一方面,新要素市场应注重技术和数据,关键点是推动产业技术变革,加快产业数字化、智能化改造和先进技术扩散,

---

① 李旭章. 经济大家谈 | 促进更高水平的供需动态平衡 [EB/OL]. 人民网,2020 – 12 – 11.

使我国的潜在生产可能性边界达到国际前沿水平，以释放仍然存在的追赶潜能。在新一轮科技革命迅猛发展，大数据、物联网、人工智能等正在成为国际竞争制高点的背景下，加快培育技术和数据要素市场尤为迫切（王一鸣，2020）。

三、构建协同发展的现代产业体系

产业是立国之本，它是生产环节重要的核心，产业的循环是打通流通堵点的起点。我国产业虽一改往日在全球价值链被动的局面，但供给侧结构性改革存在着堵点、难点主要原因就在于科技和产业创新不足的问题。随着全球产业链、价值链重构，中美两个大国进行科技博弈，我国面临着"卡脖子"关键核心技术制约，构建"双循环"新发展格局就要构建实体经济、科技创新、现代金融、人力资源协同发展的现代产业体系。

（一）将创新深度融入产业体系，突破"卡脖子"关键核心技术制约

一个国家创新链的顺畅和高效有赖于优化人才培养制度、收入分配制度以及协同创新环境等（伍山林，2021）。一般来说，创新是两个阶段的螺旋演进过程：第一阶段是"把钱变成知识"，强调原创性和独特性的科学研究活动；第二阶段是"把知识变成钱"，强调科研成果的市场转化和应用，然后再转到第一阶段，开始新一轮的创新循环（刘志彪等，2021）。第一，加强产业基础领域补短板，以企业、高校、科研院所为创新主体，持续加大学习与研发投入，面向关键领域、关键环节、关键技术，以提升产业基础能力为支撑，以资金链、人才链、服务链、信息链等多链条合力打通创新链，疏通产业链、供应链的"堵点""痛点"；提升产业基础材料、基础零部件、基础工艺和基础技术发展水平，推动产业链供应链多元化发展（程振煌，2021）。第二，是要鼓励高校、科研院

所之间加强合作，开展多学科、跨领域的交叉研究；要提高社会各界、政府多部门参与科技创新的积极性，要围绕产业创新制定相关政策，完善配套措施；同时，要加大体制机制的探索和政策创新，推动跨区域联合攻关，通过多环节、多链条、多主体的共同努力，形成相互促进、互为补充、深度融合、立体融合的创新体系（黄南，2020）。第三，打造良好的创新环境。要完善知识产权保护相关法律法规，严格处理窃取他人知识产权等违法违规行为，包括专利、著作、商标等。尽快补齐知识产权相关机构的缺口，让企业和个人在创新环境中能够公平竞争，更好地为创新服务。要营造全社会浓厚的创新氛围，宣传勇于创新的科学家精神，改革人力资源体制机制，打造出健康良好的科研环境和积极鼓励青年一代敢于担当当前所面临的社会环境。第四，人才是未来技术发展的驱动力，以自主创新为原则，加强同其他国家创新技术的合作交流互动，加强企业与高校的技术理念合作，设计出全面、高效的人才培养方案，培养一批创新型、复合型、应用型人才。同时，要对海外高精尖人才加大引入力度，视情况给予灵活的政策扶持，带动我国科研同世界交流，逐步攻克核心技术的难关。第五，通过制定有效政策来引导、支持和激励企业加大自身研发投入和提升自主创新能力，实施政府创新投入管理方式改革，改变传统的科研经费管理模式，企业自身也逐步减少对政府的依赖，真正成为创新研发的主体，利用更多社会资本（志彪等，2021）。

（二）构建多层次的、综合的、立体的产业体系

把握智能化、高级化、绿色化和服务化的产业转型升级方向，不断推进产业创新和产业融合。我们要大力发展智能制造、服务型制造、绿色制造和高端制造，加快推进新型工业化和新型城镇化进程，加快新型基础设施建设，包括以5G、物联网、工业互联网、卫星互联网为代表的通信网络基础设施，以人工智能、云计算、区块链等为代表的新技术基

础设施，以数据中心、智能计算中心为代表的信息基础设施，智能交通基础设施、智慧能源基础设施等信息技术与传统基础设施融合的融合基础设施，以及重大科技基础设施、科教基础设施、产业技术创新基础设施等支撑研发的创新基础设施（黄慧群，2021）。第一，坚持可持续发展理念，构建以大健康产业为中心的产业网，形成绿色产业链。完善绿色产业相关的体制机制，加大对绿色产业监控力度，激励企业走绿色健康发展道路，促进整个产业链条的绿色升级，从而提升产业链、供应链的竞争力。第二，以城市群都市圈为领头，以龙头企业为先锋表率，首先建立起以绿色科技为核心的产业网，辐射联动周围产业网，带动产业链上下游企业走绿色科技道路。第三，将产业链转移。产业转移是优化生产力空间布局、形成合理产业分工体系的有效途径。一线城市产业链丰富，而二、三线城市的产业链缺乏多元性，东西地区产业发展不平衡，因此国家应做好产业转移指导。因地制宜承接发展优势特色产业，促进产业园区规范化、集约化、特色化发展，增强重点地区产业集聚能力，完善基础设施保障，加强公共服务平台建设，打破地区封锁，消除地方保护，为承接产业转移营造良好的环境。①

四、坚持和完善社会主义收入分配制度

分配环节的畅通是社会流通正常运行的重要推动力。马克思的经济社会循环思想主要体现在社会再生产中的生产资料和消费资料两大部类的产品都能得到顺利实现，以及他对未来社会设想中的"劳动时间的社会的有计划的分配"与按劳分配个人消费资料等（蒋永穆等，2021）。分配环节作为沟通供求的关键，一旦受阻会对畅通"双循环"产生负向影

---

① 国务院关于中西部地区承接产业转移的指导意见［EB/OL］.工业和信息化部网站，2011－06－15.

响，因此要坚持按劳分配为主体、多种分配方式并存的基本原则，健全可持续的多层次社会保障体系，缩小收入分配差距，完善再分配调节机制，让改革发展成果更多更公平惠及全体人民（张倩肖等，2021）。持续推动乡村振兴战略与新型城镇化建设，全面实施乡村振兴战略，强化以工补农、以城带乡，推动形成工农互促、城乡互补、协调发展、共同繁荣的新型工农城乡关系，加快农业农村现代化。[①]

（一）全面深化农村改革

第一，积极探索实施农村集体经营性建设用地入市制度，出台稳妥有序推进农村集体经营性建设用地入市的指导意见。推动深化农村宅基地制度改革试点地区率先健全宅基地分配、流转、抵押、退出、使用、收益、审批、监管等制度。鼓励农村集体经济组织及其成员采取自营、出租、入股、合作等方式，盘活农村闲置宅基地和地上房屋。[②] 第二，发展资源优势与拓宽市场，大力发展乡村产业，加快建设现代农业产业体系。巩固拓展脱贫攻坚成果和全面实现乡村振兴离不开乡村产业兴旺，产业兴旺离不开要素组合优化驱动与全域治理能力提升。各地依托地域特色、农业资源禀赋，不断发掘新功能、新价值，乡村产业形态日益丰富（郑瑞强等，2021）。第三，要深化农村就业制度改革，为农民提供职业培训，增强其职业技能，提升农民就业薪资水平，设置相应的社会保障措施，规范农民就业市场，由此提高农民的就业率（袁宇阳，2021）。第四，要加强乡村基础设施建设尤其是数字化建设。在电子商务越来越普及的信息化社会，内循环的建立离不开农村电子商务的发展。因此，亟须增强乡村的基础设施建设和信息化建设，让乡村社会享受到市场经

---

① 张晓山. 深化改革促进乡村全面振兴［EB/OL］. 光明网，2021-06-28.
② 农业农村部关于积极稳妥开展农村闲置宅基地和闲置住宅盘活利用工作的通知［EB/OL］. 中华人民共和国中央人民政府，2019-10-16.

济和互联网经济带来的红利，真正科学合理地融入市场经济体系和电子商务流通体系中，丰富乡村产业类型，拓宽乡村发展路径，提高乡村振兴的质量（袁宇阳，2021）。第五，实施"乡村振兴人才强基工程"，推进"职业农民"教育培训，加大乡村振兴所需的经营型人才、技术型人才、管理型人才和综合型人才等的教育和培训力度，重视新型经营主体、致富带头人培养，注重教培机构能力评估和业务监管（郑瑞强等，2021）。

（二）优化收入分配结构

习近平总书记指出："收入分配是民生之源，是改善民生、实现发展成果由人民共享最重要、最直接的方式。要通过深化收入分配制度改革等措施使收入分配更合理、更有序。"[①] 吴正海教授表示："收入分配改革不是单一领域的改革，而是一系列制度体系的构建和完善。"[②] 第一，扩大中等收入群体，缩小收入差距，逐渐形成"橄榄型"的收入分配结构。培养低收入群体"进阶"，将农民工市民化，实施就业优先战略，给予农民工特定的政策扶持，包括一定的定向补贴、进行优质教育的培养、进行技能培养、子女享受同等教育机会的权利等。第二，一方面，坚持和巩固以按劳分配为主体的分配方式；另一方面，要丰富完善多种分配方式并存的分配制度。要适应市场经济发展，特别是大数据时代的需要，与时俱进地完善分配方式，要"健全劳动、资本、土地、知识、技术、管理、数据等生产要素由市场评价贡献、按贡献决定报酬的机制"。[③] 第三，健全再分配体制机制，要健全以税收、社会保障、转移支付等为主要手段的再分配调节机制，强化税收调节，完善直接税制度并逐步提高

---

① 习近平. 带领人民创造更加幸福美好生活 [EB/OL]. 人民网，2019 – 08 – 07.
② 李枫，岳弘杉. 收入分配制度改革红利将密集释放 [EB/OL]. 人民网，2019 – 11 – 19.
③ 陈启清. 健全和完善生产要素参与分配机制 [EB/OL]. 人民网，2020 – 03 – 05.

其比重，改善收入和财富分配格局，规范收入分配秩序，保护合法收入，合理调节过高收入，取缔非法收入，遏制以垄断和不正当竞争行为获取收入，建立完善个人收入和财产信息系统，健全现代支付和收入监测体系。① 第四，推行三次分配制度，实现国家更深层次的收入分配调整，弥补市场机制和国家机制之间存在的"剩余空间"与内在缺陷，要把三次分配事业做大做强，通过完善企业社会责任等举措，不断发展第三次分配——慈善等社会公益，完善三次分配制度建设，推进三次分配规范化进程，保证三次分配在技术操作上全流程、全链条公开化、透明化，避免"暗箱操作"。② 第五，构建多层次、宽领域的社会保障体系，我国大多数居民都面临着住房、教育、医疗、养老、就业等生活上的问题，严重挤压居民收入分配格局。对于教育，比如，将幼儿园教育开始逐步纳入公共服务范畴内，加大公立幼儿园建设，减轻育幼教育的费用负担；对于城市居民的小初高学生升学问题，逐步合理规划，减少划片区升学带来的额外费用。对于住房问题，政府尽量根据本地情况进行房地产政策指引，应积极引导金融政策，让居民解决住房所带来的巨大问题。对于医疗，健全医疗相关保障，加大医疗保障范围与力度，解决"看病难看病贵"的问题，健全城乡医疗的基础设施建设缺口，让全国居民都能便捷地接受医疗。对于养老，完善养老保障机制，提高农村地区养老金水平。

（三）持续推进新型城镇化建设，助力实施扩大内需战略

党的十八大以来，以习近平同志为核心的党中央高度重视新型城镇化工作，明确提出以人为核心、以提高质量为导向的新型城镇化战略，

---

① 申铖，王雨萧．"十四五"现代财税体制如何加快建立？——来自财政部的权威解读［EB/OL］．中国政府网，2021－04－08.

② 韩喜平．怎样把握新时代分配制度［EB/OL］．求是网，2020－01－19.

为新型城镇化工作指明了方向、提供了基本遵循，推动我国城镇化进入提质增效新阶段，取得了历史性成就。

新型城镇化"新"是以人为核心，注重保护和提升农业转移人口的利益，促进农业转移人口的市民化，更加强调在产业支撑、人居环境、社会保障、生活方式等方面实现由"乡"到"城"的转变，要求实现城乡基础设施一体化和公共服务均等化，实现城乡统筹和可持续发展，最终实现人的无差别发展（张占斌，2020）。认真落实国家发展改革委印发的《2021年新型城镇化和城乡融合发展重点任务》，持续推进新型城镇化建设。第一，促进大中小城市和小城镇协调发展，促进超大特大城市优化发展，建设"城市数据大脑"等数字化、智慧化管理平台，推动数据整合共享，提升城市运行管理和应急处置能力，同时加快补齐县城公共服务设施、环境基础设施、市政公用设施、产业配套设施短板弱项。① 第二，解决"半市民化"的农民工问题，放宽户籍限制，"因城施策"建立逐步有序放宽农民工落户安家机制流程，对于高校毕业生以及引入高端人才要给予落户、就业补贴等优惠政策。第三，以城市群都市圈带动周围城市发展，构建起城市群都市圈协同发展的体制机制，实现区域一体化，并建立起综合立体化的交通网络，实现"一键畅通"经济圈。第四，正确处理城乡融合问题。一提城乡融合就很容易陷入一个误区，简单地以为是把城市建设得像农村，把农村建设得像城市或者扩大城市规模，这导致了国内很多地区的农村没有统一规划，也没有自身特色，出现"千城一面"的现象。实际上，所谓城乡融合，主要是制度层面和政策层面，要实现规划一体化、交通一体化、户籍一体化、社会保障一体化、市场一体化、土地制度一体化，避免城乡二元对立（张占斌，2020）。

---

① 资料来源：国家发展改革委网站。

五、以全方位、更高水平的开放畅通国际经济大循环

经济要发展，就要经历生产—交换（流通）—分配—消费四个环节。尽管国际外部环境复杂严峻，不确定性因素太多，但信息技术与数字经济的红利带来了新的贸易方式与各种平台经济的繁荣发展，加速了各种资源要素的自由流动，世界越来越成为紧密联系的统一体。对于我国来说这是一次历史性机遇。"一带一路"为外循环打下坚实基础，新形势下要继续以"一带一路"倡议引领，升级自贸区试验区，发挥自身优势与特点做好"双循环"的连接"桥梁"，积极推进人民币国际化。作为"连接器"的国际大循环会在"新赛道——数字经济"上，更好地服务于国内经济大循环。

（一）以"一带一路"倡议为引领，扩大我国"朋友圈"

在"一带一路"倡议的引领下，近年来中国对外开放格局呈现出五个新的特征：一是从以引进外资为主，转变为引进外资和对外投资并重；二是从以扩大出口为主，转变为鼓励出口和增加进口并重；三是从以沿海地区开放为主，转变为沿海沿边内陆协同开放、整体开放；四是从以《关贸总协定》和WTO框架下的货物贸易为主，转变为货物贸易和服务贸易共同发展；五是从以融入和适应全球经济治理体系为主，转变为积极参与甚至引领国际投资和贸易规则的制定修订（张占斌，2020）。第一，持续完善"一带一路"科技创新行动计划推进机制。加强政府间双边和多边的科技交流合作，建立完善科技创新对话机制，持续扩大政府间科技合作协定覆盖面，广泛参与和推动多边机制的科技创新议题磋商和务实合作。共同培育创新增长动力，拓展数字经济、人工智能、生命科学、绿色能源、先进制造等领域合作空间。第二，持续完

善重点领域多边合作平台建设机制。持续丰富重点领域合作平台，加强能源、税收、金融、绿色发展、减灾、反腐败、智库、媒体、文化等领域的多边合作平台建设。办好博鳌亚洲论坛、中国国际进口博览会、中国进出口商品交易会、中国国际服务贸易交易会、中国国际投资贸易洽谈会、全球数字贸易博览会，以及中国—东盟博览会、中非经贸博览会、中国—阿拉伯国家博览会、中国—中东欧国家博览会等经贸合作平台，深入推进共建"一带一路"经贸合作。第三，持续完善陆海天网一体化布局，构建"一带一路"立体互联互通机制。在尊重国家主权和安全关切的基础上，加强与共建国家基础设施建设规划、技术标准体系的对接，着力打通断头路段，畅通瓶颈路段。统筹打造铁路、港口、机场以及"丝路海运"、中欧班列、西部陆海新通道、跨里海国际运输走廊等标志性工程。开展沿线重点国家以及国际、区域标准组织的标准化政策、战略研究，持续完善铁路、公路、水运、民航等技术标准体系（李慰，2025）。

（二）建立高水平的自贸区，建立自由贸易港开放型新体制

党的十八大以来，党中央把实施自贸区战略作为我国探索高水平开放的重点任务之一，先后在全国批准建立了 21 个自贸试验区和海南自贸港，初步形成了制度创新的试验田和高水平开放的探索区。① 以最早建成的上海自贸区为例，其率先实行了以负面清单为主的市场准入开放模式，同时在服务业开放和管理体制创新方面推出了一系列改革举措，并积累和总结了众多可复制的经验，分阶段推向全国各地的自贸试验区，有些甚至在全国进行了有效推广，如工商登记制度改革，由先获得批准证书才能办理经营执照改为先照后证，有的地区还实行了"只跑一次"的方

---

① 冯其予. 自贸试验区硕果累累［EB/OL］. 中国政府网，2022 – 05 – 02.

法，即在办事大厅增加一次性解决的便利措施，大大节省了企业办事的成本。在海关通关方面，通过国务院机构改革，将质监局在口岸的商品检验机构并入海关总署统一管理，大大提高了企业的通关效率。除了制度创新外，上海自贸区在金融业务方面也进行了大胆尝试，先后探索了企业自由贸易账户和离岸金融等业务，进一步促进了企业业务发展。在经济面临下行压力的情况下，自贸区外向型经济的发展为我国稳定经济大盘提供了重要的支撑。

自贸区承载着建设更高水平开放型经济新体制的重大使命，是对外开放新高地。第一，以粤港澳大湾区、海南自贸区和本土自贸区的多轮复制，开创内外贸一体化、外向型经济升级发展和内外互动的新局面。全面开放格局之下，以高水平开放来催化和倒逼深层次改革，继续培育强劲的经济增长点。首先是开放程度高的珠三角、长三角地区，其后是给予特殊政策旨在打造全球最大体量自由贸易港区的海南（贾康，2012）。第二，自贸区的核心是制度创新，海南自贸港就是新发展格局下最具有代表性的例子。对标世界高水平开放形态，按照"一线开放、二线管住"的基本要求，在贸易区实行高水平贸易和投资自由化、便利化政策，以贸易自由便利为目标的海关监管制度创新、以大幅度放宽市场准入为重点的投资便利制度创新、以加快开放人才政策为重点的人员进出便利制度创新等，探索实施"零关税、低利率、简税制"经贸规则（张占斌，2020）。第三，以科学技术为核心，大力发展高新技术产业，重点发展物联网、人工智能、区块链、数字贸易这些处于未来发展大趋势的领域，同时依托"一带一路"倡议与辽宁省自身特有的优势产业，发展符合对外开放的经济新业态。第四，打造一流的国际化、法治化、便利化的营商环境。以制度性开放推动自贸区自贸港的自身特色与制度政策相结合，将"有为政府＋有效市场"结合，建立高水平对外开放型新体制，深化"简政放权"，推进"放管服"，提高政府职能效能，提高政府诚信，建设"数字政府"与"数字业务"。

（三）积极推进人民币国际化

2022 年，国际货币基金组织（IMF）执董会完成了 5 年一次的特别提款权（SDR）定值审查。这是 2016 年人民币成为 SDR 篮子货币以来的首次审查。执董会一致决定，维持现有 SDR 篮子货币构成不变，即仍由美元、欧元、人民币、日元和英镑构成，并将人民币权重由 10.92% 上调至 12.28%，将美元权重由 41.73% 上调至 43.38%，同时将欧元、日元和英镑权重分别由 30.93%、8.33% 和 8.09% 下调至 29.31%、7.59% 和7.44%，人民币权重仍保持第 3 位。[①] 从长期来看，人民币的 SDR 权重上升以及由此带动的人民币国际化水平提高，将助推汇率市场化改革向纵深推进。

人民币的支付货币功能稳步提升，投融资货币功能进一步深化，储备货币功能不断上升，计价货币功能逐步增强。中国人民银行发布的《2022 年人民币国际化报告》显示，人民币国际化各项指标总体向好。2021 年以来，中国人民银行坚持以市场驱动、企业自主选择为基础，稳慎推进人民币国际化，为实体经济平稳运行提供了有力支撑。未来，我国将继续稳步推进人民币国际化进程。

第一，进一步推进人民币国际化。近年来，人民币国际化进程从整体的角度来看是稳中求进，全球产业链重构、中美科技博弈升级，都对人民币国际化提出了新的要求。正如吉林大学经济学院院长李晓的观点：人民币国际化的中短期目标，就是减少中国在美元体系内的风险和成本，长期目标则是支撑中国经济的可持续增长与国家的可持续崛起。[②] 人民币

---

① 姚进. SDR 权重由 10.92% 上调至 12.28%——人民币国际化再现新成果［EB/OL］. 中国政府网，2022 – 05 – 16.

② 李晓. 应该如何推进人民币国际化［EB/OL］. 腾讯网，2020 – 12 – 10.

国际化要顺势而为，继续坚持市场驱动、互利共赢的原则，更加注重提高质量和水平，聚焦贸易投资便利化，不断优化人民币跨境投融资、交易结算等基础性制度安排，增强跨境人民币业务服务实体经济和推动高质量发展的能力，为经济主体提供多元化的币种选择，扎实推进人民币国际使用。同时，坚持稳中求进，不断提升监管能力和开放条件下的风险防范水平，筑牢"防波堤"，保障人民币国际化在守住安全底线的前提下稳步推进。还要进一步提高我国金融市场开放和准入程度，提高人民币金融资产的流动性，丰富风险对冲工具（中国人民银行宏观审慎管理局，2023）。第二，借人民币加入 SDR 货币篮子的有利时机，稳步放松金融管制，实现资本项目开放和更加有弹性的汇率制度。与此同时，平衡好资本：项目开放与金融风险防范、扩大汇率弹性和人民币汇率相对稳定之间的关系，降低因资本大规模快速跨境流动、人民币汇率波动过大而造成金融危机的可能性，迅速提高人民币跨境使用的规模。根据澳大利亚的经验，在开放资本项目和构建市场化汇率制度的最初阶段，货币当局有必要频繁、小幅度地干预外汇市场，以便为对冲机制的构建、市场主体培养适应外部冲击和汇率大幅波动的能力创造有利条件。[①]

六、加快构建金融服务"双循环"新发展格局

金融业本身就是一个循环系统，由于制度、市场、技术、观念等原因的制约，其本身无可避免地会存在堵点、痛点和盲点，欲使金融业在促进"双循环"和供需两端改革中发挥更大的作用，就是金融业本身要从功能、制度、市场、技术、服务中找出束缚金融各行业服务效能发挥

---

① 国务院发展研究中心课题组. 百年大变局——国际经济格局新变化［M］. 北京：中国发展出版社，2018：509.

的瘀点、痛点和盲点（关浣非，2021）。金融不仅是"晴雨表"，同时也应成为国民经济平稳健康发展的"助力器"。

（一）建立现代金融体制，更好地服务实体经济

金融服务实体经济是本职，也是金融能够健康发展的必要条件。健全具有高度适应性、竞争力、普惠性的现代金融体系，构建金融有效支持实体经济的体制机制是目前发展的需要。建设现代中央银行制度，完善货币供应调控机制，稳妥推进数字货币研发可以更好地服务实体经济。健全市场化利率形成和传导机制，完善央行政策利率体系，可以更好地发挥贷款市场报价利率基准作用。优化金融体系结构，深化国有商业银行改革，加快完善中小银行和农村信用社的治理结构，规范发展非银行金融机构，增强金融普惠性，改革优化政策性金融，强化服务国家战略和规划能力也是至关重要的。深化保险公司改革以提高商业保险保障能力；健全金融机构公司治理以强化股东股权和关联交易监管；完善资本市场基础制度以健全多层次资本市场体系；大力发展机构投资者以提高直接融资特别是股权融资比重；全面实行股票发行注册制并建立常态化退市机制以提高上市公司质量。完善市场化债券发行机制，稳步扩大债券市场规模，丰富债券品种，发行长期国债和基础设施长期债券。完善现代金融监管体系，补齐监管制度短板，在审慎监管前提下有序推进金融创新，健全风险全覆盖监管框架，提高金融监管透明度和法治化水平。稳妥发展金融科技，加快金融机构数字化转型。强化监管科技运用和金融创新风险评估，探索建立创新产品纠偏和暂停机制。

推动金融机构同经济社会发展相适应、同实体经济均衡发展，促进投融资便利化，降低实体经济成本，提高资源配置效率，大力发展多层次资本市场，完善资本市场基础制度，增强资本市场枢纽功能，借助科创板、创业板经验研究全面实行股票发行注册制实施方案，建立常态化

退市机制，动员和引导各类要素资源向更高效率和更具活力的领域协同聚集，提高直接融资比重，促进创新资本形成，提高经济金融循环效率，继续坚持并完善支持中小微民营企业、支持稳就业、支持农村地区的普惠金融措施（胡浩，2020）。构建地方税收、公共产品供给与政府债务的良性循环机制，确保财政横向均衡。要以金融体系结构调整优化为重点，优化融资结构和金融机构体系、市场体系、产品体系，为实体经济发展提供更高质量、更有效率的金融服务。要构建多层次、广覆盖、有差异的银行体系，端正发展理念，坚持以市场需求为导向，积极开发个性化、差异化、定制化的金融产品，增加中小金融机构数量和业务比重，改进小微企业和"三农"金融服务，要围绕建设现代化经济的产业体系、市场体系、区域发展体系、绿色发展体系等提供精准金融服务，构建风险投资、银行信贷、债券市场、股票市场等全方位、多层次金融支持服务体系。①

（二）推动国际金融中心建设，助推金融"双循环"

在构建"双循环"新发展格局中，金融格局也要实现"双向"发展，随着金融全球化、高水平对外开放，我国金融业也要走向国际化。第一，要推动金融机构走向国际化。制定出金融"走出去"的远景规划，将国际化发展要素纳入金融机构发展的指标中，加大对其重视程度。进一步放开国内金融机构的市场准入，允许更多的民营资本通过正规渠道进入金融行业，通过竞争提升金融机构国际化经营的能力与动力。② 逐步扩大企业信贷、直接融资、供应链金融、消费金融等各类金融服务的开放程度，引入成熟的市场规则和投资理念，合理运用"鲶鱼效应"优化引

① 习近平. 习近平主持中共中央政治局第十三次集体学习并讲话［EB/OL］. 新华网，2019 – 02 – 23.
② 国务院发展研究中心课题组. 百年大变局——国际经济格局新变化［M］. 北京：中国发展出版社，2018：509.

资结构，促进金融服务提质增效（胡浩，2020）。第二，建立国际金融中心。金融要服务于国际经济大循环，就要做好国际金融的对接，与其他国家资本市场要互通，就要建立国际金融中心。建设离岸金融中心以及与之相配套的税制机制建设，借鉴其他发达经济体的经验，基于离岸金融中心的金融业务改革，使金融机构成为一个巨大的创新平台。第三，持续提升我国在国际金融组织中的话语权，推动国际金融治理机构建立更加有效的金融政策跨国沟通机制、更加有效的金融资源共享机制。①

（三）提升金融科技水平，大力推进金融科技健康发展

金融科技是以区块链、人工智能、大数据、云计算为代表的现代新兴信息技术，而金融业对信息数据需求度较高，有提高效率、降低成本、保障安全的内在要求。② 在"双循环"新发展格局下，金融业要紧紧抓住新型工业化、信息化、城镇化、农业现代化等关键领域，提升金融科技水平，将金融科技的前沿成果运用到金融领域中，以加快金融服务的效率。第一，要加大对金融科技的投入，有效提高要素利用效率，降低交易成本，更好地维护产业链、供应链安全。要完善金融支持创新体系，以支持扩大内需为导向，平衡金融普惠和财务回报。积极引导新兴产业、战略性产业中"两头在外"的产业链向国内转移，加大对这些产业链上下游中小微企业的支持力度（胡浩，2020）。第二，加强同企业进行合作，改革人才培养方案，培养一批金融科技的复合型人才。因为金融科技中信息数据特有的专业化、更新快的性质，就需要大批专业性人才。第三，健全金融科技安全体制。要建立更加完备的市场化、法治化的规则体系，继续完善现代金融监管体系，建设现代中央银行制

---

① ② 国务院发展研究中心课题组．百年大变局——国际经济格局新变化［M］．北京：中国发展出版社，2018：509.

度。要提高金融监管透明度和法治化水平，健全金融风险预防、预警、处置、问责制度体系，同时更好发挥行业协会自律管理功能，优化自律管理与行政监管协同配合机制。要进一步推动金融机构深化改革、完善公司治理，持续健全法人治理结构，不断提高公司治理的有效性（胡浩，2020）。

七、健全多层次、现代化财政体系

财政政策是"双循环"新发展格局的导航器，是国家治理的重要抓手之一。财政的资源配置、收入分配、宏观调控三大职能贯穿生产、分配、流通、消费各环节，而且财政收支规模占国民收入比重近1/3，在构建"双循环"新发展格局中亦能发挥重要作用（刘昊，2020）。总体上来看，财政政策应贯穿"双循环"新发展格局整个框架，助力内外两个循环的有效衔接，从供给侧和需求侧两个方面、四个环节不断发力。

（一）从消费与投资两个重要"抓手"推进扩大内需战略实施

首先，在促进消费市场扩容提质方面，财政一方面可以直接刺激居民消费。政府增加财政社会事业支出，形成良好预期，引导扩大居民消费支出，同时促进新型消费和消费升级（郭艳娇，2020）。各级财政利用适当的资金渠道支持相关综合服务和配套基础设施建设，并研究进一步对新型消费领域企业的减税降费政策，同时拓宽新型消费领域的投融资渠道；支持消费升级方面，适当倾斜与新型消费有关的"新基建"预算资金安排，对新型消费领域企业采取补贴及增值税减免等政策。另一方面，财政也可以通过调整收入分配来影响消费。第一，深化税收政策和转移支付改革，优化收入分配格局。针对居民收入的减税降费政策应继续推进，以协调城镇和农村的社会保障体系，解决城乡之间、地区之间不平衡，降低居民对消费的抑制性。第二，在政府债券方面，适当提高国债与地方政府债券面向个人投资者的发行额度，以达到增加居民财产性收入的目的（马蔡琛等，2020）。在扩大投资方面，财政将继续执行制度性减税政策，并"实施新的结构性减税举措"，尤其是针对小企业和技术创新精准施策，促进中小企业及民营企业扩大投资。

其次，财政将进行有效的投融资，推进"两新一重"建设（新型基础设施建设、新型城镇化建设、交通和水利等重大工程建设）。第一，通过专项债撬动社会资本。中央层面上，应持续完善专项债的分配方式，对成效较好的公益性项目增加专项债额度。对建设基础相对薄弱的欠发达地区通过绩效评价不断优化专项债结构以达到一定的支持作用。地方财政上，精准迅速地发行中央下达的专项债，并对各批次专项债资金使用进行良好衔接，将资金优先投向"两新一重"建设。第二，推动相关投资基金的设立。较之传统基建项目，"两新一重"的综合收益更高，进入稳定运营期后的收入来源稳定且分散，因此更容易吸引相关投资（马蔡琛等，2020）。

（二）完善我国财税体制，"优化"减税

税收体制是财政政策实施的重要工具。要更好发挥财政在国家治理中的基础和重要支柱作用，增强金融服务实体经济的能力，就要健全符合高质量发展要求的财税金融制度。

第一，加快建立现代财政制度。深化预算管理制度改革，强化对预算编制的宏观指导和审查监督。加强财政资源统筹，推进财政支出标准化方案的实施，强化预算约束和绩效管理。完善跨年度预算平衡机制，加强中期财政规划管理，增强国家重大战略任务财力保障。建立权责清晰、财力协调、区域均衡的中央和地方财政关系，适当加强中央在知识产权保护、养老保险、跨区域生态环境保护等方面的事权，减少并规范

中央和地方共同事权。健全省以下财政体制，增强基层公共服务保障能力；完善财政转移支付制度，优化转移支付结构，规范转移支付项目；完善权责发生制政府综合财务报告制度；建立健全规范的政府举债融资机制。

第二，完善现代税收制度。优化税制结构，健全直接税体系，适当提高直接税比重。完善个人所得税制度，推进扩大综合征收范围，优化税率结构。聚焦支持稳定制造业、巩固产业链供应链，进一步优化增值税制度。调整优化消费税征收范围和税率，推进征收环节后移并稳步下划地方。推进房地产税立法，健全地方税体系，逐步扩大地方税政管理权。深化税收征管制度改革，建设智慧税务，推动税收征管现代化。

近几年，我国延续、优化了一批阶段性税费优惠政策，研究出台了一批针对性强的新措施，并且积极谋划了一批储备政策，着力打出一套税费政策"组合拳"，实打实支持经济高质量发展（王东伟，2023）。第一，对于有困难的企业，应进行短期内有针对性的资金扶持，权衡减税力度与预算平衡，进行"优化"减税，也就是精准发力。财政政策应以降低企业融资压力与税费成本为导向，通过专项资金支持，落实贴息政策，为进一步解决企业融资问题，对获得专项资金贷款的企业给予贴息，进一步加大减税降费力度，同时针对外贸企业发展提供更多帮助，加大对跨境电商的财政支持（马蔡琛等，2020）。第二，提高财政资金在基础研究领域的投入比重，支持高校与创新企业合作，加快基础科学研究成果的转化与应用。从企业研发的资金支持出发，围绕企业创新能力与创新企业发展制定相关财政政策。从新兴产业集群的发展出发，通过企业所得税优惠政策，鼓励新兴产业的发展（马蔡琛等，2020）。第三，要实行"有为的政府"＋财税政策模式。政府债务管理制度是现代财税体制的重要内容，建立权责清晰、财力协调、区域均衡的中央和地方财政关系，推动形成稳定的各级政府事权、支出责任和财力相适应的制度，完善政府债务管理体制机制，建立基层"三保"长效保障机制。①

（三）建立"双向"财税体制，畅通国际大循环

"双向"财税体制是畅通国际大循环的基础与重要支柱。第一，中国当前要加大"一带一路"共建力度，为"一带一路"项目建设提供资金支持的同时，要积极研究实行多项政策措施，加紧推进中日韩自贸区谈判和中欧投资协定谈判，加快形成区域全面经济伙伴关系协定（RCEP）；加大自贸试验区、自由贸易港、重点开发开放试验区、内陆开放型经济试验区等平台建设，进一步发挥自贸区（港）的作用，要建立国家层面统一的财税优惠政策；推动国内企业向研发设计、品牌营销等产业链高端升级，加快构建"中国—东盟"劳动密集型产业链，加强与日本、韩国、新加坡等国合作，构建以电子信息为主的东亚高技术产业链，扩大与"一带一路"共建国家的产能合作，构建"一带一路"资本密集型产业链，加快国内中西部地区产业转移，构建"东部设计—中西部加工"产业链（蒲清平等，2020）。第二，加快构建"环境友好型"财税体制。我国在此前已制定了碳中和与碳达峰计划，而国际上，发达经济体除了设定碳中和与碳达峰计划之外，还建立了"碳关税"等合作壁垒，因此，想要实现全球一体化，建立"环境友好型"的财税体制非常有必要。一方面，根据我国能源发展现状，对成品油消费税等内容进行调整，引入"碳税"，加大财税政策对绿色可再生能源的支持，给予相应的财政补贴或者税收优惠；另一方面，调整我国增值税、消费税的出口退税政策和关税政策，使我国在欧盟关税政策面前有更多的发言权。

---

① 张思楠．"十四五"财政如何发力"收支管调防"［EB/OL］．中国财经网，2021－04－09.

八、数字经济畅通"双循环"经济发展新格局

当前国家新基建战略的核心就是在传统的物流、人流、资金流之中加入数据流,通过数据流形成信息流、知识流,实现创新流、产业流、消费流的连通,最终演变为价值流。换言之,科技与消费之间的循环存在很多的中间环节,如基础研究、应用研究、市场调研、技术开发、产品生产、销售流通、品牌建设、最终消费、售后服务等,通过数据流、数据平台的引入可以实现整个价值链条的水平集成,更直接、更便捷、更快地在科技、消费之间搭建"端到端"的高效协同机制,强化产学研之间的有机联系与互动循环,最终实现产业链、创新链、价值链的有效集成与高效协同(朱民等,2021)。

第一,数字时代,技术进步已经不再是以简单的线性方式增长体现,而是成为以指数方式增长,技术更新快的特点加速了数字经济的发展。要加速布局数字经济背后的支撑力量——新基建,加快对中间层5G、人工智能、大数据中心等领域的建设。从设施覆盖范围来看,国内的5G基建步伐不能停,加快数字基础设施建设,同时建立新基建"国际标准",营造良好的环境,进一步加强在"一带一路"中与其他国家合作,联合培养新基建人才,才能形成新基建第三方合作市场。从信息技术应用来看,要持续推进信息技术相互融合,比如,将5G应用在金融、物联网、工业互联网中,并且也要推动大数据与人工智能在工业、制造业、交通业等领域的应用,着力打破传统企业与人工智能企业的合作壁垒,促进产业结构转型升级。要建立完整的现代化信息基础设施建设体系,加快网络强国战略进程,完善国内外基建,实现全光网,同时将新基建体系与传统基建体系融合,构建完整现代化新基建体系。

第二,建设产业数字化数据治理平台、信息安全平台、技能培训平

台等产业公共平台，解决产业数字化转型中的共性问题；搭建产业数字化跨界融合平台，加强产业主体协同合作整合产业链、价值链；依托全球电子商务平台，整合产业资源，加快产业链协同发展；积极与国际社会建立产业数字化合作的治理机制、推动国际产业链合作体系和治理机制的形成，提升我国在全球产业体系中的话语权；以产业数字化平台企业为核心，推进跨行业、跨区域、跨国界的产业链协同平台发展（祝合良等，2021）。因此，可采用"以改革促数字经济发展、用数字经济技术赋能改革突破"的双线并行策略，推动要素市场化、行业准入、国有企业改革等重要内容的深入变革，使数字经济沿着数据的藤蔓从最初的信息服务业、通信装备制造业向每一个经济循环的节点蔓延、渗透，为土地、资本、劳动力、知识等要素添加活性成分，加快传统产业"老树开新花"的步伐，提高政府监管与治理的能力，形成更多活力十足的市场主体，营造更加良性积极的行业生态（朱民等，2021）。

参 考 文 献

[1] 奥尔加·斯坦科娃, 谢华军. 经济政策沟通面临的挑战 [J]. 中国金融, 2019 (908): 47 - 49.

[2] 白晓艳. 供给侧结构性改革提升经济发展质量的思考 [J]. 科技经济导刊, 2020, 28 (30): 200 - 201.

[3] 本报评论员. 突破发展现代服务业 [N]. 青岛日报, 2020 - 11 - 30 (1).

[4] 曹淼孙. 供给侧改革背景下我国国有企业改革发展路径探寻 [J]. 改革与战略, 2016, 32 (10): 140 - 144.

[5] 陈健. "一带一路" 引领 "双循环" 新发展格局的优势与实践路径 [J]. 西南民族大学学报 (人文社会科学版), 2021 (2): 112 - 119.

[6] 陈文晖, 李虹林, 王婧倩. 促进战略性新兴产业发展的需求侧政策研究 [J]. 价格理论与实践, 2020 (7): 36 - 39.

[7] 陈文玲. 当前国内外经济形势与双循环新格局的构建 [J]. 河海大学学报 (哲学社会科学版), 2020, 22 (4): 1 - 14, 105, 111.

[8] 陈彦斌. 社会主义制度和市场经济有机结合的五大优势 [J]. 经济理论与经济管理, 2020 (2): 7 - 9.

[9] 陈雨露. "双循环" 新发展格局与金融改革发展 [J]. 中国金融, 2020 (Z1): 19 - 21.

［10］程振煌．增强产业链供应链自主可控能力 构建新发展格局［J］．社会主义论坛，2021（2）：6－8．

［11］戴翔．以国内国际双循环优化区域发展新格局［J］．区域经济评论，2021（1）：27－29．

［12］董志勇，李成明．国内国际双循环新发展格局：历史溯源、逻辑阐释与政策导向［J］．中共中央党校（国家行政学院）学报，2020，24（5）：47－55．

［13］樊纲，郑宇劼，曹钟雄．双循环：构建"十四五"新发展格局［M］．北京：中信出版社，2021．

［14］范恒山．新时期对内开放合作的基本特点和主要任务［J］．今日国土，2020（7）：13－16．

［15］范秀红．我国战略性新兴产业与传统产业良性互动发展探讨［J］．国有资产管理，2020（11）：40－43．

［16］冯璐，邹燕，张泠然．双循环格局下的竞争中性与国企改革——来自国有资本差异化功能的证据［J］．上海经济研究，2021（2）：48－68．

［17］高建昆．论新时代对外开放体系的高质量发展［J］．学术研究，2019（12）：89－95．

［18］高书国．中国特色社会主义教育的制度优势［J］．人民教育，2020（1）：23－27．

［19］关浣非．服务"双循环"战略，金融业须清除的瘀点、痛点和盲点［J］．中国经济周刊，2021（1）：21－22．

［20］贵州民族大学 余建斌．深入认识"人民当家作主"［N］．贵州日报，2020－07－21．

［21］郭晴．"双循环"新发展格局的现实逻辑与实现路径［J］．求索，2020（6）：100－107．

［22］郭艳娇．双循环新发展格局下财政政策选择［J］．地方财政研

究，2020（11）：1.

[23] 国务院发展研究中心"国际经济格局变化和中国战略选择"课题组，何建武，朱博恩.2035 年全球经济增长格局展望［J］. 中国发展观察，2019（Z1）：37 - 44，60.

[24] 国务院发展研究中心课题组. 百年大变局——国际经济格局新变化［M］. 北京：中国发展出版社，2018：509.

[25] 何洁，原帅，贺飞. 全面建成小康社会背景下的中国高等教育发展：成就与挑战［J］. 科技导报，2020，38（19）：68 - 76.

[26] 何雄伟."双循环"新发展格局背景下我国科技创新的战略选择［J］. 企业经济，2020，39（11）：140 - 146.

[27] 何玉长，李波. 正确评价新中国两个历史阶段与两种经济体制［J］. 海派经济学，2020，18（2）：58 - 74.

[28] 胡浩. 金融助力构建双循环新发展格局的着力点［J］. 金融论坛，2020（12）：9 - 14.

[29] 黄汉权. 加快构建双循环相互促进的新发展格局［N］. 经济日报，2020 - 07 - 15（11）.

[30] 黄汉权. 聚焦四大发力点 打好产业链现代化攻坚战［J］. 智慧中国，2020（Z1）：46 - 48.

[31] 黄南."双循环"新格局下中国产业创新发展的路径分析［J］. 中共南京市委党校学报，2020（6）：95 - 100.

[32] 黄群慧，陈创练. 新发展格局下需求侧管理与供给侧结构性改革的动态协同［J/OL］. 改革，1 - 13［2020 - 12 - 04］.

[33] 黄群慧."双循环"新发展格局：深刻内涵、时代背景与形成建议［J］. 北京工业大学学报（社会科学版），2021（1）：9 - 16.

[34] 贾根良. 国内大循环［M］. 北京：中国人民大学出版社，2020：73.

[35] 贾康. "内循环为主体的双循环"之学理逻辑研究 [J]. 河北经贸大学学报, 2021 (2): 18-25.

[36] 贾康. "双循环"新发展格局的认识框架 [J]. 金融经济, 2012 (12): 3-8.

[37] 坚持和加强党对发展改革工作的集中统一领导 [J]. 宏观经济管理, 2020 (8): 1-2, 5.

[38] 江小涓, 孟丽君. 内循环为主、外循环赋能与更高水平双循环——国际经验与中国实践 [J]. 管理世界, 2021, 37 (1): 1-19.

[39] 江小涓. 新中国对外开放70年 [M]. 北京: 人民出版社, 2019.

[40] 江泽民. 论社会主义市场经济 [M]. 北京: 中央文献出版社, 2006: 415.

[41] 蒋永穆, 祝林林. 构建新发展格局: 生成逻辑与主要路径 [J]. 兰州大学学报 (社会科学版), 2021 (1): 29-38.

[42] 焦磊鹏. 加强国际法治建设 促进国际环境和谐——评《国际法治论》[J]. 山西财经大学学报, 2021, 43 (1): 128.

[43] 金观平. 让内需潜力化为构建新发展格局的澎湃动力 [N]. 经济日报, 2020-10-12 (1).

[44] 黎峰. 国内国际双循环: 理论框架与中国实践 [J]. 财经研究, 2021 (4): 4-18.

[45] 李国杰. 经济内循环为主条件下技术创新的路径选择 [J]. 中国科学院院刊, 2020, 35 (9): 1152-1155.

[46] 李鸿阶, 张元钊. 双循环新发展格局下中国与东盟经贸关系前瞻 [J]. 亚太经济, 2021 (1): 90-97.

[47] 李金昌, 史龙梅, 徐蔼婷. 高质量发展评价指标体系探讨 [J]. 统计研究, 2019, 36 (1): 4-14.

[48] 李猛. 新时期构建国内国际双循环相互促进新发展格局的战

略意义、主要问题和政策建议 [J/OL]. 当代经济管理：1 - 17 [2020 -
12 - 05].

[49] 李双金. 加快建设统一开放、竞争有序的现代化市场体系
[J]. 上海经济研究，2020 (2)：19 - 24.

[50] 李晓楠. 高质量发展评价指标体系构建与实证研究 [D]. 杭
州：浙江工商大学，2020.

[51] 李旭章. 以双循环格局促产业链供应链升级 [J]. 人民论坛，
2020 (23)：92 - 94.

[52] 李政，朱明皓，温博慧. 经济政策不确定性的跨国溢出效应及
其形成机理 [J]. 财贸经济，2021，42 (1)：92 - 106.

[53] 李忠杰. 坚定高举和平发展合作共赢的旗帜 [J]. 当代世界与
社会主义，2020 (6)：4 - 14.

[54] 梁艳芬. 新冠肺炎疫情对世界经济的影响分析 [J]. 国际经济
合作，2020 (2)：4 - 11.

[55] 林海明，杜子芳. 主成分分析综合评价应该注意的问题 [J].
统计研究，2013，30 (8)：25 - 31.

[56] 刘秉镰. 推动新发展格局下的区域协调发展 [N]. 天津日报，
2020 - 11 - 26 (2).

[57] 刘昊，陈工. 财政在"双循环"新发展格局中的功能定位及支
持举措 [J]. 地方财政研究，2020 (11)：4 - 9.

[58] 刘瑞，戴伟，李震. 降低流通成本 畅通国民经济循环 [J].
上海经济研究，2021 (2)：25 - 35.

[59] 刘威. 我国劳动力市场的现状和对策 [J]. 党政干部学刊，
2017 (7)：66 - 70.

[60] 刘洋. 畅通国内国际双循环 助力经济高质量发展 [J]. 红旗
文稿，2020 (19)：30 - 32.

[61] 刘尧飞，管志杰．双循环新发展格局下国内消费扩容升级研究 [J]．当代经济管理，2021（2）：1－14．

[62] 刘志彪，凌永辉．打通双循环中供给侧的堵点：战略思路和关键举措 [J]．新疆师范大学学报（哲学社会科学版），2021（5）：34－41．

[63] 陆江源．从价值创造角度理解"双循环"新发展格局 [J/OL]．当代经济管理，2020（12）：1－14 [2020－12－05]．

[64] 陆岷峰．构建新发展格局：经济内循环的概念、特征、发展难点及实现路径 [J/OL]．新疆师范大学学报（哲学社会科学版），2021（4）：1－13 [2020－12－05]．

[65] 吕景春，李梁栋．以民营促国有：东北经济振兴与国企改革的现实路径 [J/OL]．当代经济研究：1－10 [2020－12－05]．

[66] 马蔡琛，管艳茹．财政政策助推"双循环"新发展格局 [J]．地方财政研究，2020（11）：10－16．

[67] 马克思恩格斯全集（第30卷）[M]．北京：人民出版社，1995：228．

[68] 倪瑜．中美农业发展概况对比分析 [J]．新产经，2018（12）：88－95．

[69] 聂晓静．"一带一路"背景下美丽中国建设路径 [J]．人民论坛，2018（28）：76－77．

[70] 欧阳峣．大国经济发展理论的研究范式 [J]．大国经济研究，2013：3－13．

[71] 彭波，韩亚品．新中国对外贸易发展70年：历程、成就、贡献与经验 [J]．长安大学学报（社会科学版），2019，21（6）：1－15．

[72] 彭晖，王哲，康利．中美制造业成熟度比较研究 [J]．经济体制改革，2018（4）：165－172．

[73] 彭小兵，韦冬萍．激活民间社会活力："双循环"新发展格局

的缘起、基础和治理 [J]. 重庆大学学报（社会科学版），2020，26（6）：35-43.

[74] 彭张林，张爱萍，王素凤，等. 综合评价指标体系的设计原则与构建流程 [J]. 科研管理，2017，38（S1）：209-215.

[75] 蒲清平，杨聪林. 构建"双循环"新发展格局的现实逻辑、实施路径与时代价值 [J]. 重庆大学学报（社会科学版），2020（6）：24-34.

[76] 戚义明. 改革开放以来扩大内需战略方针的形成和发展 [J]. 党的文献，2009（4）：34-41.

[77] 青连斌. 我国养老服务业发展的现状与展望 [J]. 中共福建省委党校学报，2016（3）：75-83.

[78] 邱兆祥，曹宇，刘永元. 现代金融体系与构建"双循环"新发展格局 [J]. 金融论坛，2020，25（11）：11-16，68.

[79] 任保平，苗新宇. 新经济背景下扩大新消费需求的路径与政策取向 [J]. 改革，2021（3）：14-25.

[80] 沈国兵. 疫情全球蔓延下推动国内国际双循环促进经贸发展的困境及纾解举措 [J/OL]. 重庆大学学报（社会科学版）：1-13 [2020-12-04].

[81] 盛松成，孙丹. 盛松成：避免实体经济脱钩　推动资本账户双向开放 [N]. 第一财经日报，2020-08-21（A05）.

[82] 石建勋，杨婧. 新发展格局下需求侧管理的历史逻辑、理论内涵及实施路径 [J]. 新疆师范大学学报（哲学社会科学版），2021（6）：29-29.

[83] 汪海波. 中国经济体制改革（1978—2018）[M]. 北京：社会科学文献出版社，2018.

[84] 王健. 内需强国—扩内需稳增长的重点路径政策 [M]. 北京：

中国人民大学出版社，2016：40－41.

[85] 王娟娟. 新通道贯通"一带一路"与国内国际双循环——基于产业链视角 [J]. 中国流通经济，2020，34（10）：3－16.

[86] 王科，杨亚芹，吴振华. 现代服务业发展与产业结构升级——基于京津冀产业融合视角 [J]. 商业经济研究，2020（9）：39－42.

[87] 王微，刘涛. 以强大国内市场促进国内大循环的思路与举措 [J]. 改革，2020（9）：5－14.

[88] 王永凤. 邓小平推进对外开放的历史贡献 [J]. 北京师范大学学报（社会科学版），2011（3）：20－25.

[89] 王志立. 对外开放和对内开放要"两轮并行" [N]. 中国经济导报，2016－11－09（A03）.

[90] 文丰安. 优化营商环境视域下我国基层社会治理的实践历程及提升路径 [J]. 经济体制改革，2020（6）：22－28.

[91] 伍山林. "双循环"新发展格局的战略涵义 [J]. 求索，2021（6）：90－99.

[92] 徐海峰，王晓东. 现代服务业是否有助于推动城镇化？——基于产城融合视角的 PVAR 模型分析 [J]. 中国管理科学，2020，28（4）：195－206.

[93] 徐晓敏. 层次分析法的运用 [J]. 统计与决策，2008（1）：156－158.

[94] 许召元. 以制造业高质量发展为核心加快发展现代产业体系 [N]. 中国经济时报，2020－12－03（4）.

[95] 杨丰全. 新发展格局下科技创新赋能产业链 [N]. 学习时报，2020－10－28（6）.

[96] 杨新华. 创新驱动发展战略的理论与实践路径 [M]. 吉林：吉林人民出版社，2014.

［97］杨耀源."双循环"新发展格局下推进西部陆海贸易新通道高质量发展的关键路径［J］.国际经贸，2021（7）：145 - 150.

［98］依绍华.构建高质量流通体系助力"双循环"新发展格局［J/OL］.价格理论与实践：1 - 3［2020 - 12 - 05］.

［99］于健慧.社会组织参与乡村治理：功能、挑战、路径［J］.上海师范大学学报（哲学社会科学版），2020，49（6）：18 - 24.

［100］余淼杰."大变局"与中国经济"双循环"发展新格局［J］.上海对外经贸大学学报，2020，27（6）：19 - 28.

［101］袁宇阳.国内大循环背景下乡村振兴的实践转向与路径探索［J］.当代经济管理，2021（2）：1 - 9.

［102］曾剑秋，丁珂.内外经济循环理论与大国经济发展策略［J］.北京邮电大学学报（社会科学版），2007（3）：42 - 48.

［103］张道航，沙吉会.深化要素市场化配置改革的若干思考［J］.哈尔滨市委党校学报，2020（5）：23 - 28.

［104］张二震，戴翔.更高水平开放的内涵、逻辑及路径［J］.开放导报，2021（1）：7 - 14.

［105］张风科.从萨伊定律到凯恩斯的有效需求理论——对产出过剩问题的批判与思考［J］.区域金融研究，2011（2）：73 - 78.

［106］张辉.中国在全球经济治理规则体系变革中的角色、理念与路径［J］.区域与全球发展，2017，1（1）：66 - 80，157.

［107］张倩肖，李佳霖.构建"双循环"区域发展新格局［J］.兰州大学学报（社会科学版），2021（1）：39 - 47.

［108］张苏.国际分工理论流派及其综合［J］.中央财经大学学报，2008（8）：85 - 90.

［109］张旭昆.西洋经济思想史新编——从汉穆拉比到凯恩斯［M］.杭州：浙江大学出版社，2015：1223.

[110] 张英. 基于需求偏好相似理论的中国产业内贸易的理论与实证研究 [D]. 重庆：重庆大学，2008.

[111] 张占斌. 国内大循环 [M]. 长沙：湖南人民出版社，2020：162 - 163，232，272 - 287.

[112] 赵建军. 绿色供应链助推国内国际双循环 [J]. 中国环境报，2020（3）：1 - 3.

[113] 赵璐，杨志远. 中美服务业在全球价值链上的地位对比分析 [J]. 山东工商学院学报，2017，31（3）：73 - 79，124.

[114] 郑功成. 中国社会保障40年变迁（1978—2018）——制度转型、路径选择、中国经验 [J]. 教学与研究，2018（11）：5 - 15.

[115] 郑明月，肖劲松. 构建"双循环"新发展格局面临的挑战与对策 [J]. 新经济导刊，2020，278（3）：57 - 62.

[116] 郑瑞强，郭如良. "双循环"格局下脱贫攻坚与乡村振兴有效衔接的进路研究 [J]. 华中农业大学学报（社会科学版），2021（2）：10 - 20.

[117] 郑瑞强等. "双循环"格局下脱贫攻坚与乡村振兴有效衔接的进路研究 [J]. 华中农业大学学报（社会科学版），2021（2）：10 - 20.

[118] 郑有贵. 集中力量办大事与中国的历史性跨越发展 [J]. 中共党史研究，2020（3）：5 - 13.

[119] 志彪，孔令池. 双循环格局下的链长制：地方主导型产业政策的新形态和功能探索 [J]. 山东大学学报（社会科学版），2021（1）：110 - 118.

[120] 中国发布. 2022年我国社会消费品零售总额44万亿元 外贸规模创历史新高 [EB/OL]. 中国网，2023 - 02 - 02.

[121] 中国银行课题组，刘连舸，陈卫东，刘旭光. 国内国际双循环大格局下居民消费研究及扩大居民消费的政策建议 [J]. 国际金融，

2020（10）：3－32．

　　［122］周爱民．当前我国养老保障制度改革的现状、面临的挑战及其对策探讨［J］．湖南社会科学，2019（6）：133－140．

　　［123］周密．技术差距理论综述［J］．经济社会体制比较，2009（3）：186－191．

　　［124］朱民，郑重阳．关于相互促进的国内国际双循环思考［J］．经济与管理研究，2012（1）：3－15．

　　［125］朱燕青．江西省经济高质量发展评价指标体系构建及实证分析［D］．南昌：江西财经大学，2020．

　　［126］祝合良，王春娟．"双循环"新发展个人剧战略背景下产业数字化转型：理论与对策［J］．财贸经济，2021（3）：13－27．

　　［127］邹新月．双循环新发展格局理论价值与现实迫切性［N］．深圳特区报，2021－02－02（1）：1－3．

　　［128］邹蕴涵．国内国际双循环：百年未有之大变局中的必然选择［J］．经济，2020（9）：28－31．

　　［129］Baker S. R. Bloom N．，Davis S. J．，Measuring Economic Policy Uncertainty．Quarterly Journal of Economics，Vol. 131，No. 4，2016，pp. 1593－1636．

后　记

本书在写作和出版过程中，得到了很多学者的大力支持。首先要感谢的是辽宁大学林木西教授。林教授是"长江学者"，令学生敬仰，作为我们博士后研究阶段的共同合作导师，能抽出时间予以细致指导，提携后辈，幸甚至哉！其次要感谢的是李华教授，作为我们博士求学阶段的共同导师，一直关心着学生们的成长，他早在 2005 年就出版了《产业结构优化与国有经济战略性调整》一书，作为本领域的学术专家，为本书的修改提出了很多宝贵的意见。还要感谢赵德起教授、和军教授、贾洪波教授、李文国教授、张莉莉教授，他们提出了很多很好的建设性建议，让我们茅塞顿开，少走了许多弯路，在此一并表示感谢！

同时，感谢王璐老师、谭啸老师、梁颜鹏老师、王佳音老师、张欣钰老师、李雯老师、赵薇老师、沈秋彤老师、姚晓林老师……这些好友在研究过程中的热心帮助和不断激励让我们特别感动！感谢辽宁大学硕士研究生王姝涵、崔可、张超、张杰、陈伟欣、马瑞莉、王君婷、甄思宇、刘雪琪、魏潇涵和本科生关惠林（第五章至第六章）、吴欣格（第一章至第二章）、庞皓元（第三章至第四章），他（她）们参与了前期的文献收集、内容整理！感谢沈阳工学院齐璇老师和谢雨均老师，她们参与了后期的内容修改及校对过程！

　　本书写作过程中引用了很多相关专家学者的研究成果，多数已经标注，但也难免会有漏掉的，在此一并深表谢意！本书由吴云勇（第一章至第二章）和马会（第三章至第六章）共同完成编写，书中许多观点还带有探究性，不足之处在所难免，也希望得到各位专家的不吝赐教！